KB265864

세상을 움직이는
리더의 비밀
본정과 합리의 CR리더십

온정과 합리의 CR리더십
세상을 움직이는 리더의 비밀

제1판 제1쇄 인쇄 2018년 3월 05일
제1판 제1쇄 발행 2018년 3월 20일

지은이 최은수 외 8인 **발행인** 조현성 **발행처** (주)미래와경영
ISBN 978-89-6287-184-5 13320 **값 16,000원**
출판등록 2000년 03월 24일 제25100-2006-000040호
주소 (08590) 서울특별시 금천구 가산디지털1로 84, 에이스하이엔드타워8차 1106호
전화번호 02) 837-1107   **팩스번호** 02) 837-1108
홈페이지 www.fmbook.com **이메일** fmbook@naver.com

■ 좋은 책은 독자와 함께합니다.
　책을 펴내고 싶은 소중한 경험이나 지식, 아이디어를 이메일 fmbook@naver.com로 보내주세요.
　(주)미래와경영은 언제나 여러분께 열려 있습니다.

세상을 움직이는

LEADER'S SECRET
리더의 비밀

최은수 | 강찬석 | 진규동 | 한우섭 | 권기술 | 신승원 | 박재진 | 김민서 | 이종원

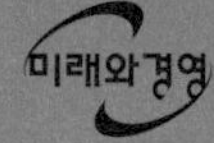

크고 작은 다양한 조직 속에서 하루하루 다른 사람들과 만나며 행복하고 지혜롭게 살아간다는 것은 그리 쉬운 일은 아니다. 나아가 리더가 되어 구성원 모두를 행복하고 만족스럽게 이끌어 간다는 것은 더더욱 어렵다. 어떻게 하면 훌륭한 리더가 되어 자신뿐만 아니라 다른 사람들까지도 행복하게 만들 수 있을까?

저자들은 이러한 기본적인 질문에 대한 해답이 일명 온정적 합리주의 리더십(CR : Compassionate Rationalism) 수행에 있다고 생각하면서 저술을 시작하였다. 온정적 합리주의는 온정주의와 합리주의를 통합한 신조어이다. 이는 합리주의를 바탕으로 하면서도 상황에 따라 온정주의를 적용하는 사고와 행동의 패러다임이다. 다시 말해 온정적 합리주의 리더십이란 리더의 행동이 합리주의에 따라 전반적으로 이루어지면서도 필요에 따라 부분적으로는 온정주의가 보완되는 리더십을 의미한다. 따라서 온정적 합리주의에 충실한 리더는 인간을 배려하는 사람 중심의 온정성에만 치우치지 않고, 그렇다고 과제와 조직 중심의 합리성에만 매몰되지 않으면서 상황에 알맞은 행동을 실천함으로써 모두가 만족하는 성과를 만들어내는 사람이다. 인간 세상은 창조 질서에 입각한 합리주의에 기반을 두고 있으면서도 따뜻한 정으로 이루어진 온정주의가 보완되어야 한다는 온정적 합리주의 패러다임은 자기 자신과 타인을 이끌어 가야 하는 성공적 리더에게는 필수 불가결한 자질이라고 할 수 있을 것이다.

합리주의와 온정주의의 패러다임에는 각각 몇 가지 구성요인이 있으며, 이들 간에는 상호 불가분의 관계가 있다. 우선 합리주의 패러다임에서 리더는 먼저 상황을 파악하고(이성적 상황 판단), 전략적 관점에서 다양한 가능성을 고려하여 과제를 도출하며(전략적 예측), 창의적이며 논리적으로 과제해결의 방안을 도출하고(논리적 문제 해결), 마지막으로 최적의 성과 창출을 위해 수행과제를 적재적소에 분담하여 조직화하고 업무 수행을 효율적으로 관리하고 수행한다(최적화 수행관리). 그런데 성과 창출과 목표 달성을 위한 가장 중요한 자원은 바로 사람이다. 따라서 온정주의 패러다임에서 리더는 끝까지 겸손한 자세로 변화를 수용하고 유연해야 하며(포용적 겸손), 흥미, 가치관, 성장 배경, 생활 환경이 서로 다른 구성원 개개인을 존중·배려하고(공감적 배려), 업무를 수행하는 과정에서 구성원의 참여와 협력을 촉진하고 본인이 먼저 솔선하는 모습을 보여야 하며(이타적 협력), 구성원에 대한 신뢰를 기반으로 구성원의 역량이 개발되도록 임파워먼트하는(신뢰 기반 임파워먼트) 것이다.

이 책은 전체 3Part로 구성되어 있다. 우선 Part 01에서는 합리주의 구성요인들인 이성적 상황 판단, 전략적 예측, 논리적 문제 해결, 최적화 수행관리가 나오고, Part 02에서는 온정주의 구성요인들인 포용적 겸손, 공감적 배려, 이타적 협력, 그리고 신뢰 기반 임파워먼트가 기술된다. 마지막으로 Part 03에서는 온정적 합리주의 리더십에 대한 학문적 개념과 아울러 구성요인들의 정의 및 상호관계, 그리고 이들로 이루어진 온정적 합리주의 리더십의 구성요인 모형에 대한 설명이 논리적으로 제시된다.

2017년 3월 10일, 헌정 사상 처음으로 헌법재판소에서 대통령 탄핵을 결정하고, 새로운 국가지도자를 선출하는 과정에서 진정으로 믿을 만한 리더를 갖는다는 것이 국가조직에 있어서 얼마나 중요한가를 국민 모두가 몸으로 느꼈다. 안보 불안, 경제 불안, 사회 불평등, 4차 산업혁명이 몰고 올 위기에 대한 대처 등 국가적 문제가 어려울수록 훌륭한 지도자를 갈망한다. 훌륭한 지도자란 다름 아닌 도덕적으로 믿을 만하고, 난제를 해결할 수 있는 실력이 있으며, 선견지명을 갖춘 유능한 지도자를 말한다. 이러한 리더의 조건은 비단 국가지도자에게만 한정된 것이 아니라 크고 작은 집단의 모든 리더에게 요구되는 것이다. 온정적 합리주의 리더십을 연마한 결과는 바로 '인성과 실력을 겸비한 믿음직한 리더'임이 연구 결과 밝혀지고 있다. 온정적 합리주의 리더십을 갖추면 누구나 바라는 훌륭한 리더가 될 것임을 저자들은 믿어 의심치 않는다.

저자들은 국내 리더십 컨설팅 및 교육 기관 중에서 최고 선두 그룹에 속하는 'CR파트너즈'의 전문 교수들이다. 이들은 다년간 리더십 연구 및 교육 분야에서 최고의 브레인으로 평가받고 있으며, 이론과 실무를 겸비한 리더십 박사 학위 소지자들이다. 그동안 온정적 합리주의 리더십은 주로 대학에서 강의가 진행되어 왔지만, 이제 대중을 위한 프로그램을 개발하여 현재 운영하고 있다. 프로그램은 이 책과 함께 인간관계에 대하여 관심을 두고 꾸준히 자기 자신을 성찰하며 발전시켜 타인을 성공적으로 이끌어가고자 하는 일반적인 사람들을 위한 것이다. 따라서 사회경제적 지위나 신분에 상관없이 모든 사람이 대상층을 이룰 것으로 기대하고 있다.

끝으로 이 책을 기꺼이 출간해 주신 ㈜미래와경영 조현성 사장님과 편집 과정에서 수고를 아끼지 않으신 관계자 여러분께 깊은 감사를 드린다.

2018년 2월

CR파트너즈 R & D 연구실에서

최은수

강찬석·진규동·한우섭·권기술

신승원·박재진·김민서·이종원

Contents

PART 02 온정주의가 세상을 바꾼다

Chapter 05 포용적 겸손을 지녀라

Chapter 06 공감적인 배려를 하라

Chapter 07 이타적 협력을 하라

Chapter 08 신뢰를 기반으로 임파워먼트하라

PART 03 온정적 합리주의 리더십으로 나아가라

Chapter 09 온정적 합리주의 리더십이란?

PART 01

합리주의의 패러다임을 읽어라

이성적 상황 판단 역량을 키워라

전략적으로 예측하라

논리적으로 문제를 해결하라

최적화된 수행관리를 하라

chapter 01

이성적 상황 판단 역량을 키워라

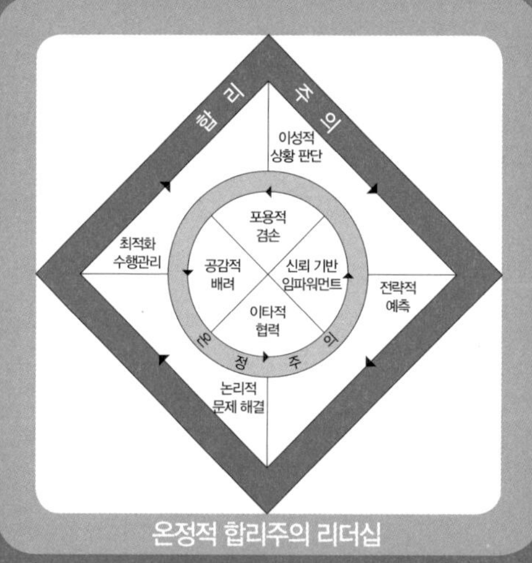

이성적인 것은 현실적이고 현실적인 것은 이성적이다.

— 헤겔 Georg Wilhelm Friedrich Hegel

　이성은 감성, 영성과 더불어 지성의 하나이다. 이성은 일종의 지성이기 때문에 사물을 이해하는 능력으로 정의될 수 있다.[1] 이성이 사물을 이해하는 방법은 이치에 맞는지, 맞지 않는지를 따져서 판단하는 것이다. 이러한 방식에 주로 적용되는 것이 '논리(Logic)'이다. 이성은 논리를 적용하여 사고하고, 인지하는 정신작용을 수행한다. 이성의 작용으로 우리는 사실의 진위를 검증하고, 사실적 정보에 근거하여 판단의 기초가 되는 신념이나 가정, 나아가 행동방식이나 제도를 정당화하거나 변경하기도 한다.

　이성이 완벽하지 않고 많은 한계를 가지고 있다고 할지라도 현실적으로 감성보다는 이성이 컨트롤 타워 역할을 해야 더욱 효과적인 삶의 경영이 가능하다. 이성은 우리에게 길을 제시하고, 감성은 우리를 움직이게 한다.[2] 따라서 방향을 잡는 이성이 핸들을 잡아야 하고, 감성이 받쳐줘야 앞으로 나아가게 된다. 특히 예기치 않은 돌발 상황 또는 위기에 처할 때 당황하거나 공포감에 사로잡히지 않고 냉철한 이성을 유지한다면 신속하게 상황을 파악하고 돌파할 길을 찾을 수 있다.

　이 장에서는 '이성적 상황 판단력'을 기르는 방법을 모색하게 된다. 리더는 모름지기 상황을 올바르게 판단하고 방향을 정확하게 설정하는 것이 가장 중요하고, 그러기 위해서는 이성적 상황 판단력이 필요하다. 이러한 이유로 온정적 합리주의 리더십의 제일 첫 장에서 이성적 상황 판단력을 다루는 것이다. 이성적 상황 판단력이란 이성적 사고를 바탕으로 중요한 의사결정을 내려야 할 때 가장 효율적인 방향과 대안을 신속하게 판단하고 결정하여 대응하는 역량이다.

　이성적 상황 판단력을 가진 사람들의 구체적인 행동 특징은 첫째, 위기 상황이나 예기치 않은 상황에서도 당황하지 않고 신속하게 임기응변을 발휘하여 대응한다. 둘째, 불확실하고 정보가 불충분한 상황에서도 신속하게 의사결정을 내리고, 기준이 모호하거나 참고자료가 부족한 상황에서도 최선의 결정을 내린다. 셋째, 일을 수행하면서 신중을 기할 뿐만 아니라 상황변화에 따라 과감하게 대처하고, 해야 할 일을 결정하고 실행에 옮기는 데 주저하지 않는다.

이러한 이성적 상황판단 역량을 범주화해 보면, 첫째로 위기 상황에서도 당황하지 않고 이성적인 행동을 취할 수 있는 감정조절 능력, 둘째로 불확실한 정보, 기준이 모호한 상황에서도 신속하고 정확한 의사결정을 내릴 수 있는 판단능력, 즉 족집게 상황 판단 역량, 셋째로 일단 결정된 것을 신중하면서도 과감하게 실천하는 역량 등으로 나눌 수 있다. 이러한 역량들을 종합적으로 계속 연마해 나가다 보면 임기응변의 역량도 서서히 길러진다.

우리가 이 책에서 소개하는 온정적 합리주의 리더십은 그 구성 역량을 키우는 데 있어서 단순한 스킬뿐만 아니라 스스로 역량을 개발할 수 있는 원리와 이치를 터득하게 하는 데 목표를 둔다. 먼저 어떠한 상황에서도 당황하지 않고 차분하게 자신의 감정을 조절할 수 있는 능력을 기르는 것부터 살펴보기로 하자.

차가운 이성으로 뜨거운 감정을 식혀라

평화롭고 여유 있는 상태에선 평범한 사람도 현명한 결정을 내릴 수 있다. 하지만 전혀 예상하지 못한 갑작스러운 상황에 부닥치거나, 판단하기 모호한 상황에서 빨리 결정을 내리지 않으면 안 될 때는 당황한 나머지 잘못된 결정을 내리는 수가 많다. 당황이라는 감정은 인간을 무감각하게 만들거나 동요하게 하여 나쁜 것을 피할 수 없도록 만드는 두려움의 일종이다.[3] 당황할 때뿐만 아니라 감정적으로 흥분한 상태에서의 결정은 실수할 개연성이 높다. 그래서 하나의 결정에 집단의 운명이 좌우될 수 있는 리더에겐 어떠한 상황에서도 차분하게 감정을 다스릴 수 있는 능력이 우선으로 요구된다.

병법에 '격장지계(激將之計)'라는 말이 있다. 상대의 감정을 격분시켜 실수를 유발하는 전술을 말한다. 격장지계는 전쟁뿐 아니라 스포츠나 도박 같은 승부의 세계에서 흔히 사용된다. 특히 고도의 심리전이 전개되는 야구에서 그런 모습을 자주 발견할 수 있다.

흑인으로 최초의 메이저리그 야구선수가 된 재키 로빈슨.^{Jackie Robinson} 그는 1947년 메이저리그에 데뷔하였다. 그 당시 미국에선 인종차별이 심했다. 피부색이 다르다는 이유 하나로 화장실, 버스, 숙소, 샤워실까지도 따로 써야 했다. 경기장에선 상대 팀으로부터 "흑인이 무슨 야구냐? 너의 깜둥이 아내와 자식을 죽여버리겠다."는 심한 말로 모욕당하는 것은 예사였다. 백인 선수들은 고의로 몸을 부딪치고, 투수는 빈볼을 던지고, 베이스에서 다리를 밟고 지나가고, 땅바닥으로 떠미는 일도 헤아릴 수 없을 만큼 잦았다. 관중들도 "검둥이~!"를 합창하며 인종차별과 관련된 욕설을 퍼부어댔다. 심판 판정도 편파적이기 일쑤였다.

로빈슨은 힘들 때면, '대들 용기 대신 대들지 않을 용기'를 선택하기로 한 약속을 떠올리며, 묵묵히 참은 결과, 마침내 야유와 모욕에 아랑곳하지 않고 경기에 집중할 수 있는 인격을 갖추게 되었다. 그가 훌륭한 인격과 우수한 야구 실력을 갖추자, 흑인은 지능이 낮고 노예 근성이 강하며 열등한 존재라는 편견이 서서히 누그러지기 시작했다. 그러자 어느 순간 자신의 폼을 모방하는 백인 아이가 생겨나고, 자신을 롤모델(Role Model)로 삼는 사람들이 늘어가는 것을 목격하게 되었다. 마침내 그는 야구팬들, 팀 내 선수들, 나아가 야구문화를 바꿔나가기 시작했다. 그는 많은 유색인종 선수들이 메이저리거로 활약할 길을 열었다. "베이브 루스는 야구를 바꿨고, 재키 로빈슨은 미국을 바꿨다."는 말이 있을 정도다.

그러면 어떻게 해야 감정을 지배하고, 냉철한 이성으로 상황을 지배하여 인간승리를 일구어낼 수 있을까? 격렬한 감정이 들끓어 오를 때 마음을 차분하게 가라앉혀주는 원리를 간직하고 있다면 도움이 된다. 그 원리로는 첫째, 벌어진 상황은 감정이나 기분으로 컨트롤되지 않는다는 것, 둘째, 좋은 선택은 평온하고 여유 있는 마음에서 나온다는 것, 셋째,

개체적 자아를 초월해야 마음의 주인이 되어 비로소 마음을 다스릴 수 있게 된다는 것 등 세 가지를 제시하고자 한다.

벌어진 상황은 감정이나 기분으로 컨트롤되지 않는다

재키 로빈슨이 모욕을 당하고 차별대우를 받을 때, 분을 못 참고 관중들에게 욕하고 심판에게 방망이를 던지며 거칠게 항의했다면 그 결과는 어떻게 되었을까? 그의 항의에 겁을 먹고, 관중들의 모욕이 줄어들고 심판의 판정이 공정하게 변화되었을까? 아마도 건방지다는 비난과 함께 더욱 심한 모욕과 차별이 가해져서 제대로 경기에 집중할 수 없게 되었을 것이고, 결국 좋은 성적을 거두지 못했을 가능성이 더 크다. 그 결과 흑인이라는 이유만으로 가해지는 인종차별의 상황을 도저히 극복하지 못했을 수도 있다. 여기서 우리는 모욕과 차별 때문에 야기되는 울분을 격하게 표출한다고 해서 인종차별이라는 상황이 극복되지는 않는다는 것을 알 수 있다.

골프와 자기 자식은 마음대로 안 된다고 한다. 하물며 세상이 내 맘대로 움직이겠는가. 세상에서 벌어지는 상황은 객관적인 것이고 내 손을 떠난 것이기 때문이다. 그래서 세상이 내 맘대로 굴러가지는 않는다는 것을 철저히 인식할 필요가 있다. 이것은 곧 벌어질 상황은 내 감정대로 컨트롤될 수 있는 게 아니라는 것을 의미한다. 따라서 어떤 상황이든지 감정을 앞세우지 말고 이성을 발휘하여 그렇게 된 원인을 찾고, 인과적 연쇄관계를 밝혀서 해법을 찾는 접근을 해야 한다는 것을 알 수 있다.

까닭 없는 사태는 없다

"콩 심은 데 콩 나고, 팥 심은 데 팥 난다."는 속담이나 "뿌린 대로 거두리라."는 성경 구절, "모든 현상은 인연이 있으면 나타났다가 인연이 없어지면 없어진다."는 불교의 인연법칙, "신은 주사위를 던지지 않는다."는 아인슈타인의 말은 모두 한 가지를 향하고 있다. 그것은 모든 사태나 현상엔 그렇게 된 까닭이 있다는 것이다. 그러한 까닭을 우리는 원인 또는 이유라고 부른다. 행동에는 이유가 있고, 결과에는 원인이 있다. 어떤 사태와 그 배후의 원인과 결과를 간단히 '인과(因果)'라 불러왔고, 현상계는 '인과율'에 의해 지배되고 있다. 비록 우연처럼 보이는 현상일지라도 거기엔 반드시 까닭이 있다.

재키 로빈슨이 모욕을 당하고 차별을 당한 원인은 그가 흑인이었기 때문이었고, 흑인을 모욕하고 차별한 이유는 흑인들이 백인보다 지능이 낮고, 노예 근성이 있으며, 인간이라기보다는 동물에 가까운 열등한 존재라는 편견 때문이었다. 흑인에 대한 편견이 생긴 까닭은 아프리카에서 흑인을 납치하여 노예로 부리면서 가축과 같이 사고팔 수 있는 재산으로 취급한 역사가 오래 지속되었기 때문이었다. 노예의 역사가 시작된 원인은 우수한 무기를 서양이 먼저 개발해서 흑인들을 제압할 수 있었기 때문이었다.

어느 하나의 사태에 대한 원인과 이유는 그것을 유발한 원인과 이유가 있고, 그것에는 또 그것을 일으킨 원인과 이유가 있어서 계속 이어진다. 이것을 '인과적 연쇄'라고 부른다. 복잡한 사태일수록 인과적 연쇄의 폭과 길이가 늘어난다. 우리가 어떤 사태나 현상을 이해한다는 것은 바로 그 인과적 연쇄를 아는 것을 말한다. 인과적 연쇄를 바닥까지 알게 될 때 비로소 어떤 사태를 잘 이해했다고 할 수 있다. 이성은 인과적 연쇄를 궁금해하고, 끝까지 추적하고 싶은 타고난 지적 욕구를 갖게 한다. 이러한 이성적 탐구욕구 덕분에 우리는 세계를 더 잘 이해하게 된 것이다.

까닭을 알면 풀 수 없는 사태는 없다

무슨 병인지를 알고, 병의 원인을 알면 고칠 수 있다. 현재 드러나고 있는 병의 증상만 고치는 치료법을 대증요법이라 한다. 그에 반해 병의 근본 원인을 바로잡아서 치료하는 것을 근본적인 치료라고 한다. 재키 로빈슨이 원정 경기에 갔을 때, 흑인을 호텔에 재워줄 수 없다는 호텔 지배인에게 돈을 쥐여 주고, 그날은 호텔에서 잘 수 있었다고 한다면 이것은 대증요법이다. 왜냐하면, 다음번에도 여전히 로빈슨은 호텔에서 거절당할 것이기 때문이다. 흑인을 호텔에 재워주지 않는다는 호텔 방침이 변경되지 않아서다. 흑인을 호텔에서 재워주지 않는다는 방침은 흑인은 인간이 아니라 짐승과 같으므로 인간이 자는 호텔에 흑인을 재울 수 없다는 편견 때문에 생겨난 것이다.

재키 로빈슨이 모욕과 차별에도 화를 내지 않을 뿐 아니라 묵묵히 참고 견디면서 원한을 갖지 않는 훌륭한 인간의 모습을 보여주자 사람들은 '흑인도 우리와 같은 인간이구나. 아니 오히려 더 나은 인간일 수 있구나'라는 사실을 서서히 인정하게 되었다. 게다가 온갖 야유에도 흔들림 없이 경기를 하고, 백인 투수가 던진 공을 담장 밖으로 날려버리는 실력을 보여주자 사람들은 '흑인은 열등한 존재'라는 편견을 더는 가질 수 없게 되었다. 흑인에 대한 편견이 사라지자 흑인을 인간이 아닌 동물로 보고 세웠던 호텔 방침도 사라졌고, 마침내 흑인들도 호텔에서 묵을 수 있게 되었다. 이것이 흑인의 호텔 숙박 금지 문제에 대한 근본적 해법인 것이다.

우리가 어떤 사태에 관한 인과적 연쇄를 알면 문제사태에 대해 근본적인 처방을 마련할 수 있다. 인과적 연쇄를 모르면 드러난 증상만 땜질하는 대증요법에 머무르기 때문에 문제사태는 재발하게 된다. 우리는 이성의 도움으로 인과적 연쇄를 밝히고 근본적인 해법을 마련할 수 있다.[4]

좋은 선택은 평온하고 여유 있는 마음에서 나온다

서울가정법원의 부장판사였던 김귀옥은 "빡빡한 일정과 상황 속에서도 마음의 여유를 가지는 것이 중요하다. 사람이 여유가 없으면 판단력이 흐려지고, 전체적인 안목을 가지기 어렵기 때문이다."[5]라고 했다. 판단하는 일이 직업인 판사들은 전체적인 안목을 갖고 올바른 판단을 내리기 위해서는 마음의 여유가 필수라는 것을 절실히 느끼고 산다. 우리는 여유 있고 평온한 상태에서 좋은 선택을 할 수 있다는 지극히 평범한 이치를 당황스럽고 격한 감정이 치솟을 때는 깜빡 잊어버리는 경우가 많다. 만약 이 이치를 깊이 새겨서 어떤 상황에서도 떠올릴 정도가 된다면 평온하고 여유 있는 상태를 유지할 수 있을 것이다.

리더가 스트레스 없는 진공상태에서, 늘 자원이 풍부한 환경에서 경영한다는 것은 상상 속에서나 가능한 일이다. 따라서 마음의 평정을 얻는 결정적인 요소는 환경이 어떻게 바뀌더라도 마음의 동요를 잘 다스리는 능력이 된다. 일반적으로 뭔가를 다스리기 위해서는 다스릴 힘이 있어야 한다. 마음을 다스리는 힘을 '내면의 힘'이라 부르는데, 내면의 힘을 키우는 것이야말로 마음의 평정을 얻는 결정적인 요소이다.

마진을 가져라

매클러스키^{McClusky}의 마진 이론(Theory of Margin)에 의하면, 삶의 부담보다 그 부담을 처리할 힘이 클 때 삶의 마진이 생기는데, 이 마진이 많은 에너지가 소요되는 학습이나 변화를 추진하는 동기를 부여한다는 것이다. 또한, 삶의 마진이 큰 조직 구성원이 더 개방적이고 조직이 요구하는 변화에 준비가 더 잘 되어 있다는 연구결과도 있다. 이러한 결과는 여유가 요구되는 의사결정의 영역으로도 확장될 수 있다. 돌발 상황이나 격정적이고 위급한 상황에서도 냉철하게 상황 판단을 할 수 있기 위해서

리더는 평소 마진관리를 잘해서 충분한 마진을 가진 상태를 유지할 필요가 있다.[61]

여기서 한 가지 유의할 부분은 가족에 대한 책임, 직업적 책임, 개인적 포부나 조직의 목표와 같은 삶의 부담을 줄이는 데는 한계가 있다는 것이다. 그래서 그 부담을 처리할 힘 또는 자원인 경제적 부, 신체적 건강, 내면적인 힘, 사회적 접촉, 대응기술과 같은 부담을 다루는 능력을 키우는 데 노력을 기울일 필요가 있다.

무엇이 여유를 앗아가는가?

마진 또는 마음의 여유라는 것은 필요와 자원 간의 차이로 설명할 수 있다. 여기서 필요(needs)는 좀 더 절박한 욕구를 말한다. 생리적 욕구나 안전에 대한 욕구와 같이 가장 기초적인 욕구에 속하는 것일수록 그것을 충족시킬 힘이 부족할 때 더욱 절박해지며 마음의 여유가 없어진다. 마음의 여유가 없어지면 조그만 자극도 삭이지 못해서 민감하게 반응하게 되고, 특히 감정적 동요가 심해진다.

그런데 절박한 욕구에 대해서도 의연한 사람이 있다. 사람에 따라 마음의 여유가 많고 적음의 차이가 나는 개인차는 어떻게 설명될 수 있겠는가? 인간은 균형유지성(homeostasis)을 갖고 있어서 균형이 무너지면 심리적으로 여유가 없어진다. 균형이 쉽게 무너지는지 아닌지는 가치지향성에 따라 달라진다. 결론적으로 유형적 가치를 지향할수록 쉽게 균형이 무너진다. 무형적 가치 중에서도 지식적 가치에서 영성적 가치로 갈수록 균형이 잘 무너지지 않는다. 가치지향에 따라 자아체계도 달라지는데 유형적 가치지향일수록 개체적 자아인 에고의 지배력이 강하다.

'권불십년(權不十年)'이란 말이 있듯이 재산, 학벌, 명예, 권력과 같은 유형적 가치는 공격받기 쉽고, 쉽게 변하기 때문에 그런 유형적 가치와 자기를 동일시할수록 심리적 도전을 많이 받고 균형이 잘 무너지므로 마음의 여유가 적어질 확률이 높다. 또한, 자신이 소중하게 여기는 것에 대한 집착이 강할수록 그 가치가 도전받을 때 균형이 급격히 무너져서 다른 생각을 할 여유 공간이 사라진다.

이성의 힘은 이기심도 극복할 수 있다

내면의 힘을 기르기 위해서는 올바른 이치에 닻을 내리고 일관되게 그것을 선택해야 한다.[7] 문제는 어떻게 해야 흔들림 없이 그러한 선택을 할 수 있겠는가 하는 것이다. 결국은 올바른 이치를 올바른 이치라고 깨닫고, 일관되게 올바른 선택을 할 수 있는 선택의 주체, 즉 삶의 주체가 누가 되어야 하느냐는 질문으로 귀결된다.

결론적으로 마음의 주인이 되어야 마음을 다스릴 수 있고, 개체적 자아를 초월해야 마음의 주인이 될 수 있다. 따라서 먼저 자기 자신이 마음의 주인이라는 사실을 분명하게 깨닫고, 마음속의 생각이나 감정은 자기가 선택할 수 있음을 인식함으로써 생각이나 감정을 다스릴 수 있다는 것을 알아야 한다. 그리고 대의(大義)를 발견하고, 그 대의에 헌신함으로써 개체적 자아를 초월할 수 있다. 이것은 곧 개체적 자아를 초월한 자아, 궁극적으로 '참나'가 삶의 주체로 되어야 한다는 것을 의미한다.

감정은 선택할 수 있다

심리학자로서 감정에 대해 가장 권위 있는 연구를 한 것으로 알려진 라자러스Lazarus에 의하면, 감정은 자극과 그 자극에 대한 평가로 이루어져 있다고 한다.[8] 자극은 우리가 선택할 수 없을지도 모른다. 그러나 그 자극을 어떻게 평가할 것인지는 우리가 선택할 수 있다. 감정은 자극을 평가한 결과로 일어난다. 따라서 감정은 선택하여 컨트롤할 수 있다.

감정은 자기 자신이 컨트롤할 수 있으므로 감정 컨트롤을 제대로 못하면 인격을 의심받을 수 있다. 자신의 감정을 통제하지 못하는 사람은 주인된 삶을 살지 못하고 감정에 휘둘리며 사는 사람을 의미한다. 따라서 언제 어떻게 감정이 변하고 행동이 변할지 예측할 수 없으므로 신뢰할 수 없게 된다. 이런 사람이 광범위한 영향을 미치는 조직의 리더가 된다면 그 조직은 위험에 처할 것이다. 윌리엄 조지 전(前) 메드트로닉스 회장은 진실한 리더라면 자제력을 갖추어야 한다는 것을 역설하고 있다.

"우리가 믿는 가치관과 철학을 실행하려면 자제력을 갖추어야 합니다. 왜냐하면, 자제력을 잃은 리더는 거짓된 리더요, 위선자이기 때문입니다."[9]

대의는 감정을 초월한다

큰 의로움, 즉 대의(大義)는 감정을 초월할 수 있을 뿐 아니라 모든 사람의 심금을 울리고, 개체적 자아를 초월한 전체를 위한 헌신, 심지어는 자신의 몸을 기꺼이 던질 수 있는 데로 이끈다. 여기서 우리는 격한 감정을 이겨내는 하나의 통로를 발견할 수 있다. 그것은 바로 대의에 따른 삶을 선택하는 것이다.

대의에 따름으로써 자신의 억울한 감정을 억누르고 냉철하게 상황을 판단하여 궁극적인 승리를 거둔 사례로 이순신 장군을 들 수 있다. 정유재란 발발 당시 조정은 왜적의 꾐에 속아 이순신 장군을 고문하고 옥살이 시키고, 백의종군을 시켰다. 그가 백의종군을 시작한 직후 어머니마저 돌아가셨다. 난중일기에 "어찌하랴 어찌하랴 천지 사이에 어찌 나와 같은 사정이 있겠는가. 어서 죽는 것만 같지 못하구나."[10]라고 썼을 정도로 큰 감정적 상처를 받았다. 칠천량 해전에서 원균이 이끌던 조선 수군이 전멸하자 선조는 백의종군한 이순신 장군을 삼도수군통제사로 다시 임명한다. 이순신 장군은 묵묵히 그 명을 따랐다. 결코, 영광스러운 자리가 아니었다. 아무런 세력과 힘이 없으니 전장에 나서면 패전은 불을 보듯 뻔한 이치라, 그냥 죽으러 가라는 명령과 같다고나 할까.

그런데 이순신 장군은 어떻게 이런 명을 받아들였을까.

"조선은 임금 한 사람만의 나라가 아니다. 지켜야 할 백성과 강토가 있다."

이순신 장군의 가슴에 백성과 강토가 있었기 때문에, 그것을 지키는 것이 목숨보다 중요했기 때문에 어떠한 개인적 고초와 모멸도 감내할 수 있었던 것이다. 임금의 인정도 바라지 않았고, 임금의 견제에도 감정을 통제할 수 있었다. 이것이 바로 자존감 있는 행동이다.

자존감과 자존심은 다르다. 자존심은 개체적·에고적 이익을 지키려 하므로 무시나 모멸을 견디지 못하지만, 자존감이 높으면 개체를 초월하여 전체를 살려내는 데 관심을 오로지하므로 자존심을 버리고 대의에 헌신하게 되는 것이다. 이것이 이순신 장군이 감정을 이겨내고 이성적 상황 판단으로 나라를 구한 과정이라 할 수 있다.

벌어진 상황이나 앞으로 벌어질 상황 중에는 유리한 것도 있고 불리한 것도 있다. 이미 벌어진 것 중에 리더가 신경 써야 하는 상황은 당연히 불리한 상황이다. 그런데 앞으로 벌어질 상황은 유리할 수도 있고, 불리할 수도 있다. 그 대처 여하에 따라 유리할 수도 불리할 수도 있을 때 우리는 그런 상황을 위기(危機)라 한다. 즉, 위기는 위험과 동시에 기회를 동반하고 있다는 뜻이다. 이미 벌어진 불리한 상황을 어떻게 대처하고, 앞으로 다가올 위기 상황에 어떻게 대처해야 할까? 어떻게 하면 상황의 성격을 정확하게 판단하고, 우선순위를 결정할 것인가? 이것이 리더에게 놓인 판단과제이다.

현 상황을 정확하게 진단하고 정의하라

족집게 상황 판단력을 기르기 위해서는 먼저 진행되고 있는 상황을 정확하게 포착해야 할 뿐만 아니라 앞으로 벌어질 수 있는 상황을 미리 포착하고 대비하는 것이 우선 필요하다. 상황 포착력이야말로 상황 판단력의 전제임과 동시에 중요한 구성요소이다.

조직은 다양한 차원에서 구성원이 환경과 상호작용하고 있다. 그래서 구성원이 공통의 문제 의식과 일체감을 느끼고 일의 기미를 포착하고자 한다면 불가능할 것도 없다. 중요하게 다가오는 모든 상황을 리더 혼자서 또는 소수의 집단이 다 감당한다는 것은 불가능할 뿐만 아니라 어리석기조차 하다. 혼자 다 하려고 하지 말고 조직의 시스템과 시너지를 활용해야 한다는 것을 원칙으로 삼을 필요가 있다. 자신을 과신하는 것보다 원하는 결과를 얻을 확률이 높은 방법을 선택하는 것이 이성적 상황 판단에서 중요하다.

사실적 문제파악을 기초로 상황을 정의한다

상황의 진단은 우선 일상적인가, 아니면 이례적인가로 판별한다. 일상적인 상황은 해 오던 대로 처리하면 된다. 이례적인 상황은 초동 대응, 전사적 정보공유와 대응의 과정을 거친다. 그래서 상황이 무엇인지 정확하게 정의해야 하고 그러기 위해서는 좀 더 상세한 사실 조사가 필요하다. 사실을 강조하는 이유는 가치판단이 작용한 데이터가 왜곡될 가능성이 크기 때문이다. 사실 파악을 위해서는 누구에게 물어봐야 하는지, 그 사람에게 접근할 방법이 무엇인지 우선 알아야 한다. 주변적 정보가 아니라 중심적 정보를 바로 알 수 있는 경로를 확보할 필요가 있다. 이를 위해 '전사적 · 사회적 연결망 정보체제'를 구축해서 활용하면 조직 구성원 전체가 협력하여 문제를 해결해 갈 수 있다. 이것은 상황을 포착하고 진단하는 일이 모든 조직원의 임무임을 일깨움과 동시에 구성원의 능력 평가에서 사회적 네트워킹 항목을 적용할 수 있는 기초가 된다.

상황을 정의하고 나면 상황을 분류할 필요가 있다. 이때 '시간관리 매트릭스'를 응용하면 도움이 된다.[11] 시간관리 매트릭스는 사물을 중요하거나 중요하지 않은 것, 긴급하거나 긴급하지 않은 것을 기준으로 4영역으로 나눈 것을 말한다〈표1-1〉. 긴급하지도 중요하지도 않은 제 4영역은 고려대상이 아니다. 상황이라 할 때는 대개 긴급한 상황을 뜻하므로 긴급하면서 중요한 제 1영역과 긴급하지만 중요하지 않은 제 3영역이 상황 판단의 주 대상이 되는데, 일상적이 아닌 낯선 상황이 돌발적으로 발생하면 당황하게 된다.

특히 어떤 상황이 긴급하면서도 중요한 제 1영역에 속하는지를 판단할 수 있는 기준을 가져야 한다. 제 2영역은 긴급하지 않지만 중요한 영역이다. 중요한데도 불구하고 즉각적인 효과가 나타나는 것이 아니어서 미뤄지기 쉬운 업무이다. 그런데 이 영역에 속하는 일을 소홀히 할 경우엔 시간이 지나고 나서 조직의 체질이 떨어지고 경쟁력이 저하되는 사태가 발생한다. 여기서 유의할 점은 일상적인 상황이라 하더라도 시간의 흐름에 따라 관점이 바뀌어 중요한 영역으로 편입될 수 있다는 것이다. 이러한 재조정이 일어날 수 있도록 데이터베이스 관리를 할 필요가 있다.

무엇으로 상황의 중요성을 판단하는가?

그렇다면 중요한 상황정보인지 아닌지를 무슨 기준으로 판단할 것인가? 리더가 관심을 가져야 하는 것은 위기상황, 즉 불리한 결과를 초래할 수 있는 상황이나 큰 기회를 가져다줄 수 있는 상황이다. 이런 것들이 중요한 상황이다. 자연환경, 정치, 경제, 사회문화, 테크놀로지의 거시적 변화도 위기를 초래할 수 있다. 지구 온난화, 자연 재해, 정치적 변동, 원자 재 가격 변동, 금융 위기, 정책의 변화, 다문화 현상 등이 이런 범주에 속한다. 이러한 거시적 환경 변화도 대처방법에 따라 위기가 될 수 있고, 기회가 될 수 있다. 그런데 대부분 위기는 경쟁상황에서 발생한다.

경쟁상황에서 발생하는 위험은 마이클 포터[Michael Porte]가 제시한 '경쟁의 다섯 가지 요소(현재의 경쟁자, 잠재적 경쟁자, 대체상품, 공급자의 공급능력, 구매자의 교섭능력)'를 응용하여 어느 정도 파악할 수 있다.[12] 그리고 기회는 상황분석 도구인 SWOT 분석틀을 이용해 생각보다 효과적으로 감지할 수 있다. 상황을 바라보는 관점에 따라 경쟁과 기회의 의미가 달리 보일 수 있다. 가장 중요한 관점은 인사이드 아웃(inside out)과 아웃사이드 인(outside in)이다.[13]

인사이드 아웃은 내부의 역량을 기초로 상황을 바라본다. 주로 비용 절감이나 생산 효율과 같은 시각에서 상황을 본다. 아웃사이드 인은 고객의 관점에서 상황을 본다. 고객이 어떤 가치를 중시하며, 어떤 지향을 하고 변화해 가는가를 물으면서 상황을 파악한다. 현대적 조직은 그 존재 목적이나 존립의 바탕이 고객에게 있으므로 고객 만족을 위하여 내부 역량을 어떻게 다질 것인가로 지향해 있다. 그래서 아웃사이드 인 관점에서 인사이드 아웃 관점을 관리하는 것이 대세이다.

다음 〈표 1-1〉의 제 1영역으로 통상 분류되는 기간이 정해진 프로젝트로서 납기가 임박한 일이라든지, 고객 클레임, 중요한 회의, 돌발 상황, 중요한 보고 등의 업무는 대개 아웃사이드 인의 관점에서 인사이드 아웃을 관리하는 방향에서 제시된 것이다. 무릇 조직은 장기적으로 지속 가능한 성장을 추구하고 있고, 지속 가능한 성장을 위해서는 지속적인 경쟁우위를 확보해 나가야 한다. 따라서 전략적인 차원에서 '나의 생존 정의는 무엇인가?'를 끊임없이 물으면서 상황 판단력을 기를 필요가 있다.

구분	긴급함	긴급하지 않음
중요함	I 활동 : · 위기 · 급박한 문제 · 기간이 정해진 프로젝트	II 활동 : · 예방, 생산 능력 활동 · 인간관계 구축 · 새로운 기회 발굴 · 중장기 계획
중요하지 않음	III 활동 : · 잠깐의 급한 질문, 일부 전화 · 일부 우편물, 일부 보고서 · 일부 회의 · 눈앞의 급박한 상황 · 인기 있는 활동	IV 활동 : · 바쁜 일, 하찮은 일 · 일부 우편물 · 일부 전화 · 시간 낭비거리 · 즐거운 활동

목표를 정확히 정의하고 공유하라

우리가 상황 판단을 잘못하는 것은 상황이 정확히 무엇인지를 모르는 것이 가장 근본적인 원인이 되겠지만, 목표가 무엇인지를 모르기 때문에 올바른 판단을 못 하는 때도 있다.

출근 시간에 좁은 골목길에서 포크레인과 승용차가 마주 보며 대치했다. 서로 양보하지 않고 시간만 흐르자 출근길이 급한 승용차 운전자가 포크레인 기사에게 차를 빼 달라고 요구하며 짜증을 냈다. 급기야 반말이 오고 가면서 서로를 자극했고, 화가 머리끝까지 오른 포크레인 기사가 포크레인으로 승용차를 찍었고, 승용차 운전자는 즉사하고 말았다. 이것은 몇 년 전에 실제로 있었던 사건이다. 왜 이런 비극이 벌어졌을까? 많은 이유를 들 수 있겠지만, 이 상황에서 목표를 '이기는 것'으로 잘못 잡았고, '승리'에 대한 정의가 잘못되었다는 추론을 할 수 있다. 여기서 두 사람은 상대방의 양보를 얻어내는 것을 승리로 본 것이다. 그래서 서로 양보할 수 없었다. 만약 이 상황에서의 승리를 '안전하고 신속하게 교통하는 것'으로 정의하고 공유했더라면 서로 양보심을 발휘해서 제 갈 길로 갔을 것이다.

사람은 목적과 목표에 따라 의미를 부여한다. 올바르고 참된 목적, 목표, 방향설정이 중요하다. 그것이 올바른 판단의 기초가 된다. 목표를 정확하게 정의한다는 것은 목표의 우선순위를 명확하게 정할 수 있게 되는 것을 포함한다. 그리고 정의된 목표는 공유되어야 조직화한 행동을 유도할 수 있다. 여기서 유의할 사항은 다음과 같다.

스키마에 속지 말고 본래 목표에 충실하라

앞서 예를 든 포크레인과 승용차의 불상사는 경쟁상황이 아닌데도 상황을 자동적으로 경쟁상황으로 인식하고 그릇된 목표설정을 해 버린 데서 비롯된 결과이다. 이처럼 우리가 무의식적으로 옳다고 받아들이는 명제나 지식체계를 스키마(Schema)라 하는데, 이런 스키마에 속지 말고 무엇이 궁극적인 행복을 가져다줄 수 있는지, 무엇이 궁극적인 목적인지 깨어 있어야 올바른 방향을 유지할 수 있다. 그래서 개인이든 조직이든 존재 이유 또는 목적이 분명히 제시되고 그것을 늘 인식하고 있어야 한다. 그 맥락에서 지금 당장 무엇을 해야 하는지 쉽게 방향을 잡을 수 있다. 늘 본래 목적에 충실하고 진정한 승리나 목표가 무엇인지 올바로 정의되어 있으면 마침내 궁극적인 승리로 나아간다.

목표가 여러 개 있을 때 우선순위는 어떻게 되는가?

일반적으로 여러 개의 목표가 있을 때의 우선순위는 전체 목표와의 관련성에 따라 판단한다. 결국, 조직의 생존이나 발전에 얼마나 결정적인지 또는 치명적인지에 따라 목표의 중요도가 결정된다. 대개 우선순위 평가는 객관적인 기준을 사용하도록 요구하고 있으며, 목표 우선순위를 정할 때 사용하는 기법의 하나가 계층분석과정(AHP : Analytic Hierarchy Process) 기법이다.[14] AHP 기법은 목표들 사이의 중요도(weight)를 계층적으로 나누어 파악함으로써 각 대안의 중요도를 산출하는 방법이다. 평가기준은 사안에 따라 다를 수 있는데 공공정책의 경우 효율성, 효과성, 시행 가능성, 정치적 수용성과 같은 기준을 사용한다. 기업의 경우엔 수익성, 성장성, 실행 가능성, 중요한 이해관계자의 만족도 등의 기준이 설정된다. 평가기준의 설정은 조직의 사명이나 최종 목표가 무엇이냐에 따라 달라진다.

목표를 공유함으로써 자율적인 상황 판단이 가능해진다

목표는 공유함으로써 그 자체가 큰 힘을 갖게 되고, 구성원을 한 방향으로 움직이게 하는 원동력이 된다. 목표의 본질, 목표의 우선순위에 대해 구성원이 명확한 인식을 하게 되면, 목표를 중심으로 조직이 한 방향 정렬이 되고, 자율적인 상황 판단이 이루어지며, 시너지를 내게 된다. 자율적 상황 판단이 이루어져야 신속한 상황 판단이 가능하다.

리더십의 목적이 목표 달성에 있음을 염두에 둔다면 목표공유가 얼마나 중요한지 알 수 있다. 공유된 목표가 힘을 발휘하려면 먼저 목표를 매력적으로 다듬어야 하고, 구성원이 참여하여 충분한 토론과 합의를 거쳐 채택하도록 해야 한다. 만약 어떤 사정으로 경영층에서 목표를 제시할 때에는 GE처럼 교육연수원이나 학습조직을 이용한 치열한 토론과 교육을 거칠 필요가 있다[15] 이때 상황을 솔직하게 공유하는 용기가 필요하다. 경영층은 왜 그러한 목표와 과제를 제시했는지 충분히 설명하고 설득해야 한다.

정보가 불충분하고 기준이 모호할 때는 무엇을 기준으로 판단할까?

리더에게 올라오는 문제란 대부분 구성원이 해결하기 어려운 문제이다. 그래서 리더들은 한시도 편안할 날이 없다. 정보가 불충분하고 기준이 모호한 것들이 대부분이다. 이처럼 불확실한 상황에서 내린 판단은 위험부담이 크다. 그 판단에 대한 책임을 지는 것은 당연히 리더의 몫이다. 그래서 리더가 필요하다.

사명이나 비전이 있는가?

조직의 사명이나 비전이 문서로 제시되어 있어서 그 내용을 구성원이 공유하고 있으면, 사물을 판단할 수 있는 확고한 기준이 있는 셈이니 많은 도움이 된다. 비유하자면, 국가는 영토와 주권을 보호하고 인권을 보장하기 위해 존재한다는 존재 목적과 국가운영의 기본원리를 정한 헌법이 있으므로 구체적인 사안이 발생했을 때 개별법에 마땅한 규정이 없거나 모호하더라도 헌법에 비추어 판단을 내릴 수 있는 것과 마찬가지다. 모르면 원칙으로 돌아가라는 말과도 상통한다.

사명은 조직의 사명선언문(mission statement)에 나타나 있는데, 사업의 정의, 조직의 존재의의와 목적, 가장 우선시하는 가치, 편익을 줄 수 있는 핵심기술 등이 명시되어 있다. 사명은 전략 수립의 기초, 의사결정의 기준, 구성원의 행동지침, 평가기준이 되며, 자원의 활용과 배분의 기준이 된다. 비전은 조직의 사명을 좀 더 생생하게 이미지화한 것이다. 현재 시점에서 미리 보는 매력적인 미래상이라고도 할 수 있다. 비전이 공유되면 조직원들은 비전을 구현하는 방향으로 행동하기 때문에 비전이 상황 판단이나 행동결정의 기준으로 작용하게 된다.

가장 중요한 환경이나 이해관계자는 누구인가?

사명이나 원칙이 있더라도 완벽할 수는 없다. 이순신 장군의 경우 군인으로서 임금의 명령을 따르는 것이 원칙이었다. 그러나 적정(敵情)을 잘 모르고 적의 근거지를 치라는 임금의 명령을 따르면 많은 군사를 잃을 수 있었다. 임금의 명령을 따를 것인가? 군대를 보전할 것인가? 임금의 명을 따르지 않으면 항명죄를 범하게 되고, 어명을 어긴 죄로 자신에게 무거운 벌이 내려질지 모른다. 반면 명을 따르면 군대를 잃게 되고 나라의 안위가 위태로워진다. 이렇게 애매모호한 상황을 어떻게 헤쳐 나가야 할까. 이 경우 나라의 법령이나 나라에서 가르치는 '군인의 길'은 도움이 되지 않는다. 그에 따르면 당연히 지상(至上) 명령인 어명을 따라야 하기 때문이다.

이때 한 가지 방법은 적절한 질문을 던져보는 것이다. 그 질문 중의 하나는 "누구의 이익을 지켜야 하는가?"이다. 그런 다음 군대를 보전한다는 것은 누구의 이익을 지키는 것인가에 대해 정확한 추론을 해야 한다. 군대란 강토와 백성을 지키는 수단이라는 결론을 얻었다면, 이젠 임금의 명령에 복종하고 체면을 세우는 것과 나라와 백성의 이익을 지키는 것 중 어느 것을 지켜야 하는지로 좁혀지게 된다. 이처럼 지켜야 할 가장 중요한 이익이 무엇인가를 찾아보는 것은 애매모호한 상황에서 올바른 판단을 내릴 수 있는 하나의 기준이 된다.

지켜야 할 기본이나 최후의 보루는 무엇인가?

적지에 들어간 특공대가 3~4명의 양치기를 만났다. 자신들의 위치가 노출되지 않으려면 목격자인 양치기들을 죽여야 안전하다. 전술교범에는 임무를 완수하고 안전하게 귀대하되 무고한 양민을 해치지 말라고 되어 있다. 자신들의 생존, 즉 안전한 귀대와 무고한 양민을 살리는 것 중 무엇을 선택해야 하는가? 참으로 애매모호한 상황이다. 이때 무고한 양민은 자신들이 지켜야 할 자국민이 아니다. 어쩌면 적군을 편드는 사람들일 수 있다. 어찌할 바를 모르는 상황에서 본부의 지시를 받고자 하나, 본부와의 통신도 두절되었다. 어떻게 해야 할지 난감하기 짝이 없다.

영화 '론 서바이버^{Lone Survivor}'에 나오는 장면이다. 영화에서는 특공부대원들이 양치기들을 죽여야 할지 살려야 할지를 두고 갑론을박을 벌이는 장면이 나온다. 나와 동료들을 죽음의 위기로 몰고 갈 것인가, 아니면 우리가 살자고 무고한 생명을 죽일 것인가. 어떻게 판단해야 할까? 이 상황에서 전술교범은 아무런 도움이 되지 않는다. 자국민이 아닌 적국의 국민인 양치기를 대상으로 하므로 자국민을 보호할 것인가, 상부의 지시를 따를 것인가라는 이순신 장군의 질문도 도움이 안 된다. 결국, 리더는 건전한 상식과 양심에 따라 판단할 수밖에 없다. 영화에서는 양치기들을 죽이지 않기로 결정을 내린다. 자신들의 안위보다는 무고한 양민의 목숨을 보호하기로 한 것이다.

과감한 실행으로
상황 판단의 결실을 거둬라

상황 판단을 제대로 했으면 과감하게 대처하여 문제 상황을 해결해야 한다. 상황 판단을 하고 힘들게 결정하고서도 행동으로 옮기지 못하면 아무 소용이 없다. 그런데 애써 판단하고 계획을 세워 놓고도 실행하지 못하는 경우가 의외로 많다. 판단과 계획은 책임을 묻지 않으나 행동과 결과에는 책임이 따르기 때문에 둘은 차원이 다르다. 계획을 확신하지 못해서, 추진 조직이 없어서, 아니면 리더로서의 정체성이 부족해서 판단이나 계획이 실행되지 못할 수도 있다. 물론, 실행은 늘 신중해야 하고, 마지막 순간까지 예상하지 못한 변수가 있는지 살펴야 하지만, 일단 실행하면 자신의 모든 것을 걸고 성난 파도처럼 과감하게 밀고 나가야 한다. 이제 우리는 심사숙고하여 힘들게 결정하고서도 무엇이 실행을 주저하게 하는지 정확하게 진단하여 실행력을 높일 필요가 있다. 결행하지 못하고 우물쭈물하다가 시기를 놓치게 되면 모든 기회를 잃어버리기 때문이다. 리더는 명석한 판단과 의사 결정력 못지않게 과감한 실행력을 기를 필요가 있다.

일찍이 잭 웰치Jack Welch는 "리더십의 핵심은 사람, 환경, 제품에 대해 있는 그대로의 현실을 파악한 후, 그것을 기반으로 신속하고 결연하게 행동하는 것이다. 하지만 경영자가 저지르는 대부분의 실수는 현실을 제대로 보고, 있는 그대로의 현실을 직시하며, 그런 후에 그것을 기반으로 행동하지 않기 때문에 일어나는 것이다. 바로 그것이 리더십의 요체다. 현실을 직시하고 곧바로 결정을 내리고 행동하는 것이다."[16]라고 말했다.

실행계획에 확신을 가져라

실행계획을 세워 놓고도 결행을 못 하는 이유는 수없이 많다. 성공한다는 보장이 없어서일 수도 있고, 우유부단한 리더의 성격 때문일 수도 있다. 또 실행계획을 세웠을 때의 상황과는 상황 자체가 달라졌을 수도 있다. 환경이 급변하기 때문에 이런 일은 자주 발생한다. 또 계획 수립 과정에서 상황진단이나 정의를 잘못했거나, 예상되는 문제를 빠뜨렸거나, 목표설정을 잘못한 것들이 실행 단계에서 뒤늦게 드러나 발목을 잡을 수도 있다.

리더가 실행계획에 대해서 배짱을 가지려면 어떤 것을 살펴봐야 하는가? 여기서 배짱이라고 표현한 것은 불확실성 때문이다. 불확실하므로 리더는 배짱을 가져야 하는데, 배짱이란 내심 가질 수 있는 믿음의 기반 또는 믿는 구석이라는 의미이다. 승산(勝算)에 대한 소신(所信)과도 통하는 면이 있다. 근거 없는 배짱은 무모한 고집이요 헛배짱이다. 배짱은 필요하지만 헛배짱은 절대 금물이다. 배짱을 갖기 위해서는 실행계획에 대해 효과를 어느 정도 확신할 필요가 있고, 부정적 파급효과를 파악하고 감당할 대책, 소위 리스크 관리에 대한 자신감이 나름대로 있어야 하고, 제일 주목해야 할 이해관계자의 반응을 예상하고 대비해 둘 필요가 있다.

결과를 확신하는가?

리더는 계획의 결과에 대해 이중의 의문을 가진다. 하나는 계획이 목표한 대로의 결과를 얻을 수 있을까 하는 것이고, 다른 하나는 그런 결과를 얻었을 때 의도했던 효과가 생길까 하는 의문이다.

결과나 그에 따른 효과는 미래에 나타나는 것이기 때문에 100% 확실한 것을 장담할 수는 없다. 하지만 여기서 리더에게 요구되는 것은 기대한 만큼의 효과가 나오도록 확률을 관리할 수 있어야 한다는 점이다. 적어도 일을 추진하는 경로는 알고 있어야 한다. 경로를 아는 만큼 확률을 높여 나갈 수 있다. 누구를 통해 어떠한 방식으로 추진하며, 어떻게 움직이고 그 움직임을 살펴볼 것인지, 어느 시점에서 개입할 것인지에 대해서는 알고 있어야 한다는 것이다.

리더십 이론 가운데 목표만큼의 성과를 내게 하는 거래적 리더십의 한 유형으로 경로-목표이론(path-goal theory)이라는 것이 있다.[17] 이 이론에 의하면 조직의 목표가 설정되고 달성하는 경로를 알면, 리더는 구성원의 의욕과 업무 역량을 파악하여 지시, 지원, 참여, 성취 수단을 동원하여 목표에 도달하게 할 수 있다. 경로를 안다는 것이 결코 간단한 일은 아니지만, 리더는 그 길을 찾아야 한다. 이것은 리더가 갖춰야 할 최소한의 준비 태세로 보아야 한다. 경로를 알면 결과나 효과의 불확실성에서 오는 불안을 해소하고 과감하게 계획을 실천으로 옮길 수 있다.

전략이든 계획이든 한정된 자원으로 의사결정을 하는 것이기 때문에 선택과 집중이 불가피하다. 그래서 소외되는 분야가 발생하고, 그에 따른 부정적 영향도 생기게 된다. 전체를 통할하는 리더 입장에서야 전체가 잘되면 모두가 잘될 것으로 생각할지 모르지만 소외되는 입장에서는 고통스럽다. 리더는 모두가 다 잘될 것이라는 환상에서 벗어나야 한다. 소외되는 곳에서 발생하는 사소한 부작용이 나중에 계획뿐만 아니라 조직 전체를 망칠 수 있다. 그래서 예민한 감각으로 소외지대를 살피고 부작용을 점검해야 한다. 리더는 빠진 것과 부작용을 예상하지만, 구체적으로 어디서 무엇이 어느 정도로 그러한지 내용을 파악할 수 없어 답답할 수 있다.

따라서 불안이나 불만, 고충을 마음 놓고 털어놓을 수 있는 장(場)이 필요하다. 면담, 정보통신망을 이용한 커뮤니티 활용, 메일, 만족도 조사 등 다양한 방법을 동원할 필요가 있다. 부정적 영향이 예상될 땐 미리 공감을 얻고 협력을 구하는 태도가 유비무환의 지혜가 된다. 부정적 영향뿐 아니라 긍정적 영향과 그 파급력도 될 수 있는 대로 사실에 근접하게 파악할 필요가 있다. 긍정적 영향이 부정적 영향보다 어느 정도인지, 전략적 이익이 무엇인지를 계획 수립 단계에서부터 고려해야 하고, 계획을 추진하면서도 점검해야 한다. 이것을 바탕으로 부정적 영향을 받는 소외 집단을 설득할 수 있다.

가장 주목해야 할 이해관계자의 반응은 무엇인가?

가장 주목해야 할 이해관계자가 누구냐는 질문은 얼핏 뻔하고 쉬운 것 같지만 의외로 답하기 어려운 경우가 많다. 많은 이해관계자가 존재하고 나름대로 중요하기 때문에 가장 주목해야 할 이해관계자가 누구냐는 질문에 당황하게 되는 것이다. 주식회사의 CEO는 자신에게 자리를 주고 해임할 수 있는 주주나 이사회가 가장 주목해야 할 이해관계자로 생각하겠지만, 회사 전체의 측면에서 보면 고객이 회사를 생존케 하는 가장 중요한 이해관계자이다. 그렇다면 주주와 고객 중에 누가 가장 중요한 이해관계자인가?

존슨앤존슨의 기업 신조에 회사의 책임은 첫째 소비자, 둘째 임직원, 셋째 지역사회와 주주에게 귀속한다고 명시되어 있다. 즉, 소비자에 대한 절대적 집중이 기업 신조다. 이것이 타이레놀 독극물 투입사건이 터졌을 때 회사가 1억 달러의 손해를 보더라도 소비자 보호를 위해 즉각 전량회수 조치를 내리게 한 원동력이 되었다. 그리고 언론이 궁금해하는 정보를 솔직하게 공개함으로써 소비자들의 불안을 해소했다. 그 결과 얼마 가지 않아 하락했던 매출을 다시 회복하고 소비자들의 신뢰를 더 공고히 받게 되었다. 타이레놀 사건을 통해 존슨앤존슨의 진가가 확연히 드러났고, 소비자의 신뢰를 굳히는 전화위복의 계기가 된 것이다.[18]

리더는 가장 주목해야 할 이해관계자가 누구인지 정할 필요가 있다. 이것이 정확한 상황 판단과 신속한 대처를 보장하는 기준이 된다.

추진 조직과 지원조직에 대한 리더십을 확신하는가?

리더가 조직을 마음먹은 대로 이끌어 가기 위해서는 조직을 장악해야 한다. 적어도 지시한 일이 지시한 대로 움직일 수 있어야 한다. 이렇게 되면 최소한도의 관리는 가능해진다. 그런데 뭔가 의미 있는 변화와 도전적인 과제를 이루기 위해서는 수동적으로 움직이는 조직력만으로는 부족하다. 리더의 비전을 공유하고 앞장서서 변화를 추진하는 핵심 추진체가 필요하다. 리더에게 미리 이런 조직이 있으면 좋겠지만 없을 때 만들고 키워야 한다. 잭 웰치만큼 경영혁신을 많이 시도하고 성공한 경영 리더도 드물 것이다. 그는 식스 시그마를 비롯해 워크아웃, 변화 가속화 운동, 벽 없는 조직, 세계화, e-비즈니스 등의 경영혁신 기법을 창안하거나 도입해 성공적으로 운영했다. 이것이 가능했던 것은 성공을 확신할 수 있는 계획과 더불어 크로톤빌의 경영교육원에서 학습조직을 만들어 수많은 토론과 교육을 진행하면서 혁신에 대한 공감대를 형성하고 핵심 추진체를 만들었기 때문이었다.[19]

핵심 추진체가 준비되어 있는가?

심리 실험 중에 '마법의 수 3'이라는 것이 있다. '3의 법칙'으로도 알려졌다. 군중심리의 법칙으로서 집단동조현상에 근거를 두고 있다. 이것은 생활 체험으로 아주 예전부터 암묵적으로 알려져 왔다. 길을 가다가 한 사람이 어느 곳을 쳐다보면 아무도 관심을 기울이지 않는다. 두 사람이 같은 방향을 보고 있어도 관심을 기울이지 않는다. 그런데 세 사람이 같은 방향을 보고 있으면 모든 사람이 그곳을 쳐다본다. 이 원리는 스피치, 조직론, 분위기 관리 등에 응용되고 있다. 유비, 관우, 장비는 '도원결의'로 의형제를 맺고 왕도정치의 뜻을 세워 촉나라를 건국했다. 이 또한 3의 법칙이 작용한 사례이다.

3의 법칙은 조직의 변화와 혁신을 관리하는 데도 적용할 수 있다. 모든 조직 구성원을 설득하여 변화를 이루어 내면 좋겠지만, 변화를 싫어하는 부류가 있기 마련이다. 이 부류 가운데는 이미 권력을 갖고 있어서 변화하지 않는 것이 좋은 사람도 있다. 힘 있는 기득권의 저항을 이겨내기가 만만치 않다. 변화를 시도하다가 성공하는 리더보다는 실패하는 리더가 더 많은 이유가 거기에 있다. 자칫 삐끗하면 리더가 쫓겨나거나 해임될 수도 있다. 그래서 든든한 지지기반과 함께 소수의 핵심 추진체가 반드시 필요하다. 핵심 추진체란 리더의 뜻과 의지를 공유하고 변화를 실천하는 조직이다. 3의 법칙에 의하면 팀 단위로 3명만 있어도 전체 팀 원들의 참여를 유도해 낼 수 있다. 리더는 한번에 모든 사람을 참여시키 겠다는 욕심을 버려야 한다. 처음엔 욕심내지 말고 조용히 소수 정예부 터 변화를 일으켜 갈 필요가 있다.

내·외부의 지원조직은 충분하고 가용한가?

리더십의 목적은 목표 달성이기 때문에 리더는 모든 적법한 수단을 동원하여 목표를 이루어 내야 한다. 가용한 자원은 자신이 소유하거나 통제하고 있는 것만이 아니다. 때에 따라서는 남의 자원을 빌리거나 시 스템을 활용할 수 있어야 한다.

아버지와 아들의 다음과 같은 일화를 음미해 보자. 아버지가 아들에 게 무거운 돌을 옮기라고 했다. 그러자 아들은 안간힘을 들여서 그 돌을 옮겼다. 시간이 오래 걸렸다. 아들은 아버지에게 돌을 다 옮겼다고 자랑 했다. 칭찬을 기대했던 아들은 아버지의 꾸중을 들어야만 했다. 내가 옆 에 있었는데 왜 내 힘을 빌리려고 하지 않았느냐고 했다. 그렇게 했더라 면 별로 힘들이지도 않았을 것이고, 시간도 얼마 걸리지 않았을 것이 아 니냐고 했다. 이처럼 남의 힘을 빌릴 줄 모르는 사람은 리더의 자원동원 능력에 한계를 드러낸다.

리더로서의 정체성이 확고한가?

리더십은 리더가 자신이 리더이고, 리더가 어떤 역할을 해야 하는지 에 대해 정확하고 분명한 정체성을 갖는 데서 출발한다. 그래야 리더로 서의 소명의식이 생기고 비로소 리더십을 발휘할 수 있다. 리더로서 자신의 역할이나 소명에 제대로 눈뜬 사람이 의외로 많지 않다. 리더가 되고자 하는 사람도 단순히 높은 자리에 앉아 군림하고, 명령하고, 존대 받고, 권력을 휘두르고, 좋은 대우를 받는 동기에서 출발하는 경우가 많다.

그런데 리더십의 본질은 지배하는 것이나 높은 지위와는 관계없다. 대우를 받는 안락한 자리와도 무관하다. 리더는 올바른 방향을 제시하고, 마음을 모으며, 의사결정을 하고, 책임을 지는 자리다. 리더에겐 지위 권력이 주어지는 경우가 보통이지만, 지위가 높지 않더라도 해박한 전문지식이나 깊은 감화력과 설득력으로 사실상의 방향을 결정하고 일을 추진해 가는 사람이 있다. 이 사람이 진정한 리더이다.

자신의 역할과 권한을 정확히 알고 있는가?

어떤 긴박한 상황이 발생했을 때 리더가 우왕좌왕하는 것은 자신이 무슨 역할을 해야 하고 무엇을 할 수 있는지 잘 모르기 때문에 발생하는 경우가 많다. 리더가 무능할 때뿐만 아니라, 실권이 없어 아래위로 눈치를 봐야 하고, 조직의 규정이나 생리를 잘 알지 못할 때 왕왕 발생한다. 이럴 때도 민주적 스타일의 리더십을 발휘하여 대책을 마련하면 어느 정도 기본은 할 수 있다. 구성원 중에 사태를 통찰하고 지혜로우며 예리한 안목을 가진 사람이 있을 수 있기 때문이다.

이런 상황에서 독단은 절대 금물이다. 그렇지만 리더가 자신의 역할과 권한을 분명히 알지 못하면 올바른 방향을 주도할 수 없다. 리더는 자신의 의견도 틀릴 수가 있으므로 자신의 의견이 100% 관철되도록 고집을 부릴 필요는 없다. 그러나 올바른 방향으로 결론이 나도록 주도할 필요는 있다. 그렇지 못하고 역학관계에 끌려 다니면 올바른 방향을 잡을 수 없다. 이때는 이미 리더가 아니다. 리더는 늘 올바른 방향에 서 있는 사람임을 명심하라. 올바른 방향에 설 수 있는 판단력이 중요하다.

2014년 4월 16일 발생한 세월호 침몰 사건은 선장 등 승무원들이 위급한 상황에서 무슨 역할을 해야 할지를 망각하고, 자기 살길만 도모한 나머지 대형 참사를 불러왔다.[20] 리더로서 자신의 역할이나 위치, 권한을 모르고 정체성이 깨어 있지 못할 때 무슨 일이 벌어질 수 있는지 잘 보여 주는 사례이다.

책임질 준비가 되어 있는가?

리더는 책임질 준비가 되어 있어야 한다. 모든 판단과 결정 그리고 결과에 책임을 져야 한다. 책임질 준비가 되어 있지 않더라도 책임은 돌아온다. 이것이 리더의 숙명이다. 책임이라는 숙명을 받아들이지 않으면 무책임한 리더가 된다. 이런 리더는 조직을 망치고 자기 자신을 해친다. 따라서 조직은 모름지기 책임감 있는 리더를 세워야 하고, 무책임한 리더임이 드러날 때는 바로 해임해야 한다.

책임질 준비가 되어 있는 리더는 매사에 신중하다. 치밀한 계산하에 움직인다. 이길 준비를 하고 싸움에 임하는 장수와 같다. 절대 경거망동하지 않는다. 이순신 장군의 '가벼이 움직이지 마라. 침착하게 태산 같이 무거이 행동하라(물령망동 勿令妄動 정중여산 靜重如山)'는 말과 같다. 실수가 적고 안정감이 있다. 말 한마디에 천근의 무게가 실려 있다. 이런 리더는 존경을 받고 믿음을 준다. 그래서 구성원이 믿고 따르게 된다. 믿고 따르면 일이 잘 풀리고 목표 달성의 확률도 높아진다.

솔선수범을 통해 가고 있는 길이 옳음을 스스로 증명하고 있는가?

잭 웰치는 "나는 어떤 아이디어나 메시지를 조직 전체에 전달하고자 할 때 한 번도 이 정도면 충분하다고 말해본 적이 없다. 나는 어떤 중요한 아이디어가 있으면, 그것을 수년에 걸쳐 온갖 종류의 회의 때마다 수 없이 반복해서 강조하고 또 강조했다. 나중에는 아예 신물이 날 정도였다."고 말했다. 그리고 "나는 GE가 추진하는 모든 일에 가장 열렬한 지지자가 되었다."고도 했다.[21]

타이레놀 사건이 터졌을 때 제임스 버크^{James Burke} 전 존슨앤존슨 회장은 사태 해결을 위한 의사결정뿐 아니라 언론과의 창구에도 직접 나섰다. 방송 인터뷰를 통해 소비자를 대상으로 솔직하고 성실하게 사건에 대한 설명을 해 나갔다. 위기 수습을 위해 최일선에서 앞장서는 모습을 보여준 것이다. 이것은 고객을 최우선으로 한다는 회사 신조를 몸소 실천한 모습이었다. 대개 위기에 처하면 최고경영자들은 뒤로 숨고 일반 직원을 언론에 앞세우는 경우가 많다. 나중에 몰랐다고 발뺌을 하고 변명을 하기 위해서다. 이런 태도는 고객의 불신을 사게 마련이다. 하지만 버크 회장은 직접 나섰고, 그 결과 신뢰를 얻었다.[22]

리더가 앞장서서 솔선수범하면 그 길이 옳다는 것을 보여주는 것이 된다. 리더가 정녕 옳다고 믿는다면 잭 웰치처럼 계속 반복해서 얘기하게 되어 있다. 그리고 일관되게 반영하고 추진한다. 버크 회장과 같이 평소에 솔선수범하는 리더가 비상 상황에서도 기민하게 앞장설 수 있다. 리더는 솔선수범으로 과감하게 결행하고, 구성원의 동참과 조직 전체의 기민한 실행력을 확보할 수 있다.

Chapter 02

전략적으로
예측하라

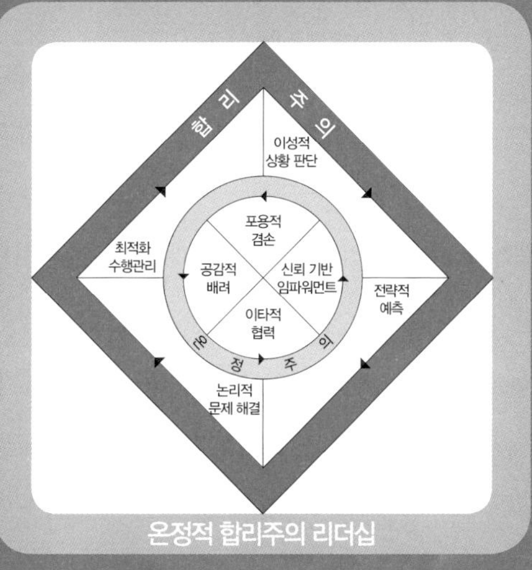

우리 사회에서 가장 성공한 사람은 10년, 20년 후의
미래를 생각하는 장기적인 전망을 가진 사람들이었다.

— 에드워드 밴필드 Edward Banfield

채권 거래에 강점을 지닌 리먼 브라더스^{Lehman Brothers}는 2002년부터 주택저당 증권시장을 앞장서서 개척했다. 그러나 2006년에 이르러 위험신호들이 나타나기 시작했다. 2005년 중순에 주택 거래량이 정점을 찍은 이후 집값 상승세가 꺾이고 있었고, 미국 연방준비은행이 금리를 소폭 인상하자 압류 건수가 증가했다. 그런데도 당시 리먼 브라더스의 CEO인 리처드 펄드^{Richard Fuld}는 빠른 성장을 통해 시장점유율을 늘리겠다는 전략을 발표했다. 결국, 리먼 브라더스는 2008년에 158년의 역사를 접고 파산함으로써 전 세계 금융시장을 위기로 몰아넣었다.[23]

우리나라 조선산업은 1970년대 글로벌 시장에 진입하면서 단숨에 세계 2위로, 그리고 2000년 이후 일본을 제치고 단일품목으로 우리나라 수출 1위 자리를 차지하였다. 그러나 최근 저가로 밀어붙이는 중국 조선사와의 가격경쟁에서 밀리고, 글로벌 경기악화로 수주가 감소하면서 조선산업 불황이 닥쳐왔다. 한때 우리나라 조선 3사가 세계 조선업계 Top 3일 정도였지만 지금은 구조조정을 하지 않으면 회생하기 힘든 상황이 되었다.

세계적 금융회사 리먼 브라더스의 몰락과 한국 조선산업의 사례를 통해서 우리는 전략적 예측의 중요성을 확인할 수 있다. 즉, 리더의 전략적 사고, 전략적 목표수립, 전략적 통찰력이 얼마나 소중한가, 그리고 사업의 방향을 결정하는 전략적 예측은 미래에 관한 결정으로, 그것은 쉬운 일이 아니므로 현재까지 발생한 사건과 결과를 바탕으로 어떤 이유로 그러한 사건과 결과가 나타났는지를 세밀하게 확인해야 한다는 것이다. 그렇게 함으로써 불확실한 여건 속에서도 최대한 미래 예측의 정확도를 높이고, 미처 예측하지 못한 환경 변화가 일어날 땐 유연하게 전략을 수정할 수 있기 때문이다.

조직이 장기적으로 생존하고 번영하려면 장기적인 예측이 필요하다.

그러기 위해서는 멀리 볼 수 있는 안목과 전략을 갖추어야 한다. 늘 모든 것은 변한다는 것을 염두에 두고 장기적으로 변하지 않는 것이 없다는 사실을 명심하면서 위기가 올 때를 미리 인식하고 그 드라마가 전개되기 전에 먼저 변화를 준비해야 한다는 것이다. 특히 제4차 산업혁명시대 인공지능시대를 맞이한 상황에서 조직의 리더는 더더욱 불확실한 미래 대비를 위한 예리한 판단력으로 상황을 파악해야 한다.

이러한 중요성을 기반으로 온정적 합리주의 리더십에서의 전략적 예측을 생각해 볼 수 있다. 전략적 예측의 개념에는 전략을 위한 예측이라는 의미와 예측을 기반으로 한 전략이란 의미를 동시에 포함하고 있다. 이러한 입장에서 전략적 예측은 단순한 목표 달성 수단만이 아니라 비전이나 전략적 목표와 같이 조직이 나아갈 방향을 설정하는 것을 포함하는 넓은 의미의 개념으로서 조직이나 개인이 나아갈 방향에 대한 미래 지도라 할 수 있다.

작은 돌부리 하나도 엄청난 위협이다

350km로 달리는 KTX 초고속 열차에는 아무리 미미한 레일의 균열과 작은 돌멩이라 할지라도 엄청난 위협이 될 수 있다. 불확실한 미래 환경 속에서 조직의 나아갈 방향과 목표를 달성하기 위해서는 언제 어디서 어떤 형태의 변화가 나타날지를 예상하는 것은 매우 중요하다. 즉, 매우 빨리 달리는 KTX가 올바른 목적지에 이를 수 있도록 미리 레일의 균열과 돌멩이를 찾아내듯이 기회와 위험요소를 조기에 진단하고 불확실성에 대응하기 위한 전략적 예측의 중요성은 아무리 강조해도 지나치지 않다. 개인은 물론 조직 역시 수많은 환경 요인이 복잡하게 연관되어 어느 것 하나 소홀히 할 수 없는 상황이다. 앞으로의 상황 변화에 대한 가능성을 예측하고 그것에 집중할 수 있는 훌륭한 대안의 실행이 그 어느 때보다 절실하다.

전략은 가설이고, 예측은 시나리오다

전략이란 궁극적으로 미래를 위한 계획을 수립하는 것이다.[24] 전략적 예측은 전략, 예측이라는 복잡한 개념을 포괄하는 구성 개념이기 때문에 사람마다 관점에 따라 다양한 정의를 내릴 수 있다. 그래서 조작적 정의가 필요한데 여기서 전략적 예측이란 '장기적 관점으로 문제를 바라보고, 이를 바탕으로 불확실한 미래의 변화를 치밀하게 예측하며, 선택과 집중을 통해 실현가능한 전략적 목표를 수립하는 것'을 말한다. 전략은 대안을 살펴보고 선택하는 것으로서 리더는 상황이 변할 때마다 미래지도를 수정해야 한다. 미래 지도인 전략을 수립하는 데 영향을 미치는 것들은 수많은 연구와 조사 없이는 짐작도 못할 만큼 예측 불가능한 것이 많다. 그렇다 할지라도 그것은 미래가 있으므로 미래를 위한 좋은 지도를 작성하기 위해서는 꼭 필요하다. 그리고 전략적 예측은 다양한 정보의 통합을 통해서 경쟁에서 이기는 지도를 그리는 것이다.[25] 그리고 미래 지도는 정확히 미래에 일어날 일들에 대한 가설을 세우고 효과적인 전략을 바탕으로 만들어진다.

모든 일에 한 가지 미래만 있는 것은 아니다. 따라서 여러 가지의 미래상을 가설을 통해 예측해 보면서 조직과 자신을 위한 보다 현명한 선택을 할 수 있도록 해야 한다. 이러한 가설은 낙관적, 비관적, 중간적 시나리오로 분류하여 시나리오별 전략과 대안을 수립할 수 있다. 결과적으로 이러한 시나리오는 의사결정 방식에도 영향을 미쳐 미래도 변화시킨다. 미래에 대한 관찰과 변화는 끊임없이 순환의 고리를 형성하면서 지속적인 성장과 발전의 토대가 된다.

미래에 대한 계획은 다양한 환경 변화에 대응하기 위한 매뉴얼이다. 이 매뉴얼은 세상에 아무런 변화가 일어나지 않는다면, 딱 한 번만 만들고 신경 쓰지 않아도 된다. 그러나 세상은 하루가 다르게 짐작도 못 할 만큼 변하고 있으므로 아무리 훌륭한 매뉴얼이라 할지라도 미래에는 무용지물이 될 수도 있다. 이런 전제하에 리더는 앞으로 어떤 변화가 생길 것인지, 그러한 변화가 비즈니스나 조직의 미래에 어떤 영향을 미칠 것인지, 내·외부 환경이 어떻게 변화될지 치밀하게 예측해야 한다.

"성공이 보장되는 전략을 요구하는 것은 무조건 참으로 증명된 가설을 요구하는 것과 같습니다. 뛰어난 전략을 세우는 문제는 뛰어난 가설을 세우는 문제와 같은 논리적 구조를 가집니다."[26]

전략의 바탕이 되는 미래 예측이란 100% 정확할 수 없고, 미래가 확정된 것이 아니므로 예측한 대로 환경 변화가 전개되지 않으면 전략도 유연하게 바뀌어야 한다. 그렇지만 예측이 빗나갈수록 시행착오의 리스크가 커지므로 예측의 정확도를 높일 수 있는 통찰력이 요구된다. 전략은 허구가 아니라 현실에서의 생존 문제이다. 그래서 전략적 가설은 축적된 원칙과 경험을 바탕으로 한 경험적이고 실용적이어야 한다.

〈표 2-1〉 시나리오 방법 [출처 : Garland(2009), p.138 재정리]

주요 사항	시나리오 구성
• 비용이 상승하고 있다. • 베이비붐 세대는 미국 역사상 가장 많은 65세 이상 연령층을 구성할 것이다. • 인도의 중산층이 늘고 있다. • 일자리 해외이전은 원가절감 전략의 하나로서 증가하는 추세다. • 진단 의료장비의 가격이 저렴해지고 있으며 인터넷과 연결된 장비가 늘어나고 있다.	2013년 : 미국의 넘쳐나는 은퇴연령 인구로 인하여 높은 비용을 지출함으로써, 재정적으로 부담이 커진 정부는 일부 의료·보건 서비스를 인도 인터넷 의료진 '텔레메디컬'을 미국 병원마다 설치해서 환자의 증상과 생명징후를 기록하기 위한 자료를 접수한다. 1차 진료 의사들의 잡무가 대부분 인터넷을 통하여 아웃소싱된다. 물론 중대한 환자들은 여전히 미국에 있는 전문의에게 보내진다. 미국 의료·보건계에서는 일자리가 수천 개 사라졌지만, 비용은 절감되어 의료·보건 서비스의 질이 최소한 과거 수준을 유지할 수 있게 되었다.

왜냐하면, 시장의 수요와 인간의 행동, 조직에 있어 성과가 없게 되면 전략은 죽은 것이나 다름없기 때문이다. 또, 전략은 다양한 구성요소의 조합이기 때문에 선택이 아닌 설계로 설명하기도 한다. 좋은 전략은 경쟁우위를 제공하는 여러 활동 구성요소들의 조합이라고 할 수 있다. 어떠한 변화가 다가올지 정확하게 예측하는 것은 불가능한 일이지만, 어떤 미래가 펼쳐질지 미리 가정해 보면, 결과는 놀랍게 달라진다.[27]

전략은 조직 구성원에게 동기부여를 해야 한다

전략 수립을 위해 최우선으로 해야 할 일은 조직이든 개인이든 나아갈 방향을 명확하게 설정하는 것이다. 골프는 물론 어느 운동에서든 나아갈 방향을 어디로 잡아야 할 것인가가 최우선으로 해야 할 일이다. 전략은 조직은 물론 구성원 모두가 올바른 목적지로 나아가도록 모든 사람에게 동기를 부여한다.[28] 이러한 전략을 수립하기 위해서는 무엇보다 처한 환경에 걸맞은 작동원리를 기반으로 미래를 형성해가는 선도자가 되어야 한다. 그리고 기존의 패턴을 인식하고 새로운 패턴을 창출하여 미래에 적응할 수 있도록 해야 한다. 마지막으로 이러한 것을 바탕으로 충분한 인적·물적 투자를 통해서 활동영역을 확보해야 한다.

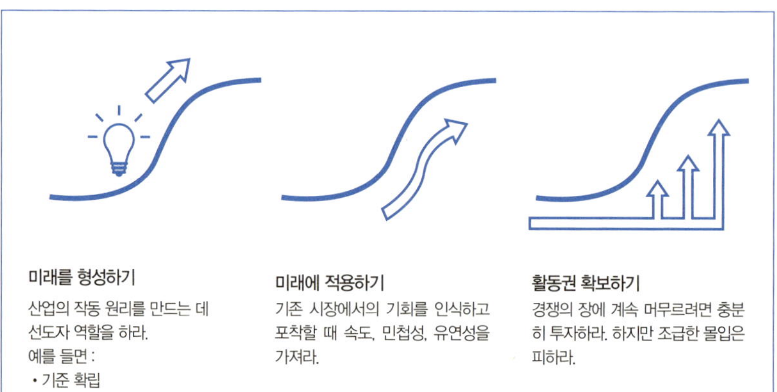

하버드 경영대학원의 신시아 몽고메리^{Cynthia A. Montgomery} 교수는 훌륭한 전략의 특징을 다음과 같이 6가지로 정의하고 있다.[29]

① 조직의 존재 이유를 분명히 드러낼 것

② 차별적인 고객가치를 추구할 것

③ 선택과 집중

④ 협력적 행동체계를 유도할 수 있을 것

⑤ 목표를 측정 가능한 지표로 전환할 수 있을 것

⑥ 열정을 불러일으킬 수 있을 것

좋은 전략은 경쟁우위라는 한 가지 개념에 국한되지 않고, 비전, 사명, 목표, 전략을 연계한 핵심 요소를 바탕으로 수립된다.[30] 좋은 전략에 대한 이러한 입장은 방향과 효과적인 수단이 결합한 온정적 합리주의에서의 전략 개념과 일치하는 것이다.

전략적 예측의 기본은 '오늘은 어제의 미래'다

"오늘은 어제의 미래다."라고 말한다. 전략적 예측은 미래에 대한 도전이며 대응이다. 장기적인 관점에서 문제를 바라보고 이를 바탕으로 불확실한 미래의 변화를 예측하여 선택과 집중을 통해 실현 가능한 전략적 목표를 수립하는 것이다. 이러한 과정에서 미래에 무슨 일이 일어날지 예측해야 한다. 그런데 과거에 대한 이해 없이 미래를 예측할 수는 없다. 따라서 현재의 모습은 과거의 어떤 선택에 따른 모습인가를 생각해야 한다. 과거에 대한 질문을 통해서 현재의 위치를 정확히 알 수가 있고, 어떤 이유로 그러한 사건과 결과가 나타났는지 확인할 수 있다.

오늘날 모든 분야에 걸쳐서 확실한 것은 아무것도 없다. 그러나 빅 데이터나 복잡계 등과 같은 자료를 바탕으로 특정한 행위의 결과를 추출하여 가치가 있는 패턴을 찾아내고 있다. 이런 것은 결국 과거에 어떤 일이 일어났으며 어떻게 여기에 이르게 되었는지를 이해하게 한다. 과거의 모습을 살펴보는 것은 현재와 미래의 모습을 그려보기 위한 판단 기준점을 마련하는 것이다. 자신의 과거 모습을 본다고 현재의 모습이 바뀌는 것은 아니지만 어떻게 지금의 이 모습인가를 알 수 있다면, 앞으로의 모습을 더욱 쉽게 그릴 수 있다.

전략적 예측은 미래에 대한 예측이다. 이러한 미래 예측은 무엇보다 단기적 성과가 아니라 장기적 관점으로 문제를 바라보는 '장기적 안목'이 필요하다. 그리고 예기치 못한 일에 대한 가능성과 내·외부의 환경 변화에 대한 '치밀한 미래 예측력'이 갖추어 져야 한다. 마지막으로 이상적인 목표보다 실현 가능성을 바탕으로 현재의 인적·물적자원을 고려하여 선택과 집중을 통한 '실현 가능한 전략적 목표수립'의 역량이 필요하다.

미래의 사회는 점점 예측력을 경쟁하는 현상이 확산되고 급증할 것이다.[31] 리더들의 전략적 미래 예측을 위한 역량 확산이 조직은 물론 개인의 미래를 좌우할 수 있으므로 더욱더 절실히 요구된다.

전략적 예측은 리더십의 기본이다

'장기적 관점으로 문제를 바라보고, 이를 바탕으로 불확실한 미래의 변화를 치밀하게 예측하며, 선택과 집중을 통해 실현 가능한 전략적 목표를 수립하는 것'이라는 내용적 측면에서 전략적 예측은 리더십의 기본 역량을 함축하고 있다.

히트[Hitt], 아이랜드[Ireland], 호스키슨[Hoskisson]은 전략적 리더십을 '예측하고, 상상하며, 유연성을 유지할 뿐만 아니라 다른 사람에게 권한을 위임

[그림 2-2] 리더십 역량 3차원 구조 모형   [출처 : 김영천(2007), p.53]

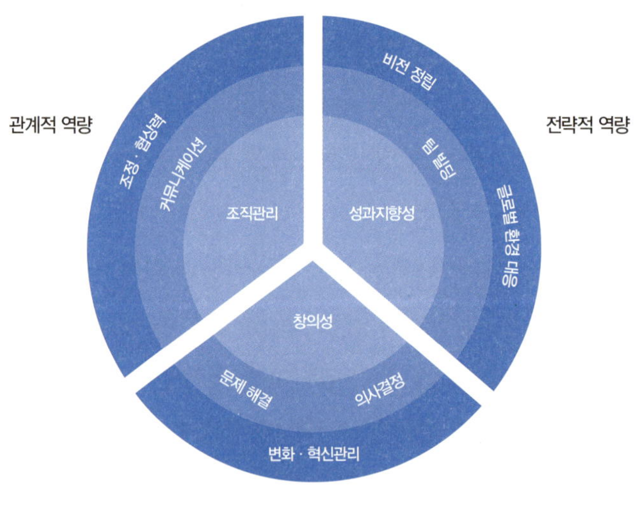

※ 주) 동심원의 안쪽(밝은 음영)은 조직 내부환경과 관련된 역량, 동심원의 바깥(어두운 음영)은 조직 외부환경과 관련된 역량을 나열한 것임

함으로써 전략적 변화를 끌어내는 능력'이라고 하였다.[32] 전략적 리더십을 구성하는 요소로는 전략적 방향제시, 핵심 역량 개발 및 유지, 인적자본 개발, 효과적 기업문화 유지, 윤리경영, 전략적 통제 등 여섯 가지가 꼽히고 있다.[33]

전략적 예측은 먼저 올바른 방향 설정, 즉 구체적으로는 미션과 비전의 설정을 명확히 하는 데 기여해야 한다. 그리고 그 미션과 비전을 달성하기 위한 효과적인 목표와 수단을 선택하기 위하여 정확한 전략적 예측이 필요하다. 전략적 영역은 CEO를 비롯한 경영진의 판단 영역이고 그 외의 실행과정은 각 실무부서의 역할이다. 미래에 대한 예측은 과거나 현재로부터 이어져 오는 습관이나 관성에 의해 기계적으로 예측할 수 있는 단순한 것이 아니다. 예측은 사회 환경의 급격한 변화와 불확실성으로부터 생존과 지속 가능한 성장을 위한 한 치 앞도 내다볼 수 없는 다양하고 복잡한 미래의 가능성에 대한 도전이다. 따라서 리더는 외부 환경 변화와 도전을 통하여 명확한 비전 설정, 목표와 수단의 유연성, 조직 구성원의 동기부여, 성과 달성을 위한 전략적 리더십을 발휘하여야 한다. 결론적으로 전략적 예측은 전략적 리더십 속에 함축된 필수 역량이다.

한편으로 전략적 예측은 시스템적 사고가 기반이 되어야 한다. 서로 연관된 하나하나가 어떤 특별한 행동을 함에 있어 하나같이 통합된 상태가 시스템이다. 성경에 '몸은 하나인데 많은 지체가 있고 몸의 지체가 많으나 한 몸'(고린도서 제12장)이라는 구절이 있다. 몸이 제 기능을 발휘하기 위해서는 눈, 코, 입, 귀, 손, 발과 같은 지체들이 각각의 고유한 기능을 제대로 발휘하여 몸 전체가 하나같이 협력해야 한다. 마찬가지로 조직도 모든 기능이 한 덩어리로 움직여야 시너지를 낼 수 있다. 전략적 예측 역시 시스템적 사고에 기반을 두어 전략적 방향을 설정하고, 목표 달성의 전략을 구사하면서 조직이 한 지체만으로 독립적인 것이 아니라 한 몸처럼 움직이게 함으로써 생존과 성장이라는 궁극적 목표를 달성할 수 있다.

더욱 쉽게 단선적 사고와 시스템적 사고를 비교해 보면, 단선적 사고가 결과 중심의 특정 시점의 변화에 주목하고 있지만, 시스템적 사고는 전체적인 변화의 패턴에 주목하는 사고로 상호 연관 관계의 고리들을 중심으로 상황을 파악한다.

〈표 2-2〉 단선적 사고와 시스템적 사고　　　　[출처 : 김동환(2004), 한국과학기술기획평가원(2009), 재인용]

단선적 사고	시스템적 사고
'원인 → 결과'의 사고법	'구조 → 패턴'의 사고법
특정 시점의 변화에 주목	전체적인 변화의 패턴에 주목
사건의 직접적 원인 탐구	사건을 만들어 내는 구조 탐구
현실을 사건들 사이의 단선적인 인과 관계로 파악	현실을 요인들 사이의 상호연관 관계의 고리로 파악

미래 예측 방법은 다양하다

미래를 예측하기 위해서는 미래 변화를 이끌어 가는 핵심 동인 (driving force)을 찾는 것이 가장 중요하다. 컬린저[F. N. Kerlinger]는 과학의 목적을 사물과 현상을 이해, 기술, 설명하면서 미래를 예측하고, 예측한 결과가 바람직하지 못할 때는 처방을 제시하여 바람직한 결과가 되도록 미래를 통제할 수 있게 도와주는 것이라고 했다.[34]

전략적 미래 지도 작성에 전제가 있다

전략적 예측은 변화가 전제되어야 한다. 만일 변화가 없는 환경이라면 예측은 불필요하고 현상에 대한 유지 발전만 시키면 된다. 생태계 역시 어떤 사물이나 현상이 존재하는 환경으로 그 존재의 변화에 따라 어떤 것은 더 번성하기도 하고, 어떤 것은 사라지기도 한다.

미래에 펼쳐질 현상도 생태계 변화를 전제로 예측할 수 있다. 미래 예측을 위한 생태계 변화를 살펴보면 먼저, 물질은 변화의 대상으로서 우리가 느낄 수 있는 사물이나 현상이다. 자연물과 인공물로 나뉘는데, 인공물 중에서 가상물(virtual substance)인 디지털이 영향을 끼치고 있다. 또, 에너지는 변화의 동력으로서 인간의 욕구를 말한다. 인간의 욕구를 충족시키기 위해 새로운 물질(사물이나 현상)이 생겨난다.

윌리엄 글래서^{W. Glasser}는 인간의 5가지 기본욕구로 생존의 욕구, 소속과 사랑의 욕구, 힘에 대한 욕구, 자유의 욕구, 즐거움에 대한 욕구를 제시했다. 5가지 욕구와 관련지어 보면 인간은 생존을 위해 무력(武力)과 생활수단인 부력(富力)을 갖는 데 에너지를 집중했다. 그리고 시간은 사물과 현상을 숙성시키고, 공간을 선별한다. 똑같은 사물과 현상이라도 성장하는 공간과 환경에 따라 다르다. 마지막으로 어떤 사물과 현상도 혼자서 존재하지 않는다. 모든 것은 생태계 속에서 상호 도움을 주고받으면서 존재한다. 즉, 모든 존재가 서로 연결되어 상호작용하고 있으며 인과의 그물로 짜여 있다. 이러한 사실로부터 미래 예측의 기본인 시스템적 사고, 관계망, 네트워크 사고, 폭넓은 사고로 확장된다. 이것은 마인드맵, 연상트리, 상호 연관분석, 시스템 도표, 시나리오 작성과 같은 기법의 기초가 된다. 우리가 미래 예측을 위해서 멀리 보고, 깊이 보고, 넓게 보아야 한다는 것은 모든 것이 상호 연결되어 사소한 것이 '나비효과'를 일으키는 복잡계 속에 있기 때문이다.

미래, 찾는 방법도 다양하다

미래 예측 방법론은 1960년대 미래학자 허먼 칸^{Herman Kahn}에 의해 하나의 학문으로 확립된 후 현재 40개가 넘은 방법론이 개발되었다. 이러한 방법론들은 자료의 성격, 예측에 동원된 지식의 원천, 변화의 크기, 용도 등 기준에 따라 다양하게 분류된다. 예측하고자 하는 시공간 변화의 크기에는 일시적인 유행에서부터 10년 정도의 주기를 갖는 트렌드, 수십 년에 걸친 메가 트렌드, 트렌드와 같은 주기지만 정확한 예측이 어려운 불확실성, 빅 체인지, 시간상으로 변하지 않는 불변성, 반복되는 법칙과 패턴, 다른 변화의 토대가 되는 패러다임 등이 포함되어 있다.

이렇게 방법론을 분류하는 이유는 각각의 방법론이 어떤 용도로 어떤 변화의 크기를 예측하고자 하는지를 이해하고 가장 적합한 방법론을 선택하기 위해서이다. 그러기 위해서는 각각의 방법론이 어떤 자료를 기초로 어떤 수단을 동원하여 예측하는지 알아야 한다. 따라서 방법론을 분류하는 기준과 특징에 대해 명확한 이해가 필요하다. 그리고 적절한 방법론 선택을 위한 구체적인 고려사항에는 관련 조직의 문화와 역사, 다룰 문제의 성격, 정량적 정성적 자료 및 결과, 시간축, 관련 방법론 수행의 전문성, 과정 및 결과물의 균형, 다른 방법과 연계의 수월성, 결과물의 가시성 등이 있다.

다음의 〈표 2-3〉은 변화의 크기와 용도를 기준으로 미래 예측 방법론을 분류한 것이다.

구분	사회미래 예측	기술미래 예측	산업미래 예측	환경미래 예측	정책미래 예측	동양미래 예측
유행		텍스트 마이닝	빅 데이터 기법	이머징 이슈 기법	패널 기법	
트렌드	퓨처스 휠	계층화 분석법	리얼타임 델파이 기법	환경스캐닝법	형태하적 분석방법	
메가트렌드		로드맵	델파이 기법	트렌드 생태계 예측법	표준예측 기법	
불확실성	시나리오 기법	계량정보 분석법	질적 추세 분석법	비저닝 워크숍	팬 시나리오 기법	
빅 체인지			교차 영향력 분석법		시나리오 기획의 툴 박스 기법	
불변성	의사결정 나무 기법		미래지수 기법		게임이론	관찰에 의한 예측방법 – 상학
법칙	에이전트 모델링 기법	기술발전단계 예측방법	통계학적 모델링 방법	다층적 시스템 시나리오 기법		규칙에 의한 예측방법 – 명학
패러다임	천재적 예측 기법	STEEP 분석법	세차주기 미래 예측법	생태학적 사회구조 분석 기법		직관에 의한 예측방법 – 점학

이 장에서 미래 예측의 방법을 전부 설명한다는 것은 무리이다. 따라서 몇 가지만을 살펴보고자 한다.

먼저, 빅 데이터(Big Data) 분석은 네트워크 분석이라고도 하며, 최근 경영과 경제의 핵심 키워드로 떠올랐다. 빅 데이터 분석이란 대용량 또는 비정형 데이터를 분석하여 패턴이나 상관관계, 유용한 정보를 찾아내는 기술을 뜻한다. 빅 데이터 분석은 구글, 네이버 등에 키워드를 넣고 검색하여 키워드와 키워드의 관계를 찾는 것이 대표적인 예이다.[35] 빅 데이터 분석 기법에는 웹 문서나 소셜 데이터를 주로 분석하는 텍스트 마이닝, 웹 마이닝, 오피니언 마이닝, 소셜 네트워크 분석 기법, 데이터 시각화 기법, 연관관계 분석 기법, 의사결정 나무 기법, 인공신경망 기법, 군집분석 기법 등이 있다.[36]

둘째, 퓨처스 휠(Futures Wheel)은 특정한 이슈나 기술 등 이벤트가 발생하면 1차적 영향은 어떻게 되며 2차적 영향, 3차, 4차의 파급효과는 어떻게 될 것인지 미래변화 전문가들의 토론과 브레인스토밍(Brainstorming)으로 파악하는 방법이다. 이 방법은 어떤 이벤트가 정치, 경제, 사회, 문화, 교육, 환경, 심리 등 다양한 방면에 어떻게 영향을 미치며, 그것이 과거와 현재 그리고 미래에 걸쳐 어떻게 파급되어 갈 것인지 입체적으로 연결하여 수레바퀴 모형으로 확장해서 분석한다.

셋째, 스캐닝 방법은 이머징 이슈 기법을 말한다. 초기에 데이터와 이슈를 주의 깊게 관찰해서 향후 트렌드로 발전할 이머징 이슈(Emerging Issue)를 찾는 방법이다. 이머징 이슈는 상식적일 수도 있고 비상식적일 수도 있으므로 자그마한 변화를 놓치지 않고 자세히 관찰하고 통찰력을 기르는 것 외엔 달리 방법이 없다. 사람의 마음을 읽는 인간 중심적인 관점을 강조한다.

넷째, 델파이 기법(Delphi method)은 특정 영역 전문가들의 의견을 청취, 수렴하는 방법이다.

다섯째, 트렌드 생태계 예측법은 징후를 포착하여 추적하고 미래요소를 추출하여 예견하면서 시사점을 도출하는 것이다. 트렌드 생태계를 예측하기 위해서 주기적 사회변동 분석을 한다. 매월 주제를 정하여 트렌드 분석을 꾸준히 하다 보면 트렌드 예측의 정확도가 높아진다.

여섯째, 시나리오 기법은 미래에 나타날 특정한 이슈에 대해 시나리오를 쓰듯이 예측해 나가는 것이다. 주어진 데이터의 범위 내에서 발생 가능한 상황을 전개해 보는 방법이다. 이것은 예측이 빗나가더라도 미래에 어떤 일이 벌어질지 여러 경우로 생각해 보고 각각에 맞게 대응전략을 미리 세워 대비한다는 실용적인 의미가 있다.[37]

일곱째, 교차영향분석 기법은 다양한 변수의 상호작용에 따라 변화하는 관계를 예측하는 방법이다.

여덟째, 기술 예측은 기술 변화를 중심으로 사회 변화를 예측, 기술의 발전과 영향을 중심으로 사회를 예측·분석하는 방법이다.

아홉째, 생태학적 사회구조 분석기법은 인간사회가 상호의존적인 연결망으로 되어 있다는 전제에서 출발한다. 드러난 현상은 그 이면에 유행, 트렌드, 심층원동력, 심층기반층이 깔려 있고, 이 층들은 STEEPS(사회적social, 기술technology, 경제economy, 환경ecology, 정치politics, 영성spirituality) 영역들과 상호 연결되어 있으므로 이들 매트릭스 상의 관계의 분석을 통하여 향후 어떤 현상이 드러날지를 예측하는 방법이다.

미래 예측의 생태계를 구성하는 모든 요소 간의 상호작용 전부를 분석하여 예측의 원리를 제시한다는 것은 불가능하다. 따라서 미래 예측은 보고자 하는 미래가 단기인지, 중기인지에 따라 예측방법을 고려하여 선택해야 한다.

미래도 관리하고 정비해야 한다

미래는 성난 들소와 같아서 내버려두면 언제 우리에게 닥쳐서 우리를 힘들게 만들지 모른다. 그러나 미래를 10년, 20년 전부터 관찰하면서 데이터를 모아 가다 보면 우리 앞에 가까이 왔을 때는 상당히 정확하게 예측할 수 있다. 빅 데이터가 수없이 모인 자료를 기반으로 하나의 패턴을 찾아내는 것과 같다고 할 수 있다.

미래 예측은 체계적인 관리를 통해서 더욱 정확한 예측이 가능하다. 그런 측면에서 미래 관리는 5단계로 나뉜다. 미래 예측, 미래 설계, 미래 전략, 미래 계획, 유지보수의 단계가 그것이다.[38]

미래를 관리하기 위한 첫 단계는 미래를 예측하는 것이다. 두 번째로 미래 예측에 따라 미래를 설계하고 비전을 만드는 것이다. 세 번째로 그 설계된 미래의 비전을 달성하기 위한 전략을 수립하는 것이다. 네 번째로는 전략을 실행하기 위한 구체적인 실행과제를 계획하는 일이다. 다섯 번째로 계획을 실행하면서 계속 수정 보완하고 실효성을 유지해 가는 것이다.

우선, 미래 예측은 관심 주제를 정하고, 그에 따라 관련 요소를 수집한 다음 핵심동인을 찾고 가장 적절한 미래 예측방법을 선정하여 예측한 다음 결과를 통합하는 절차를 거친다. 그리고 미래 설계는 미래 예측을 바탕으로 희망미래를 설정하고, 희망미래를 만들기 위해 꼭 필요한 요소가 무엇인지 점검한 다음 비전을 확정한다. 또, 설계된 미래, 즉 비전을 달성하기 위해서는 현재와 비전 간의 갭을 분석하여, 갭을 메울 수 있는 핵심 역량 내지 핵심 성공요소(key success factor)를 찾아서 전략을 수립해야 한다. 전략을 수립할 때는 핵심 성공요소뿐 아니라 장애요소가 무엇인지도 아울러 찾아서 대책을 마련해야 한다. 그리고 전략 실행단계로 구체적인 실행과제에 대하여 계획을 수립한다. 마지막으로 예측한 과제실행을 통해 수정 보완과 실효성을 높여간다. 보이지 않는 바람에 의해서도 생태계의 변화가 시작되듯이 미래 예측에 대한 관리는 어느 것 하나 소홀히 할 수 없는 과제이다.

전략적 예측은 긴 여정이다

전략적 예측은 장기적인 안목을 가지고 다른 사람들이 간과하는 부분을 고려해야 한다. 그렇다고 해서 미래를 점치는 것은 아니다. 누구도 미래를 볼 수는 없다. 다만, 모호한 추측이 아니라 확고한 사실에 기반을 둔 시나리오를 세우는 것이 중요하다. 산업 구조와 추세에 대한 통찰을 얻고, 경쟁자의 행동과 반응을 예측하며, 고유한 역량과 자원을 파악하려면 심사숙고를 통해 근시안을 극복해야 한다. 근시안은 모든 전략적 상황의 공통적인 장애물이다.[39]

미래는 넓게 멀리 봐야 한다

전략적 예측은 일회성 과제가 아닌 긴 여정으로 간헐적이 아닌 지속적인 것이다.[40] 우물을 깊이 파든, 장독을 깊이 묻든 정확하게 그 넓이만큼만 땅을 판 사람은 아무도 없을 것이다. 독의 지름보다는 훨씬 넓게 파야 김장독을 묻을 수 있기 때문이다. 넓게 시작하지 않으면 깊게 파기도 어렵고 좁기만 한 구덩이는 한번 갇히면 빠져나오기도 어렵다. 이처럼 변화는 한 분야가 아닌 다양한 분야에서 일어나고, 예상치 못할 만큼의 환경 변화는 물론 시장의 지형을 바꿔놓는다. 이렇게 구조적 변화를 몰고 오는 미래와 우리는 싸울 수도 맞설 수도 없다. 그렇다고 적당히 땜질하고 넘어갈 대상도 아니다.[41]

이러한 변화는 기존의 패러다임은 물론 오랜 경쟁우위를 무력화하여 새로운 패러다임과 경쟁우위를 생성한다. 그에 따라 완전히 새로운 전략을 수립하지 않으면 안 되는 상황에 이르게 된다. 이러한 경쟁우위를 바꿔놓는 변화의 파도는 통제하기 어려운 강력한 힘을 지닌다. 그래서 리더는 경쟁력 우위 확보를 위한 넓은 시야와 변화의 힘을 활용할 수 있는 통찰과 기술, 창의력을 갖춰야 한다. 그래서 무엇보다 변화의 역학을 이해하고 중요한 입지를 구축할 수 있는 분야에 역량을 집중해야 한다.[42]

합리주의적 패러다임의 한 축을 이루고 있는 전략적 예측은 골프에서의 방향성에 비유할 수 있다. 앞으로 나아갈 타구를 생각하면서 페어웨이 전체를 바라보고 먼저 나아갈 방향을 정한 후 그다음 행동을 취해야 한다. 또 하나의 예는 대형 극장에서 춤추는 댄서의 예이다. 무용수가 자신의 춤추는 모습을 보려면 객석으로부터 멀찍이 벗어나야 더 큰 그림을 볼 수 있다. 이처럼 전체적이고 분명한 패턴과 새로운 관점은 더 멀리 폭넓게 보는 노력으로 능력을 확산시킬 수 있다.[43]

지금과 같은 저성장 시대, 글로벌 시대, 디지털 시대, 정보통신융합 시대에 전략적 예측은 더욱더 절실하다. 특히, 전략적 예측은 현실적이고 미래 지향적이다. 따라서 현실을 무시하고 아날로그를 고수한다든지 온라인 마케팅이나 SNS를 무시하는 전략을 수립한다면 현실에 맞지 않아

쓸모가 없어진다. 이처럼 전략은 메가 트렌드, 트렌드, 중장기, 단기의 환경 변화를 주시하면서 끊임없이 다듬어 가는 긴 여정이라 할 수 있다. 그뿐만 아니라 개인, 기업, 국가 역시 모두가 간헐적이 아닌 삶의 긴 여정 속에서 변화 대응전략으로써 전략을 수립해 왔다. 이러한 미래 예측을 기반으로 한 전략은 미래를 항해하는 모든 이에게 성공적인 항해를 보장해 주기 때문에 그 중요성을 아무리 강조해도 지나치지 않다.

아는 만큼 보인다

흔히, 우리는 "아는 만큼 보인다."는 말을 한다. 이것은 알게 모르게 우리들의 삶 속에서 미래에 대한 예측을 해오면서 살아왔다는 이야기이다. 개인이나 조직에서 경쟁우위를 확보한다는 것은 그만큼 많이 안다는 것을 의미한다고 볼 수 있다. 이런 측면에서 구성원의 지적자산은 기업의 경쟁력 우위는 물론 실질적인 추진력이 되는 것이다. 글로벌 기업의 경쟁력은 바로 이러한 지적자산이다. 지적자산의 확보는 불확실한 상황일수록 더욱더 필요한 자산이다. 상황이 불확실하면 할수록 시야가 흐려지기 때문에 이때는 축적된 지적자산을 바탕으로 더 현실적인 근접 목표를 세워 미래에 대한 전략적 예측을 해야 한다.

이러한 지적자산은 평생학습을 통해서 가능하다. 피터 드러커^{Peter Drucker}는 "21세기는 지식사회가 될 것이며, 지식사회에서는 배움에 끝이 없다."고 말했다. 요즘은 369시대라 말이 있다. 30세까지 배워서 60세까지 살고, 60세까지 배워서 90세까지 산다는 이야기다. 인생 100세 시대가 도래하면서 지금처럼 20대 초반에 대학 4년 과정을 이수한 것으로 노동 인생 60년을 버틸 수 없다는 이야기다. 하루가 다르게 변화하는 저출산 고령사회로 이제 구성원의 평생학습은 더는 사치가 아니다.[44] 어떤 상황에서든 일단 위기에 빠져들게 되면 변화할 수밖에 없고, 모든 조직 구성원은 새로운 변화 앞에 고통을 경험하게 된다. 이런 상황에서 문제는 시간과 선택의 여지가 없다는 것이다. 따라서 기업에 필요한 것은 고통을 수반하는 위기 상황에 빠지기 전에 미래 환경 변화를 인지하고 적절히 대응할 수 있는 모든 구성원의 지적자산을 확보하는 일이며, 이는 치밀한 미래 예측의 기본이다.

늘 분석하라

전략이 변화하는 환경에 제대로 대응하고 있는지 진단하기 위해서는 기업의 다양한 활동과 그 활동들이 기업의 목적에 맞도록 조화롭게 작동하고 있는가를 분석하는 일이 우선이다. 이러한 활동을 분석하는 것은 자기 자신을 분석하는 것으로 다른 사람을 분석하는 일보다 더욱더 어렵다. 하지만 전략에 걸맞게 모든 활동이 제대로 작동하고 있는지 자체적으로 확인하는 것이 필요하다. 예컨대 기업의 경우, 다른 업체보다 잘하거나 다르게 할 수 있는 것을 말해주는 활동과 차원으로 구성된 전략바퀴를 활용하여 경쟁우위를 확보할 수 있는 가치창출시스템(value chain)을 확인하여야 한다. 가치창출시스템은 기업의 목적을 어떻게 뒷받침하는지 시각적으로 표시하고 기록하여 확인한다(그림 2-3).

모든 조직은 전략에 따라 조직마다 목적을 갖고 그 목적을 달성하기 위해 각각의 활동을 수행한다. 따라서 가치창출시스템과 전략바퀴는 조직마다 특성에 따라 다를 수밖에 없다. 전략바퀴의 가장자리에 있는 목적 역시 기업은 물론 개개인마다도 다를 것이다. 예를 들어 어떤 기업에서는 마케팅에 관심이 있는가 하면 어떤 기업은 연구개발에 관심을 두고 있을 수 있다. 목적에 맞도록 작동하는가를 확인하는 전략바퀴를 만드는 일은 단순히 하고 있는 것을 확인하는 일이 아니다. 좀 더 차분히 시간을 갖고 진정으로 우리의 조직이나 기업이 실제로 무엇을 하는지 직접 확인하고, 또 무엇이 더 있을 수 있는지 구상하는 것이다. 그냥 형식적 기계적으로 기존에 하던 일을 확인하는 것으로는 전혀 도움이 되지 않는다. 하나하나의 확인과정 속에서 퍼즐을 맞추듯 작업할 때 각 조각은 다른 조각과 서로 어울려서 기업이 무엇이 될 수 있는지를 하나의 그림으로 만들어 낼 수 있다.[45]

[그림 2-3] 전략바퀴의 구성　　　　　　　　　[출처 : Montgomery(2013), p.179]

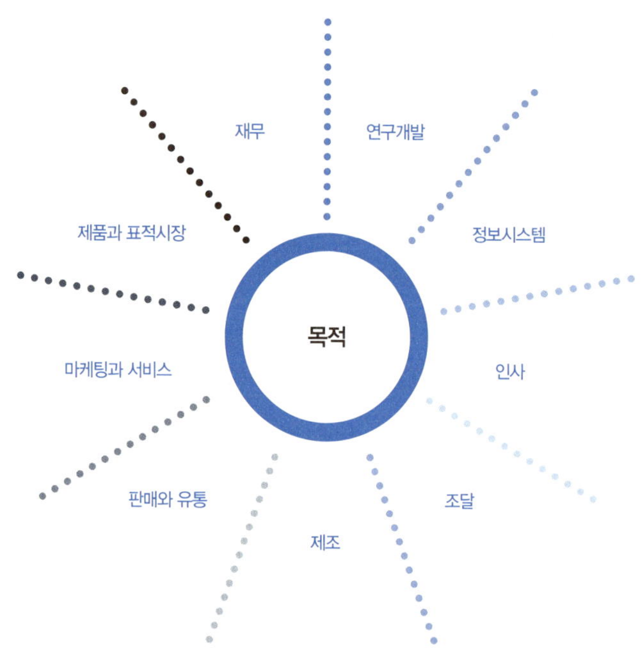

　　가치창출시스템은 리더가 기업의 목적이 무엇인지 명확히 인식하고 또 자신이 정확히 무엇을 해야 하는지를 바탕으로 구축해야 한다. 조직

의 리더들은 전략이 진정한 가치창출시스템에 의하여 모든 관련 분야가 조화롭게 작동되고 있는가를 먼저 분석해야 한다. 성공 스토리는 서로 단단히 맞물려 있는 가치창출시스템에 깊이 새겨진 강력한 목적으로부터 발생한다.[46]

실행력이 전략의 첫걸음이다

전략이 아무리 잘 수립되어도 실행이 되지 않으면 성과가 나올 수 없다. 즉, 아무리 전략지도를 잘 그렸어도 지도에 따라 실천하지 않으면 지도는 무용지물이다. 특히, 기업 간의 성과 차이가 전략 실행력의 차이에서 크게 나타난다는 것은 그만큼 실행력의 중요성을 이야기하고 있다.[47]

그림 [2-4]는 전략 수립과 전략 실행력에 따른 4가지의 유형을 나타내고 있다. 즉, 첫째는 전략은 좋으나 실행력이 떨어지는 기업, 둘째는 실행력은 좋으나 전략 수립이 미흡한 기업, 셋째는 전략 수립과 실행력이 모두 떨어지는 기업, 넷째는 전략 수립과 실행력이 모두 우수한 기업이다.

조직에서 리더는 전략 실행의 구체적인 내용과 과정에 깊이 관여하면서 솔선수범을 통해 실행력을 중시하는 조직 문화를 만들어 나갈 필요가 있다. 실행력이 뛰어난 리더는 발생 가능한 일들의 예측을 통하여 변화와 개혁을 추진하는 편이 훨씬 효율적이다. 실제로 이러한 리더는 계획을 이행하는 데 필요한 자원이나 인력이 부족하다고 해서 훌륭한 전략까지 바꾸지는 않는다. 실제 전략 자체를 실행 가능성에 초점을 맞춰 수립하는 것이다.[48]

[그림 2-4] 전략 실행의 중요성 [출처 : 이승주(2007), p.85]

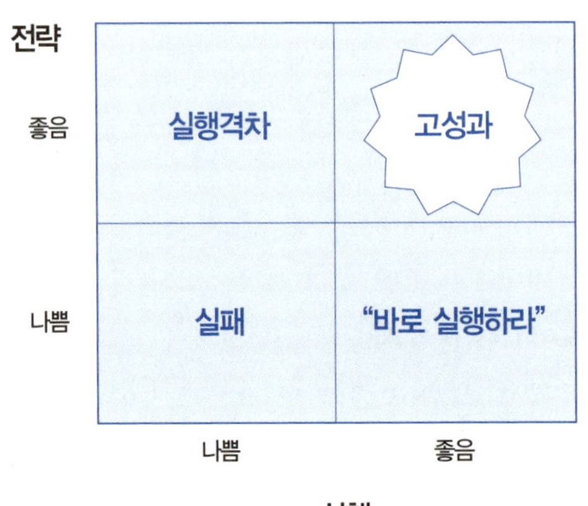

실질적인 내용 없이 '초일류', '세계 최고', '종합', '글로벌' 등의 화려한 단어로 작성된 전략일수록 추상적이거나 근사한 용어들을 늘어놓고 고차원적인 사고의 결과물인 것처럼 호도하는 경우가 많다. 대담하고 높은 목표를 설정하거나 장밋빛 희망 사항을 비전으로 마치 문제가 해결될 것처럼 착각하는 것보다는 실제 이를 어떻게 달성하겠다는 실행력을 높이는 것이 무엇보다 절실하다.[49] 실행력은 개인의 경우도 마찬가지다. 앞에서도 언급했지만, 특히 저출산 고령화 사회의 도래로 인한 베이비부머(Baby boomer)의 남은 삶에 대한 전략적 실행력은 더욱더 중요하다.

인생 3막의 인생지도를 바탕으로 한 전략적 실행력이 그 어느 때보다 절실한 상황이다. 과거 우리 사회의 환경 변화를 생각하면서 급속한 환경 변화에 적응치 못하면 미래는 우울하다. 따라서 고령사회를 맞이한 베이비부머들의 개인별 라이프 플랜에 따른 전략적 실행력은 또 다른 인생 3막의 출발점이 될 것이다. '행함이 없는 믿음은 죽은 것이다'(이사야서 제2장 제26절)라는 성경 구절만 봐도 우리들의 삶 속에서 실행한다는 것이 얼마나 소중한가를 확인할 수가 있다.

전략적 예측은 남다른 목적의식이 절실하다

훌륭한 미래 전략은 분명하고 강력한 목적이 있다. 어떤 일이든 자신이 어디로 가고 있는지 모른다면 당신을 목적지에 데려다줄 수 없기 때문이다. 목적이 설정되지 않으면 비전을 설정하는 방향을 잡을 수가 없다. 따라서 목적을 먼저 설정하고 그 좌표에 따라 목적에 이르는 비전의 경로들을 설정한다. 이때 목적은 모든 것의 기원이 되는 중심축 역할이 된다. 또한, 목적이 설정되면 목적에 이르는 비전은 다양한 방식으로 그 경로를 개척할 수 있다.[50]

전략적 예측에서 목적의식이 필요한 이유는 다음과 같다.

첫째, 전략적 예측을 기반으로 하는 기획은 목표성취를 위한 노력의 과정이므로 반드시 목적의식이 있어야 한다. 이것이 기획의 원칙 중 '목적부합의 원칙'이다. 이것은 '장래예측의 원칙'과 함께 기획의 핵심적 원칙이다.

둘째, 지금은 정보와 데이터의 홍수 속에 살고 있다. 인터넷 등 수많은 자료 속에 미래의 변화를 읽어낼 수 있는 정확한 데이터의 소재를 파악하고, 꼭 필요한 데이터를 선별하는 것이 중요하다. 목적의식이 있어야 데이터의 선별이 가능하다. 무분별하게 아무 데이터나 확보하여 자원의 낭비를 초래하는 것은 대부분 목적의식이 없는 데서 비롯된다. 빅 데이터 시대에 살아가면서 분석에 방해되거나 그릇된 결론을 유도할 수 있는 노이즈 데이터를 식별하고 정제할 수 있는 능력은 조직의 경쟁력을 좌우하는 핵심 역량이 된다.[51]

셋째, 목적의식이 있어야 다양한 예측수단을 동원할 수 있다. 다시 말하면 특정한 수단의 노예가 되는 것을 방지할 수 있다. 데이터에만 의존하는 예측이 주류를 이루고 있는데, 비가 올 확률이 몇 %라고 하는 기상예보보다는 새파람이 불면 비가 온다는 속담이 더 정확할 수 있다. 데이터나 지식이 전할 수 없는 미래의 혜안, 즉 지혜를 활용하는 예측을 존중할 필요가 있다. 빅 데이터에만 의존하지 않고 전문가 인터뷰, 설문조사 등 다양한 예측법을 동원하여 예측의 목적을 달성하는 것이 가장 중요한데, 이것은 분석의 목적이 방법의 선택을 좌우한다는 것을 의미한다.

대부분 분명한 목적의식을 갖고 예측을 하고 전략을 구상하겠지만, 현실은 맹목적이고 방향이 없는 예측을 위한 예측도 상당히 많다. 중요한 실행 가능한 목적을 가졌는지, 그리고 진정한 가치를 추구하고 있는지를 알아내기도 쉽지 않다. 그러나 분명한 것은 명료한 목적과 방향을 가지고 전략적 예측을 수행하고, 그 목적의 실행을 위해서 모두가 분명한 목적의식을 갖고 있는가가 조직의 성패를 가르게 될 것이라는 점이다.

Chapter 03

논리적으로
문제를 해결하라

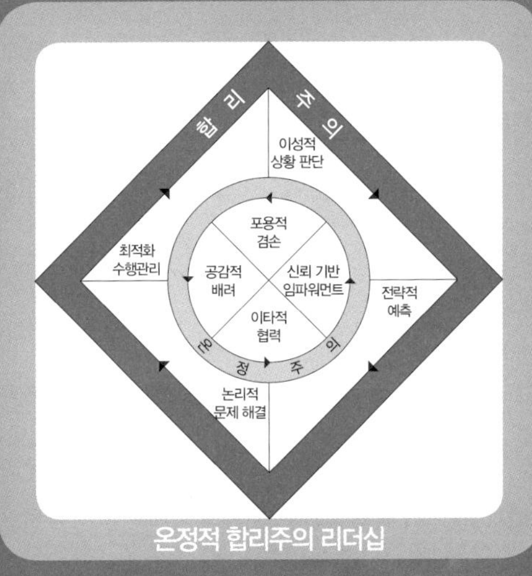

어려운 문제에 부딪혔을 때 우리는 사고를 하며,
사고 끝에 하나의 해결방법인 결론에 도달한다.

― 존 듀이 John Dewey

논리적 사고는 합리적 사고의 기초다

사고하는 방법이 중요하다

'실패는 사고방식의 희생자'라는 말이 있듯이 실패의 대부분 근원은 자신의 사고방식 때문이다. 또한, 아무리 미사여구를 나열하더라도 이야기의 흐름이 논리적이지 않다면 그것은 아무것도 아니다. 국어사전에서는 논리를 사고나 추리를 이치에 맞게 이끌어 가는 과정이나 원리로 정의하며, 철학적으로 논리는 추론(reasoning)이다. 논리적인 추론은 상대방을 설득할 수 있지만 논리적이지 못한 추론은 상대방을 설득하기 힘들다. 논리적 사고는 자연 발생적으로 가능하지 않으며, 수학의 경우처럼 스스로 익히고 훈련하는 시간이 필요하다. 심리학자들은 '사고'의 의미를 '추리(reason)'나 '사색(ponder)' 의 의미로 사용하고, 문제 해결을 위한 일련의 내적 행위라고 정의한다.

논리적 사고는 문제 해결의 밑바탕이다

많은 사람이 자기 삶의 경험이나 주관적 판단으로 중대한 결정을 하는 경우가 있다. 퇴직금을 투척하여 사업을 벌여 실패한 사람이나 신사업 분야에 무리하게 확장한 기업 중에는 주변의 반대를 무릅쓰고 오로지 자신의 배짱과 고집으로 일관했던 경우가 많다. 물론 그런 결정이 우연히 성공적일 수 있다. 그러나 설득력이 떨어질 때 부하 직원이나 동료 혹은 상사가 그 해결 방법에 대해 반대하게 될 것이다. 논리적 사고에 따른 설명이 따른다면 훨씬 더 쉽게 상대방을 설득할 수 있다.

위의 내용은 논리적 사고의 두 가지 쓰임을 의미하고 있다. 하나는 논리적 사고가 문제를 해결하는 데에 필요하다는 것과 다른 하나는 타인과의 의사소통에 필수적이라는 점이다. 논리적 문제 해결을 하기 위해서는 문제 해결에 대한 기술을 익히는 것이 중요할지 모른다. 그러나 보다 중요한 것은 논리적으로 사고하는 과정을 통해서 문제 해결책이 제시되는 일이다. 그런데도 논리적 사고에 대해서 의외로 중요하게 다뤄지지 않는 경우가 많다. 논리적 사고를 한다면 일상적으로 얻는 정보로부터 새로운 정보를 추론하고, 난관에 부닥쳤을 때 문제를 해결할 수 있으며, 문제 해결에 대한 우리의 입장을 설득력 있게 제시할 수 있다. 우리 주변의 문제를 해결하는 데에도 학문할 때와 마찬가지로 문제에 대한 해결책의 결정과 문제 해결의 과정에 논리적인 사고가 필요하다는 점은 데카르트 이래로 지지가 되어 왔다.

유연한 논리로 사고를 확장하라

옛날 런던의 한 상인이 늙은 고리대금업자에게 빌린 많은 채무로 고통을 당하고 있었다. 상인의 딸을 아내로 삼고 싶었던 고리대금업자는 계략을 꾸몄다. 주머니 속에 검은 돌과 흰 돌 1개씩을 넣어서 상인의 딸이 검은 돌을 꺼내면 고리대금업자에게 시집을 와야 하며, 흰 돌을 꺼내면 빚을 탕감해 주겠다고 상인에게 제의한 것이었다. 빚을 갚지 못하면 감옥에 가야 했으므로, 상인은 이를 거절하지 못하고, 딸과 함께 고리대금업자의 집으로 갔다. 고리대금업자는 정원에서 검은 돌 두 개를 상인 모르게 주머니에 넣었지만, 이것을 눈치 챈 상인의 딸은 현명한 대처로 불행에서 벗어날 수 있었다. 이 경우 상인의 딸이 취할 수 있는 선택은 고리대금업자의 제의를 거절하거나, 검은 돌을 꺼내서 자신을 희생하고 아버지의 빚을 면제받거나, 주머니 속에 검은 돌만 2개 있다는 것을 밝혀 고리대금업자의 속임수를 폭로하는 세 가지 방법일 것이다.

앞의 두 가지는 상인이나 딸에게 문제 해결책이 되지 못한다. 이런 경우 여러분이라면 어떻게 했을지 상상해 보라! 상인의 딸은 주머니 속에 손을 넣어 돌 한 개를 꺼낸 후 실수를 가장하여 연못에 빠트렸다. 그리고는 주머니 속에 남아 있는 돌의 색깔로 떨어뜨린 돌의 색깔을 알 방법이 있다고 제안하였다. 남아 있는 것이 검은 돌이었으니, 딸이 꺼낸 돌은 흰 돌이 되는 셈이었다. 상인의 딸은 사고의 관점을 전환함으로써 절망적 상황을 기회로 반전시킬 수 있었던 것이다.

이 이야기는 영국의 심리학자 드 보노[de Bono]가 창안한 '수평적 사고'와 관련이 있다. '돌 한 개를 꺼내야 한다는 사실'에 집착하는 사고는 수직적 사고이며, 관점을 달리해 '주머니 속에 남게 될 돌'에도 관심을 두는 것이 수평적 사고이다. 수직적 사고는 기존 관점에 따라 직선적이고 일방적인 방향으로 진행되는 사고이다.

논리적이어야 한다는 강박관념에 사로잡히거나 논리를 좁은 의미로만 사용하다 보면 논리를 수직적이고 경직된 것으로만 이해하게 된다. 경직된 논리는 절대적인 규준의 관점을 가지고 관행적 논리에 따라 사고의 진행을 한 단계씩만 진행하는 순차적인 사고이다. 절대적 규준의 진리는 변화의 속도가 매우 느리므로 오늘날과 같은 빠른 변화의 시대에 대처하기 어렵다. 경직된 논리에서부터 확장된 논리가 유연한 논리이다. 최근 발전의 한계가 없을 것처럼 느껴지는 인공지능(AI)도 유연한 논리가 가능한 것으로 보인다. 세계적인 바둑기사 이세돌에게 공격적인 바둑으로 승리한 인공지능을 경직된 논리의 사고로만은 이해할 수는 없을 것이다.

유연한 논리는 자연에서 물이 모여 중력을 만드는 것과 같이 아이디어가 함께 모여 창의적인 심리적 에너지를 생성하는 것을 말한다.[52] 논리나 창의성에 대해 논의를 할 때 흔히 논리적인 것과 창의적인 것이 서로 모순인 것으로 생각하는 경향이 있음을 발견하는데 이는 논리의 의미를 경직된 것으로만 생각하는 데서 오는 오해이다. 유연한 논리는 창의적인 사고의 여러 의미 중 하나이다. 에디슨이나 아인슈타인과 같은 역사를 바꾼 뛰어난 과학자의 업적은 경직된 논리가 아닌 유연한 논리가 있어 가능했다.

천재 수학자 튜링에게서 배운다

영국의 튜링Alan M. Turing은 매 순간 3명이 죽는 사상 최악의 세계 제2차대전에서 24시간마다 바뀌는 해독불가 암호를 풀고 전쟁의 역사를 바꾼 천재 수학자이다. 그는 세계 제2차대전 중 가장 난해한 암호체계인 독일군의 애니그마Enigma를 해독하기 위해 영국군에 자원하여 언어학자 등 각 분야의 수재들로 구성된 암호 해독 팀의 팀장이 되었다. 암호 해독을 위하여 최초의 컴퓨터를 발명하였고 마침내 독일군의 암호를 해독할 수 있었다. 험난한 과정 끝에 암호 해독이 이루어졌을 때 그의 동료들이 그 내용을 영국군의 지휘자에게 즉각 알려서 독일군의 공격 위치를 확인하고 연합군 측의 피해를 즉각적으로 면하게 하자고 주장했던 것은 당연한 것으로 보인다. 하지만 군 지휘자가 시시각각 재촉하였음에도 그는 끝내 자신의 성과를 감추었다.

만약 독일군이 아군의 암호 해독 능력을 눈치챘다면 암호체계를 바꾸게 되고 그 암호들을 해독하는 데 또다시 시간이 걸리는 악순환이 계속될 것을 염려하였기 때문이다. 튜링 팀은 암호 해독을 통해 독일군이 대형 여객 선단을 공격할 것이라는 정보를 확인하면서 딜레마(Dilemma)에 빠지게 되었다. 독일군의 공격 정보를 알고 있으면서도 민간인들의 희생을 보면서 견뎌야 하고, 더구나 이 배가 공격당하면 팀원 중 한 사람의 형도 죽게 되었기 때문이다. 동료들이 이 배만은 구하도록 하자고 애원하였으나 튜링은 오히려 동료들을 설득하여 자신의 주장을 굽히지 않았다.

튜링은 암호 해독을 근거로 통계를 통해 연합군의 최소 피해로 독일군에게 타격을 줄 수 있도록 전투를 이끌어 갔다. 연합군의 노르망디 상륙작전이 성공하고 독일 롬멜의 아프리카 전투가 패한 것은 튜링의 이러한 노력의 결과이다. 독일은 자신들의 전략이 새고 있음을 전혀 모른 채 2차 대전에서 패하게 되었다. 이것으로 전쟁은 2년 정도 단축되었고 수백만 명의 생명도 구할 수 있었다고 평가되고 있다.

이 사례는 문제에 대한 해법을 찾는 것뿐만 아니라 해결책을 실행하는 과정도 문제 해결의 범주에 들어간다는 것을 보여주고 있다.[53] 튜링의 주요한 판단은 동료들과의 마찰에도 불구하고 세계 제2차대전의 승리라는 문제의 핵심에서 벗어나지 않았다는 것이다. 튜링은 암호 해독을 보고하여 당장 칭찬을 받게 되는 것과 전투에서 이기는 것에 솔깃하지 않았으며 전쟁에서 이기는 것이 무엇인지 냉철하게 판단하였다. 논리적 리더는 눈앞의 이익을 추구하지 않고 문제의 핵심을 파악하여 더욱 장기적으로 바라보는 사람이라는 점에서 튜링은 논리적 문제 해결의 리더라

하겠다.

논리적 사고의 핵심을 놓치지 마라

"논증이 진리에 이르는 수단임을 깨닫지 못하고 있기 때문에, 상호 대립하는 이데올로기를 신봉하는 사람들은 각각 그들의 목적을 성취하는 수단으로서 전쟁 이외에는 아무런 방법도 갖고 있지 않다."라는 러셀 Bertrand Arthur William Russell의 말이 있다.

우리 사회에서 과학문명 발달의 폐해에 대한 인식은 합리성이나 논리성을 반 인간성 혹은 비인간적인 것으로 치부하는 때가 있으며, 스스로 사고하는 것보다는 유명인이 하는 주장을 비판 없이 따라가는 풍조마저 있다. 중요한 문제에 대하여 자신의 편견이나 습관에 따라 판단하는 때도 빈번하다. 또한, 단순한 주장을 논리라고 하며 논리의 의미를 오해하거나 논리적 오류를 범하는 경우가 많다. 나의 정보는 인권 문제라고 하면서 남의 정보를 유출하는 일에 대해서는 알 권리라고 한다거나 내가 하면 로맨스인 것을 다른 이가 했을 때는 불륜이라고 하는 경우도 우리가 흔히 접하는 논리적 모순이다. 문제 해결에 필요한 논리적 사고는 이처럼 일상생활에서 접하는 논증(論證)이나 추론(推論)이 설득력이 있는 것에서부터 시작된다. 논리적 사고의 능력은 훈련을 통해서만 가능한 것이며 논증과 추론의 분석을 통해 훈련되는 것이다.

논리적 사고의 핵심은 명료성, 비판적 사고, 증거에 의한 사고이다. 이것을 놓치면 주관적으로 흐르게 되고 설득력을 잃게 된다. 명료한 사고를 위해서는 우리가 사용하는 용어의 정의(definition), 우리가 가진 자료를 구분하게 해주는 분류(classification), 쓸데없이 노력을 허비하지 않고 문제를 공략할 수 있게 해주는 조직화(organization)가 필수적이다.[54]

사고 과정을 명료하게 하라

사고 과정을 명료하게 하려면 먼저 필요한 것이 용어에 대한 정의이다. 문제 해결 과정에서 용어 사용과 관련하여 의사소통에 장애가 생기면 의견을 모으는 일이 불가능해진다. 그러므로 의사소통을 잘하기 위해서는 일찍이 볼테르가 지적했듯이 용어의 의미를 명료하게 해야 한다. 하나의 용어에 대해 서로 다른 의미로 사용하는 경우나 사용하는 용어가 애매하거나 모호한 경우가 생기지 않도록 명확한 용어의 정의가 필요하다. 예를 들어 '식성이 좋다.'는 말은 두 가지로 이해될 수 있다. 편식하지 않고 골고루 먹는다는 뜻일 수도 있고, 반대로 라면과 김치만 먹고도 잘 지낼 수 있다는 뜻일 수도 있다. 전자의 경우 건강에 도움이 되겠지만, 후자의 경우는 건강에 문제가 될 것이다. '식성이 좋다.'는 말은 모호한 표현으로 '나는 식성이 좋아서 자취 생활 중에 영양을 고려한 식사를 하지 않아도 잘 지냈다.'고 표현한다면 이해가 쉬울 것이다.

유사하거나 서로 다른 자료들을 목적에 맞게 분류하는 일도 문제 해결의 사고 과정을 명료하게 하는 과정이다. 다루어야 할 자료들을 분류한다면 문제를 다루는 일이 훨씬 수월해지기 때문이다. 분류는 자연을 천상계와 지상계로 분류했던 고대 그리스 철학자 아리스토텔레스 Aristoteles 이래로 논리적 사고의 전개에 자주 쓰이는 방법이다. 단순한 예로 사과 농장에서 사과를 수확한 후 판매하기 위해 크기별이나 품질별로 분류하는 것과 같은 일이며 도서관에서 책을 분류하는 것이 대표적인 분류일 것이다. 분류는 의류인지, 식품인지로 분류하는 것과 같은 '구별'과 가치를 포함한 '등급 매김'하는 분류가 있다.

이제 자료들을 분류했고 자료의 양도 많고 복잡하다면 다음에는 조직화하는 일이 필요하다. 자료들을 조직화하는 이유도 분류의 경우와 마찬가지로 자료들을 처리하기 쉽게 하기 위한 것이다. 자료가 몇 개뿐이라면 조직화할 필요가 없지만 문제 해결을 위해서는 가능한 많은 정보나 자료들을 수집하여 쉽게 찾아 활용할 수 있도록 체계적으로 분류하고, 분류한 것들을 문제 해결의 목적에 맞게 조직화해야 한다. 집안의 물건들을 정리하다 보면 우선 종류별로 분류하는 작업을 하고 나서, 버릴 것, 바자(Bazaar)에 기증할 것, 수선하여 재사용할 것, 찾기 좋게 보관할 것, 창고 깊숙한 곳에 보관할 것으로 그 활용 방식에 따라 조직화함으로써 물건을 신속하게 효과적으로 정리할 수 있으며, 쇼핑 목록을 다시 작성하는 등 꼭 필요한 일을 빠짐없이 챙길 수 있게 된다. 논문이나 백과사전을 집필하는 과정에서도 수많은 자료를 수집하고 그중 일부는 버리고 필요에 따라 조직화를 하는 것도 같은 경우이다. 무엇을 기준으로 조직화할 것인지는 해결해야 할 문제에 따라 다양하다.

자신의 주장에 숨겨진 가정을 찾아라

잘못된 가정은 잘못된 주장을 만든다. 우리 사회에는 수많은 숨겨진 가정(假定, assumptions)들이 퍼져 있다. 가정(家庭)과 사회에서 갈등을 일으키는 중요한 주장들 가운데 많은 것이 이 가정의 차이에서 생겨나고 있다. 대표적인 것으로 공산주의와 자본주의, 동양과 서양, 진보와 보수, 젊은 세대와 기성세대 사이에는 근본적 가정의 차이가 존재할 수 있다.

잘 차려입은 여성이 유치원에 와서 아이에게 엄마가 데려오라고 했다며 아이를 데리고 갔다. 아이나 주위 사람은 그 여성이 아이 엄마의 지인일 것이라고 가정하지만, 그녀는 납치범일 수도 있다. 어떤 이야기나 상황 속에서 숨은 가정들을 찾아내 보는 것은 잘못된 가정에 의해 생길 수 있는 실수를 줄이는 좋은 사고 훈련이다. 숨겨진 가정을 찾아낸 후 그 가정이 진실이 아니라면 이야기나 주장은 가능하지 않다.

부모와 자녀 간의 흔한 갈등 중에 인생의 행복을 보는 관점의 차이에 대한 것이 있다. 부모는 물질적으로 풍요한 배우자와 결혼을 해야 행복할 것으로 여기지만 자녀가 이에 동의하지 않고 부모의 기대와는 다른 행동을 하는 경우가 있다. 부모의 가정은 물질적 성공이 인생의 행복을 가져온다고 하는 것이다. 양자 사이의 갈등 근거가 되는 가정을 찾는다 해서 쉽게 갈등을 해결할 수 없겠지만, 갈등 해결의 실마리를 마련해 줄 수는 있다.

잘못된 가정은 사물을 유연하게 보지 못하고 고정관념으로 바라보는 것에서 비롯되는 경우가 많다. 고정관념일수록 오랫동안 당연한 것으로 받아들인 경우가 많아 그것의 잘못됨을 찾아내기 어려울 수가 있다. 중요한 결정을 해야 할 때 우리가 어떤 가정을 하고 있으며 이 가정이 어떤 배경을 가졌는지 알려고 노력해야 한다. 잘못된 가정을 피하기 위해서는 그 분야의 전문지식을 알고 있어야 한다. IT 분야의 사업이라면 IT 분야를 잘 알고 있어야 하며, 지역사회에서 자영업을 할 사람이라면 업종에 대한 지식 이외에도 그 지역사회에 대해 소상히 파악하고 있어야 한다. 사업에서 실패를 계속하는 사람들의 공통점 중에 하나는 자신의 사업계획 속의 숨겨진 가정을 무시하고 있다는 점이다. 사업계획의 중요한 복병이 될 수도 있는 가정을 '기우(杞憂)'라 여기고 무시한다면 그 사업은 필패(必敗)할 수밖에 없다. 논쟁의 경우에도 기초 가정을 이루는 이 조건이 무엇인지 깨닫는 일이 중요하다. 기초적인 가정을 미처 인지하지 못한 채 부수적인 점들만 가지고 이루어지는 추론과 주장은 논쟁이 해결되지도 않을 뿐더러 실익도 없기 때문이다.

자기 꾐에 속아 넘어가지 마라 : 오류와 모순

오류(fallacy)란 논리에 맞지 않는 허위임에도 불구하고 어떤 다른 이유로 설득력이 있는 것으로 보이는 바르지 못한 추리이다. 빠지기 쉬운 오류 중 몇 가지를 소개한다.

① 논점 무관의 오류

• 연상의 오류

적당히 옷을 벗은 여성이 자동차에 비스듬히 기대어 있는 자동차 광고를 본다. 자동차와 광고에 등장하는 미녀와는 어떤 연관성이 있는가? 이러한 광고는 마치 이 여성이 이 자동차를 사용한다는 것 같은 연상을 불러일으키기 위한 것일 뿐 논리적 오류이다.

• 인신공격의 오류

논점과는 무관하게 말을 하는 사람의 성격, 사상, 과거의 행적 등을 가지고 그의 주장이 틀렸다고 하는 오류이다. '그는 과거에 사형선고를 받았던 사람이므로 그의 이론은 가치가 없다.'고 하는 때에 인신공격의 오류를 범하고 있다.

• 잘못된 대안의 오류

흑백사고의 오류라고도 하며 어떤 것이 '검지 않다'고 해서 흰 것은 아님에도 불구하고 '희다'고 하는 오류이다. 과거 권위주의 정부 시절에 정부 정책을 비판하는 사람을 '빨갱이'라고 하여 분류했던 것이나, 고교생들을 이과생과 문과생으로 분류하는 것도 흑백사고의 오류이다.

• 반대를 위한 반대의 오류

적대적 관계에 있는 상대방이 어떤 것을 주장하면 상대방의 주장이라는 이유만으로 그것을 비난하는 경우로 주로 집단 간에 서로를 공격하기 위해서 자주 사용하는 것을 보게 된다. 우리나라의 남북 관계에서나 정당 정치는 이와 관련하여 많은 실례를 제공한다.

② 논점을 빗겨가는 오류

• 무관한 결론의 오류

두 개의 컵 속에서 약이 녹는 속도를 보여주며 자신의 회사 약이 위장에서 더 빠르게 녹아 소화·흡수된다고 선전하는 경우를 본다. 이것은 위장에서 그 약이 더 빨리 녹는다는 것을 의미하지는 않기 때문에 무관한 결론의 오류이다.

• 성급한 일반화의 오류

몇 개의 사례나 부분을 전체로 착각하여 생각하는 경우로 제한된 정보나 불충분한 사례로 성급하게 일반화하는 오류이다. 이주민과 같은 소수자들이나 특정 집단에 대하여 몇 가지의 사례만으로 그 집단 전체를 비난하는 일들도 일반화의 오류이다.

• 선후(先後)를 인과(因果)로 혼동하는 오류

어떤 일이 다른 일에 비해 먼저 일어났기 때문에 나중에 일어난 일의 원인이라고 주장하는 경우이다. 감기에 걸렸을 때 어떤 약을 먹었고 그 뒤에 감기가 나았다고 해서 그 약이 감기를 낫게 했다고 말할 수 있는가? 어쩌면 그 감기는 약을 먹지 않았어도 저절로 치료되었을지도 모른다.

• 정황에 호소하는 오류

논증의 진위는 무시한 채 그 사람이 처한 정황을 주장의 근거로 내세우는 오류이다. 학교와 가정에서 모범생이 중대 범죄를 저질렀을 때 사람들은 탄원서를 써서 그가 범인이 아니라는 점을 입증하려 하거나 반대로 주변에서 미운털 박힌 사람이 있다면 그가 쉽게 범인으로 지목되는 경우이다.

③ 논점을 넘어서는 오류

• 순환논증의 오류

전제와 결론이 표현만 바뀐 경우이다. 예컨대 '그놈이 범인이니까 폭력을 써도 된다. 사람들이 모두 그놈에게 달려들어 욕을 하고 때리는 것만 봐도 그놈이 범인임이 틀림없다.'에서와 같이 증명되어야 할 결론을 뒤에서는 다시 전제로 사용하는 경우이다.

• 전제를 가정하는 오류

이 오류는 쟁점이 되는 전제를 참으로 가정하고 이를 근거로 또 다른 결론을 도출하는 오류이다. 토니 블레어 영국 총리는 퇴임 연설에서 '내가 틀렸을지도 모른다. 그러나 나는 우리나라를 위해 내가 옳다고 생각한 것을 했다.'고 말했다. 자기의 생각이 옳다는 것을 가정하고 또다시 그 가정을 결론으로 주장한 순환 논증도 부당 전제의 오류이다.

과학의 방법에서 차용해서 사고하라

과학적 사고는 과학자가 아닌 사람에게도 중요하며 과학 이외의 분야에서도 적용하려고 애쓰고 있다. 학문 분야에서도 자연과학과 대비하여 사회과학이라 칭하며 과학의 방법을 차용하고 있다.

과학자적 사고는 문제 해결의 도구를 제공한다

우리가 왜 과학자의 사고 방법을 따라야 하는가? 과학은 문제에 대한 답을 찾는 데 필요한 도구를 제공하기 때문이다. 과학 분야에서 알려지지 않은 것은 '모르는' 것이 아니라 '아직 알지 못할' 뿐이다. 과학은 미지(未知)의 것에 대해 끊임없이 도전하여 발전해 왔으며, 이는 인간의 역사와 궤를 같이한다. 과학자의 도전적 자세를 배운다면 우리는 문제 해결을 낙관할 수 있을 것이다. 과학자의 사고를 따른다면, 방법에 문제가 없다면 결과를 반드시 얻을 것이라는 확신을 할 수 있다.

과학자들은 조직화한 방법론인 과학적 사고와 방법을 통해 결론에 도달한다. 과학자는 문제의 해결을 찾고자 할 때 반드시 그 과제에 대한 선행 지식을 활용한다. 그 지식은 중요한 것이 무엇인지 그리고 추측, 제안, 해결책까지도 제시해 준다. 과학 분야와 과학 이외의 분야와의 차이점은 과학의 방법은 바로 가설을 시험하는 것에서 시작한다는 점이다. 과학의 특징은 가설은 잘 통제된 관찰로 시험 되며, 시험은 정확한 측정을 포함한다는 점이다.[55]

과학적 방법이란 명료한 가설과 시험 가능한 귀결로 연결되는 가설-연역적 방법을 말한다. 과학자는 선행 지식을 활용해서 가설을 세우고 가설에 따른 다른 가정들을 세운 후에, 이 가설을 시험하여 성공해야만 확증된다. 이러한 점이 문제 해결에도 그대로 적용될 수 있다. 과학의 분야가 아니더라도 명료한 가설로부터 정확한 귀결을 끌어내고, 그 귀결들을 잘 제어된 관찰로 시험할 수 있다. 현대사회에서 과학의 설득력이 막강하므로 이러한 방법을 일부나마 사용한다면 더욱 신뢰할 만한 것으로 평가받을 수 있을 것이다.

통계나 확률에 맹목적으로 의존하다가는 낭패를 본다

통계적 추론은 우리의 일상생활 속에서 자주 접할 만큼 우리에게 친숙하다. 기상청이 제공하는 일기예보의 경우도 과거와 달리 '비가 올 확률이 몇 퍼센트'라고 발표하고 있다. 그러나 통계적 추론이 늘 옳은 것만은 아니다. 예를 들어 오늘 비가 올 확률이 10% 혹은 100%라고 할 때 이것은 어떤 의미일까? 확률이 10%일 때는 적은 비가 오고 100%일 때는 많은 비가 온다는 뜻인가? 여러분은 비가 올 확률 10%라고 해서 우산을 준비하지 않았는데 억수 같은 비가 쏟아져서 낭패를 보았던 경험이 있을지도 모른다. '비가 온다.' 는 의미는 보슬비뿐 아니라 억수같이 쏟아지는 비도 포함한 것이다. 우리의 감각으로 10%의 확률이라면 약한 비가 올 것 같은 느낌이 들 수 있다.

그러나 이러한 생각은 단지 확률을 잘못 이해한 데서 왔을 뿐이다. 우리가 수학에서 배운 확률이 실제에서 그대로 적용될까? 이를테면 주사위를 던져서 1의 눈이 나올 확률이 실제로 1/6이 되기 위해서는 주사위 6면의 모양이나 표면의 상태를 완벽하게 1/6의 확률이 가능하도록 만들어야 한다. 6개의 면 중에 어느 한 면이 훼손되었거나 오염되었다면 확률은 달라질 수 있다. 수학적 확률과 경험적 확률에는 차이가 존재할 수 있다는 의미이다.

일이 진행되면서 변화하는 확률을 받아들여야 하는 때도 있다. 사전 확률과 사후 확률의 관계를 설명하는 베이즈의 정리(Bayes' theorem)는 조건부 확률에서 새로운 정보를 줬을 때 확률이 변하게 된다는 것이다. 실제적인 확률은 경우마다의 새로운 자료를 입력하여 수정하여 적용 가능한 것이다.

문제 의식을 가져야 문제를 발견한다

자신의 문제는 자신이 가장 잘 안다

필자가 오래 근무하던 조직에서 전문기관에 조직 컨설팅을 의뢰한 일이 있다. 내부 자료나 구성원을 통해 얻은 자료들을 근거로 상황분석을 하여 얻은 결과는 우리가 이미 알고 있는 수준에 그쳤다. 비용을 지급하고 의뢰한 컨설팅이었지만 문제 해결을 위해 '선택과 집중'을 하라는 제안이 대안이었을 뿐이었다. 어쩌면 우리 자신이 좀 더 치열하게 토론하여 결론을 도출하였다면 다른 결과가 나왔을 수 있었다는 생각을 이후에 하게 되었다. 겉으로 드러난 현상만을 볼 것이 아니라 내재하여 있는 핵심을 파악하는 것은 오랫동안 조직에서 몸담고 고민해 온 사람만이 알 수 있는 문제인 경우가 많다.

어려움에 직면했을 때 우리는 흔히 자신의 문제를 해결하기 위해 타인의 도움을 구하게 되는데 실상 자신을 가장 잘 아는 사람은 자기 자신이며 이것은 조직체에서도 마찬가지이다. 외부 전문가들의 경우 조직체 내부의 좀처럼 드러나지 않는 요인들을 파악하기가 쉽지 않기 때문이다.

현재 여러분의 사업이 원만히 진행된다 하더라도 기대한 만큼 성과를 내지 못하거나 새로운 경쟁자가 나타나 어려움을 겪는 경우를 예를 들어 보자. 문제가 있다면 많은 것을 찾아낼 수 있을 것이다. 인력과 자금력보다 사업의 분야가 지나치게 확장되어 기업의 대표적 상품조차 시장점유율이 낮은 건 아닌지? 회사가 먼저 개발한 아이템임에도 후발 기업의 유사한 상품이 장차 시장을 침범해 올 가능성이 있는지 등의 문제를 발견할 수 있을 것이다. 문제를 발견하는 데 있어서 아무리 강조해도 지나치지 않는 것은 문제에 대한 민감성이다. 조직과 업무를 잘 안다고 하더라도 문제에 대한 민감성이 없다면 문제를 발견하기 어렵다. 문제에 대한 민감성은 창의적 사고의 한 요소이기도 하지만 조직과 사업을 잘 파악하고 있을 때 가능한 것이기도 하다.

문제의 본질은 무엇인가?

만약 배가 아프다면 문제는 무엇인가? 이럴 때 어떻게 하는가? 아프다는 것이 문제인가? 그래서 진통제를 먹어 잠시 아픈 것을 가라앉히는가? 의사라면 아마 배가 아픈 것의 원인을 찾아내기 위해 진찰이나 검사를 통해 정체를 밝히려 할 것이다. '배가 아프다'는 것은 문제가 아니라 증상이다. 우리는 흔히 문제를 증상과 혼동하여 눈앞의 증상을 없애는 데 급급한 때가 있다. 배가 아픈데 원인도 모르는 채 진통제를 먹는 것으로 문제를 해결했다고 생각하다가는 맹장염의 치료 시기를 놓쳐 합병증이 생기거나 생명이 위태로운 지경에 이를 수도 있을 것이다.

개인이나 조직에서나 문제를 잘못 진단했을 경우 합병증과 같은 새로운 문제를 일으키게 된다. 그러므로 문제가 무엇인지 명확히 이해하고 접근하는 것이 필요하다. 문제는 이상적인 상태, 즉 기대수준과 현재 상태와의 차이(gap)이다. 이상적인 상태란 조직의 목표에 견주었을 때 요구되는 실적이나 성과일 수 있다. 여기서 중요한 것은 이상적인 것을 추구하는 것이 바람직하다고 여기는 가치관이다.

매출 목표액이 120억 원이었는데 돌발 상황이 생겨 상반기 매출액이 40억 원이었다면 회사에선 매출 달성에 문제가 생긴 것이다. 이때 문제는 매출의 격차인 80억 원이 될 것이다. 그러나 문제가 상품의 질처럼 양적으로 파악하기 어려운 경우가 많다.

[그림 3-1] 문제의 개념

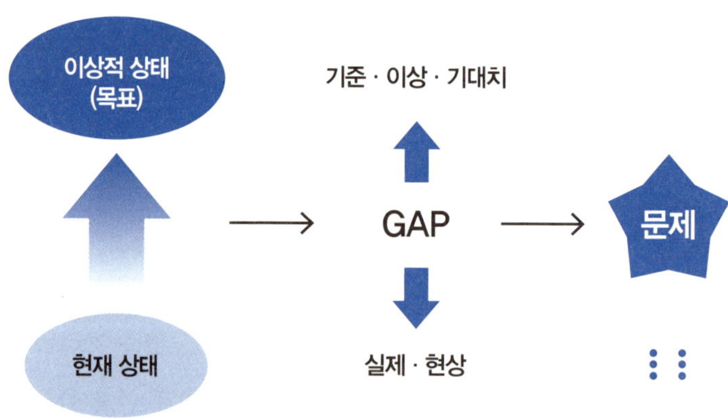

그런 경우에 만약 그 차이를 문제로 인식하지 않는다면 문제가 없는 것이 된다. 언론에 제약업체로부터 리베이트를 받은 의사들이 무더기로 적발된 것이 보도된 적이 있다. 이러한 일이 관행이 되어 그동안 '문제'로 여기지 않다가 어느 날 문제가 된 것이다. 이처럼 불법임에도 관행일 땐 문제로 인식하지 못하는 경우가 많다. 그러므로 '문제'에 대한 민감성이 좋아야만 문제를 인지하고 남보다 앞서서 미래에 대응할 수 있다. 좋은 문제를 발견하는 것은 문제에 대한 민감성이 높은 데서 비롯된다.[56]

문제와 직면하라

문제를 제대로 이해하여 본질을 파악하고 객관화할 수 있어야 문제를 해결할 수 있다. 그러기 위해서는 문제를 대하는 사람이 평상심을 잃지 않고 문제에 직면할 수 있어야 한다. 위기 상황에서 리더는 심리적 압박감을 관리하는 능력이 필요하다. 리더가 심리적 압박감으로 상황을 부정하거나, 문제 해결에 앞서 책임 소재를 찾기에 급급하다면 상황을 현실적으로 평가하기 어렵다.

문제 해결에 가장 필요한 자세는 문제가 있다는 점을 확인하는 것에서 시작된다. 이어서 리더는 문제가 있다는 것은 자신이 틀렸기 때문이라는 점을 직시할 필요가 있다. 리더가 위기 상황에서도 평상심을 잃지 않고 문제 인식을 제대로 하기 위해서는 다음의 몇 가지 제안이 유효할 것이다.

하나는 상황을 부정하는 함정에 빠지지 않는 일이다. 여기에는 부정적인 일이 일어나서는 안 된다는 절대적인 기준을 요구하고 사실 자체를 인정하지 않으려는 심리가 작용할 수 있다. 상황을 부정하면 문제 해결만 늦어지게 된다. 다음은 심각한 위기 상황에서도 평상심을 잃지 않는 것이다. 문제 발생을 용납하지 못하는 절대적 사고방식이 평상심을 잃게 하는 근본 이유이다. 문제가 일어나는 것이 현실인데 문제가 일어나서는 안 된다고 생각하는 것 자체가 비합리적 고정관념이며, 정상적인 사고를 할 수 없게 만든다. 마지막으로 리더는 문제를 최악의 사태로 보고 상황을 비현실적으로 평가하지 않아야 한다. 절대적인 요구에서 나타나는 불안감에서 벗어나서, 안타까움 같은 부정적인 감정을 수용하여 긍정적 행동으로 연결하는 일이 필요하다. 안타까움은 참여나 협상으로, 염려는 준비와 같은 긍정적 행동으로 이어질 수 있다. 구글Google의 인공지능인 알파고AlphaGo와 2016년에 바둑 대결을 벌였던 이세돌 바둑기사가 3연패를 당한 후에도 4번째 대국에서 두려움에 떠는 모습을 느낄 수 없었다. 벼랑 끝과 같았던 순간에도 침착함을 잃지 않았기에 승리할 수 있었다.

또한, 문제는 반드시 구성원끼리 공유하고 공감하는 과정을 거쳐야 한다. 리더와 구성원이 문제를 확인하여 문제에 대한 관점을 공유할 수 있을 때만이 문제를 제대로 해결할 수 있기 때문이다. 문제를 공유하는 것은 문제 해결 과정의 목표 달성을 위한 구성원의 조직 몰입도를 높이고 일체감을 이끌어 내는 기본적인 조건이 되며, 문제 해결에 서로 다른 분야의 사람들의 지식과 정보를 활용할 수 있다는 이점이 있다. 문제 확인 단계부터 공유하지 않으면 뒤에 오는 과정에서는 구성원의 협력을 얻기가 어렵다.

문제를 발견하고 문제의 유형을 파악하자

문제를 구분하여 이해하는 일은 문제를 발견하고 이해하는 데에 도움이 되며, 문제를 유형화하여 이해한다면 과제의 설정이 자연스럽게 드러난다.

문제의 유형을 이해하자

① 원상회복형의 문제는 이상적인 상태를 과거의 상태로 여기고 현재의 상태를 과거의 상태로 되돌리고자 하는 것이다.

이를테면 예전에 개성공단에서 우리 기업들이 철수한 일이 발생하였을 때의 사례이다. 최선의 상태는 남북관계가 악화하기 이전에 개성공단에서 우리 기업들이 생산 활동을 하던 때로 생각하는 것이다. 이 경우 현재가 이전보다 못한 상태이므로 문제가 쉽게 드러날 수 있다. 한 마을의 정전이나 단수 같은 사고도 상황을 되돌려 놓는 것으로 문제가 해결되는 것이므로 원상회복형 문제이다.

② 이상추구형 문제는 과거부터 현재까지의 상태에 최선의 상태가 없었다고 보고 그것을 문제로 인식하는 것이다.

이상추구형 문제의 경우, 현재에 불편함이 없으므로 조직원 간에 문제 인식에 대한 관점이 다를 수 있다. 기업이 더 높은 생산성을 달성하려 하거나 개인들이 삶의 질을 높이려고 하는 일들이 모두 여기에 속할 수 있다. '휴대전화 시장에서 시장 점유율을 세계 1위로 하고 싶다.' '집값이 높고 환경적으로 쾌적한 지역으로 이사하여 살고 싶다.'는 것과 같은 일이 여기에 속한다.

[그림 3-2] 문제의 유형

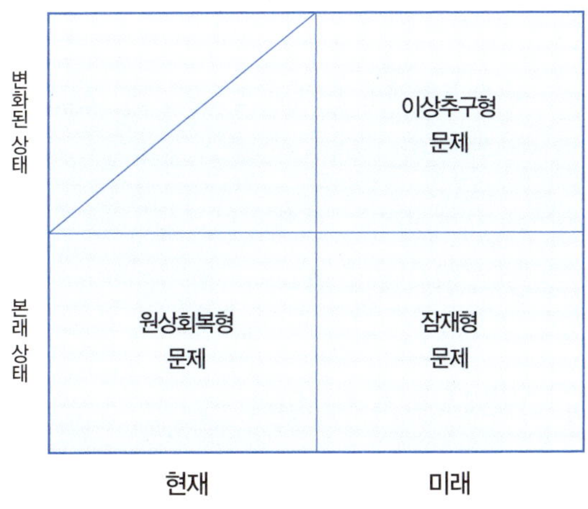

③ 잠재형 문제는 문제를 시간적 관점에 따라 구분한 것으로 현재 문제가 드러나지 않았지만, 미래에 드러날 수 있는 것으로 여기는 경우이다.

잠재형 문제도 이상추구형과 마찬가지로 현재에 문제가 없으므로 문제를 파악하기 어려울 수 있다. 세계 각국과 FTA가 체결되는 가운데서도 농민의 생계 보호를 위해 잠정적으로 쌀과 같은 특정 농산물을 제외하고 있다. 세계화의 추세 속에서 보면, 이러한 무역자유화는 농업이나 농민에 대해 잠재형 문제를 지닌다고 할 수 있다.

문제의 유형 구분에 따라 과제의 향방이 갈린다

문제를 파악하였다면 문제를 위의 세 가지 중의 하나로 구분하는 일이 필요하다. 세 가지 유형은 목적과 시간의 조합에 의해 또 다른 유형으로 이해할 수 있다. 문제의 종류에 따라서는 세 가지 중의 하나가 아닌 두 가지 혹은 세 가지 유형을 다 포함하는 경우가 생길 수 있다. 원상회복형 문제가 문제를 발견하는 과정에서 차츰 이상추구형 문제로 인식되기도 한다.

정전 사고의 경우 정전 사고 자체는 원상회복형 문제이다. 그런데 정전을 해결하려다 보니 그 지역에 전력을 공급하는 화력발전소의 설비가 낡은 원인으로 인해 정전 사고가 발생했다면, 앞으로도 다시 정전이 일어날 수 있다는 점에서 잠재형 문제이며, 그렇다면 발전소의 시설을 새롭게 정비해야 한다는 점에서 이상추구형 문제로 볼 수 있다. 이처럼 문제의 유형을 정하는 것에 따라서 과제가 자연스럽게 드러나게 되므로 문제의 유형을 확정하는 일이 중요하다.

문제의 우선순위에 주의를 기울여라

문제가 확정되면 문제의 중요성과 긴급성에 따라 우선순위를 정하는 것이 좋다. 중요하고 긴급한 문제부터 먼저 처리함은 명백하다. 긴급한 상황에서의 우선과제는 원인 규명이 아닌 응급조치이며, 우선순위가 뒤로 밀려있는 문제라 하더라도 손쉬운 문제라면 신속하게 처리하는 것이 바람직하다. 그러나 중요하지만 긴급하지 않은 문제의 경우 순위에서 밀려나기 쉽다. 조직에서 새로운 분야의 개척이나 신제품 개발을 위한 연구 등이 기업의 미래에 중요하다는 인식이 있다면, 기존 사업보다 미뤄지지 않도록 주의를 기울여야 한다.

잠재형 문제가 확대될 가능성이 있다면 중요한 문제로 평가되어야 한다. 미래에 나타날 문제점을 미리 예방하거나 문제 발생 시의 대응 방안에 대한 긴급성 여부가 중요하다. 드러난 문제가 시간이 지날수록 악화한다면 중요성과 긴급성이 높아지지만, 문제가 크지 않고 악화할 가능성도 적다면 우선순위가 뒤로 가도 된다.

[그림 3-3] 문제의 특징과 우선순위 매트릭스

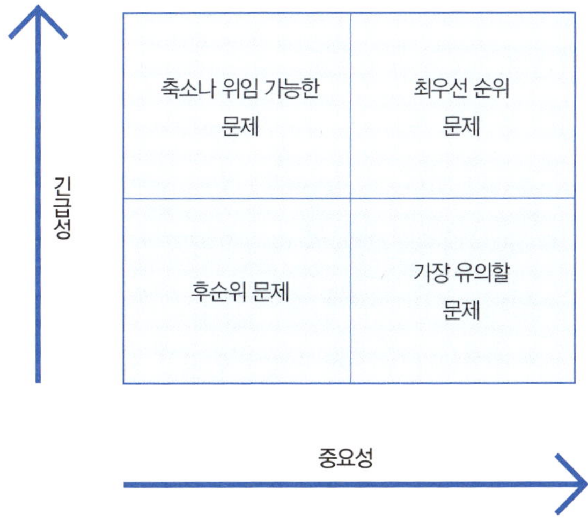

원인을 찾으면 절반은 해결된 것이다

조나단 스위프트^{Jonathan Swift}는 '큰 사건의 주된 원인은 큰 강의 원천처럼 대개는 사소한 일에 있다.'고 말했다. 우리 주변에서 접하는 직장을 자주 옮기거나 사업을 자주 바꾸는 사람들은 문제를 회피하는 경우에 해당된다. 문제가 복잡하게 얽혀있거나 새로운 문제가 계속 이어져 나오는 경우 문제에 직면하여 해결하려는 자세를 가지기보다는 문제가 도무지 해결될 것 같지 않다고 느끼고 도피하는 것일 수 있다. 그러나 엉켜 있는 실타래를 풀듯이 작은 것에서부터 하나씩 풀어나간다면 의외로 문제 해결이 쉽게 이루어질 수 있다. 실타래의 엉킨 곳을 찾아내는 일이 문제의 원인 찾기이다.

문제의 원인을 찾으면 문제가 있을 때마다 대증요법으로 해결하는 것에 비해 낭비를 줄이고 효율적으로 대처할 수 있다. 수십 년 동안 되풀이되는 한국 제도교육의 문제를 보면서 정책을 입안하는 정당이나 교육단체들의 원인 진단에 동의할 수 없는 경우가 대부분인 것도 우리 교육문제가 원인 진단에서부터 잘못되었음을 느끼게 한다.

원인 파악은 사실에 근거해야 한다

우리가 문제의 원인을 분석하고 파악하는 데는 모든 문제는 원인이 있다는 믿음, 즉 전제가 있다. 1980년대에 필자가 여성폭력 추방운동을 하던 때의 일이다. 군사적 정치체제에 비판적이었던 필자는 대학 강연에서 여성폭력의 원인의 하나를 군사독재 정권으로 파악하고, 여성폭력 근절을 위해서는 군사독재 정권을 종식해야 한다고 역설했다. 그 생각은 문민정부가 되고 나서도 여성에 대한 폭력이 사라지지 않는 상황에서 생각해보면 웃을 수밖에 없는 원인 분석이었다. 그 당시 필자와 동료들은 그렇게 믿고 주장하였으며, 여성에 대한 폭력을 근절하기 위한 활동으로 군사정권 반대 데모에 앞장서기도 하였다. 우리 주변에는 평소에 불만스러웠거나 비판적이었던 것을 문제의 원인으로 보는 경우를 빈번히 접한다. 문제의 원인이 제대로 파악되어야 해결책도 바로 제시될 수 있다. 사실에 근거하지 않은 원인분석으로는 문제 해결이 가능하지 않다.

문제 해결을 하기 위해서는 바람직한 상태가 어떤 것인지 구체적으로 명확히 하여야 현재 상태와의 차이를 없앨 수 있다. 차이를 없애기 위해서는 차이가 생긴 원인을 찾아야 하며, 이를 위해서는 사실정보를 충분히 수집해야 한다. 원인 분석은 그 문제와 관련된 사실 정보를 6W2H(무엇이, 언제, 어디서, 누가, 왜, 어느 것을, 어떻게, 어느 정도)에 따라 수집한 이후에 가능하다. 다음에는 문제를 발생시킬 가능성이 있는 원인을 찾아 있는 대로 기술하고 열거해 본다. 원인을 기술할 때에는 인과관계를 결부시켜 구체적으로 가능한 한 많이 열거한 후 그중에서 가장 가능성이 큰 것으로 좁혀 나간다. 문제를 객관화하였다면 표면적인 원인이 아닌 근본적 원인을 찾는 일이 수월할 것이다.

문제의 원인을 발견하는 방법은 논리적이어야 한다

문제의 원인을 파악하는 한 가지 방법은 집합 개념에 의한 것이다. 대표적 감염질병인 폐결핵의 경우를 예로 들어 보자. 폐결핵은 환자와의 접촉(A)으로 접촉자의 약 30%만이 폐결핵에 감염(B)되어 결핵환자(C)가 된다. 폐결핵 환자와의 접촉으로 폐결핵에 걸리는 사람이 있는가 하면 그렇지 않은 사람도 있다. 이때 환자와의 접촉을 폐결핵의 원인이라 말할 수 있을까?

우리 대부분은 아마 그렇다고 하겠지만, 과학적으로는 좀 더 정확한 것을 찾으려 한다. 폐결핵의 원인은 결핵균의 감염(B)이지 환자와의 접촉(A)이 아니다. 이때 폐결핵 환자와의 접촉(A)은 폐결핵(C)에 걸릴 필요조건일 뿐이며, 폐결핵 균의 감염은 폐결핵 환자가 되기 위한 필요충분조건이다. 감염이 있을 때 항상 폐결핵이 발병한다. 과학적으로 문제의 원인이란 특정 결과를 낳는 데 필요하면서도 충분한 조건들의 집합이다. 문제의 원인(B)은 문제(C)가 발생하기 위한 필요충분조건이다.

[그림 3-4] 문제, 원인, 결과와의 집합관계

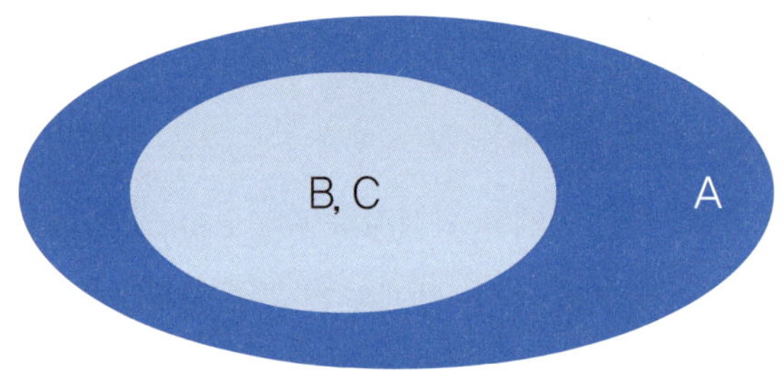

이것은 B가 조건화될 때 항상 C라는 결과가 나타난다는 의미이다. 그러나 만약 폐결핵을 예방하기를 원한다면 필요조건인 환자와 접촉을 하지 않는 것이 도움될 것이다. 이것을 집합으로 표현하면 [그림 3-4]와 같다. 그러나 많은 경우 이러한 이상적인 원인을 발견하지 못하여 필요조건이나 충분조건 어느 하나만을 아는 것으로 충분할 수도 있다.

문제의 원인을 파악하기 위한 실험적인 방법으로 영국의 철학자 밀[J. S. Mill]이 제안한 방법이 유용하게 이용되고 있다. '차이의 방법(method of difference)'은 한 가지 면을 제외한 모든 것에서 비슷하거나 같을 때 사용한다. 만약 한 가지 요소가 적용될 때 어떤 결과가 발생하고 적용되지 않을 때 그 결과가 발생하지 않는다면, 원인을 발견할 수 있을 것이다. 예를 들어 학교 급식을 먹은 학생들이 집단 식중독에 걸린 경우를 보자. 식중독의 원인이 되는 음식을 찾아내기 위해 어떤 접근 방법을 사용할

까? 생선을 먹은 학생은 식중독에 걸렸고 생선을 먹지 않은 학생은 식중독에 걸리지 않았다면 식중독을 일으킨 음식은 생선임이 틀림없다.

다음은 '변동의 방법(method of variation)'이다. 마늘 값의 경우를 예로 들면 마늘 생산량이 증가하면 마늘 값이 내려가며, 마늘 생산량이 적어지면 마늘 값이 올라간다. 이처럼 어떤 한 가지의 증가나 감소가 다른 것의 증가나 감소를 가져오게 한다면 그 둘은 인과적 관계에 있다고 할 수 있다. 때로는 원인과 결과로 보이는 둘의 관계가 실제로는 우연일 수도 있다. 이럴 때 다른 종류의 증거를 찾아내야만 한다.

어떤 결과에 선행하는 모든 조건이 공통 요소를 가지고 있을 때 그것이 원인이 됨을 알 수 있다. 이것은 '일치의 방법(method of agreement)'을 적용한 경우이다. 시골의 한 마을에서 할머니 여러 명이 집단으로 사망한 사건이 있었다. 할머니들은 마을회관에 모여 있었고, 조사 결과 마을회관 냉장고에 있던 같은 종류의 음료수를 마신 것으로 알려졌다. 이것은 그 사건의 유일한 공통 요소이므로 할머니들의 사망 원인이었다고 판단하였고, 수사 결과 음료수에 독극물을 탄 사람이 범인으로 지목되었다. 이것은 논리적으로 합당한 원인의 추리였다.

아전인수(我田引水)가 되지 않으려면 반드시 원인을 검증하라

원인이 정확하지 않다면 문제 해결도 가능하지 않을 것이다. 문제 해결에 대한 성급함 때문에 표면적인 원인을 찾는 데 그치거나, 평소의 불만스러웠던 점을 원인이라 여겨 버린다면 문제 해결은 점점 멀어지게 된다. 그러므로 찾아낸 원인에 대해서 의도적인 확인 작업, 즉 검증이 필요하다. 조급함을 버리고 침착하게 논리의 비약은 없는지 혹은 논리적으로 모순이 없는지 확인해 보는 것만으로 검증되는 경우도 있다. 책상에서만이 아닌 현장에서 답을 얻는 때도 있다. 확인을 위해 문제가 일어난 현장은 반드시 가서 보아야 한다.

　　원인 검증에는 여러 가지 방법이 있다. 앞서 언급한 원인을 찾는 과정에서의 여러 가지 오류를 범한 결과는 아닌지 검토해야 한다. 사실 정보와 대조하여 검증하거나[57] 실물이나 현장을 관찰하여 추정한 원인이 옳은지 확인하는 방법, 추정한 원인으로 인해 같은 문제가 재발할 수 있는지 실증하는 방법, 추정한 원인을 제거하여 개선해 보고 그 문제의 발생이 멈추었는지 확인하는 방법[58]이 있다. 이상과 같은 방법들로 검증을 마무리하였다면 그 원인이 참 원인으로 확정될 수 있으며 그에 따른 문제 해결책이 강구될 수 있을 것이다.

문제 해결은 프레임의 안과 밖에서 하라

　문제 의식을 느끼고 문제를 확인했다면 목표를 정하고 문제를 해결하는 것이 순서이다. 복잡하게 얽힌 문제들도 체계적으로 접근한다면 문제 해결을 효율적으로 할 수 있다. 일반적으로 문제 해결을 효율적으로 하기 위해서는 프레임적 사고로 접근해야 한다. 프레임적 사고란 프레임 안의 사고이다. 문제 해결을 위해 프레임적 사고와 이에 따른 도구를 활용한다면 논리적 사고가 부족한 사람도 문제 해결에 도달하는 일이 훨씬 수월해진다. 그러나 문제 해결을 하는 데에는 이것만으로는 한계가 있다. 프레임 밖의 사고, 즉 창의적인 사고가 필요하다. 창의적 사고는 인간의 지적인 능력 중 가장 높은 차원의 능력이지만, 창의적인 사고와 문제 해결은 소수의 수재에게만 가능한 것이 아니며, 교육으로 얼마든지 계발할 수 있다. 이번 단원에서는 이러한 관점에서 문제의 발견에서부터 해결에 이르기까지의 효과적인 도구와 관련한 내용과 함께 문제 해결을 위한 창의적 사고에 대한 것을 소개하기로 한다.

문제 해결의 체계적 접근방법을 활용하라

문제 해결의 포맷을 활용하라

문제를 해결하는 데에 포맷을 활용하는 것이 문제를 가장 효율적으로 해결하는 방법이다. 그러나 틀을 사용하는 편리함만을 좇아 기계적인 과정을 밟는다면 원하는 결과를 얻기 힘들다. 간단한 과정에서도 숙고하는 자세로 임해야만 평소에 생각하지 못했던 문제를 발견하고 문제 해결에 도달할 수 있다. 문제 해결과 관련한 연구자들의 설명에 의해 일반적으로 문제의 확인, 잠재적인 해결책 찾기, 해결책 선택이라는 세 가지 주요 개념적 요소의 과정이 있음을 알 수 있다. 이 요소들은 실제 과정에서 구분되어 진행되는 것이지만 반드시 일직선적인 순서의 개념은 아니며 때로는 순서가 뒤바뀌거나 가로지르거나 순환할 수 있다. 이 요소들을 반영하여 좀 더 세분된 과정은 다음과 같다.

① SWOT분석으로 문제를 수집한다.

② 목적을 설정하고 행동 체크리스트를 작성한다.

③ 문제를 기술하여 확정한다.

④ 6W2H의 사실 정보를 수집한다.

⑤ 사실 정보를 바탕으로 원인을 찾는다.

⑥ 원인이 규명되었다면 문제 해결방법을 선택한다.

⑦ 해결책 실행으로 문제가 해결되었다면 이때 비로소 문제 해결력이
   발휘되는 셈이다.

‘문제’로 인식되었던 ‘차이’가 해결되어 ‘이상적인 상태’로 돌아갔다 하더라도 그것으로 충분한 것인지 다시 한 번 검토할 필요가 있다. 문제 해결 이후에도 문제가 재발한다든가 해결책으로 인해 새로운 문제가 발생할 가능성도 있기 때문이다. 그러므로 문제 해결에는 문제 의식의 끈을 놓지 않는 지속적인 노력이 필요하다.

MECE 방식으로 사고하고 분석하라

문제 해결을 논리적으로 하는 데에는 맥킨지가 개발한 MECE(Mutually Exclusive Collectively Exhaustive) 방식으로 사고하고 MECE 방식의 분석 도구인 로직트리(Logic Tree)를 사용하는 것이 효율적이다. 문제 해결을 위한 포맷은 여러 가지가 있지만, 대부분은 MECE 방식의 사고를 기본으로 하고 있다. MECE 방식의 사고란 상호 배타적(Mutually Exclusive)이며, 동시에 전체 포괄적(Collectively Exhaustive)인 사고를 말한다. 서로 중복되지 않으면서 전체를 빠짐없이 포함하고 있다. 즉, 문제의 상황이나 대상을 부분으로 나누어 전체 구조를 이해하는 방식이다. 이렇게 하면 분석 대상을 요소별로 나눠서 사고할 수 있다. 이를테면 생물을 동물과 식물로 나누는 것은 MECE 방식으로 사고하는 것인데 만약 동물과 채소로 나눈다면 생물 전체를 포괄하지 않으므로 MECE 방식이 아니다.

MECE 방식으로 사고하는 일은 문제 해결의 초기 단계인 문제의 진단, 원인 파악, 문제 해결안 도출의 구조화와 같은 문제 해결을 하는 거의 모든 단계에서 필요하며 이때 사용하는 도구를 로직트리(Logic Tree)라 한다. 로직트리는 MECE 방식에 따라 주요 항목을 논리적인 트리 형태로 도출해 나가는 것이다. 즉, 하나의 문제에 대하여 논리적 연관이 되는 하부 과제들을 도출하고, 각각의 하부 과제에 대한 논리적 연결 과제들을 또다시 도출해 나가는 연결망 구조를 나무 모양으로 전개하는데, 이 과정은 기대한 만큼의 진단이나 해결책이 나올 때까지 계속해 나가게 된다. 한 과제의 하부 과제들을 연결할 때에 상호 배타적이어야 하고, 전체 포괄적인지 검토해야 한다. 이러한 연쇄적인 연결망을 통해 논리적 문제 해결의 연관구조가 만들어지게 된다.

MECE 사고와 로직트리 방식은 문제의 인식을 구조화하므로 사고의 논리적 흐름을 효율화할 수 있다. 이 방식의 분석결과를 가지고 상대방을 설득한다면 상대방도 반박의 여지가 없을 것이다. 그러나 로직트리의 적용은 명쾌하게 논리적으로 분석되는 경우일 때만 가능하다. 로직트리는 틀 안에서의 사고이므로 틀 밖의 사고를 필요로 하는 창의적 사고와 창의적 사고에 의한 문제 해결에는 한계가 있을 수밖에 없다.

프레임 밖의 사고로 대처하라

1970년대 초 미국 국무장관이었던 키신저^{Henry Alfred Kissinger}와 현대그룹 전 회장 정주영의 대화에서 키신저는 공산주의 체제에 익숙한 중국인들의 의식구조로 인해 중국의 현대화가 좌초될 것으로 보았으나, 정주영은 중국인들의 뿌리 깊은 장사꾼 기질이 불과 반세기의 공산주의 체제로 변하지 않을 것이며, 다소의 혼란을 겪겠지만 몇 십 년 안에 중국은 미국에 버금가는 세계적 경제 대국으로 부상할 것으로 내다보았다.[59] 정주영의 예측대로 중국은 G2 국가로 성장했고, 현대자동차는 중국에서 자동차를 팔아 2014년에 기아차와 함께 29조 원을 벌었다.

문제 해결에는 이처럼 틀에서 벗어난 자유로운 사고와 통찰력이 요구된다. 그러므로 리더는 자신뿐 아니라 구성원도 틀에 박힌 사고에서 벗어나도록 도와야 한다. 델 컴퓨터의 미셀 델^{Michael Dell}, 사우스웨스트 항공사의 허브 켈러허^{Herb Kelleher}, 아마존닷컴의 제프 베조스^{Jeff Bezos} 등 변화를 이끈 성공한 기업가들의 공통된 변화의 관점은 적극적으로 고정관념의 틀을 벗어나려 하며, 변화를 일으키기 위해 규칙적으로 위험을 감수하는 일을 한다. 이러한 점은 모두 창의적 사고와 관련된 것들이다. 논리적 문제 해결을 하기 위해서는 창의적 사고가 필요하다. 문제는 그 문제를 발생시킨 틀 안에서는 풀 수 없다는 아인슈타인의 말은 문제 해결을 하는 데에 프레임 밖의 사고를 해야 함을 단적으로 표현한 말이다.

확산적으로 사고하라

우리는 문제에 부딪혔을 때 대개는 자신의 경험이나 지식에만 의존하여 문제를 해결하려 든다. 그러나 자신의 인지능력과 경험의 한계 안에서 문제를 바라보게 되면 '사고가 일정한 틀에 갇히게 되고' 이것은 문제 해결의 큰 장애가 된다. 자신의 사고의 틀에서 벗어나는 것이 바로 '창의성'이다.

창의성은 리더가 편견이나 유행을 따르는 것과 같은 비합리적인 사고를 하지 않도록 하는 또 다른 요소의 하나이기도 하다. 푸치오^{Gerard J. Puccio}는 창의성을 문제를 해결할 수 있는 독창적인 아이디어를 생산하는 능력으로 정의하였다.[60] 창의성은 실패하는 조직과 성공하는 조직을 가르는 핵심 역량이라 할 수 있다. 특히 복잡한 문제일수록 해결하는 데에 많은 아이디어가 필요하고 상상력을 발휘할 필요가 있으므로 반드시 창의성이 요구된다.

현재 상황을 더욱 효과적으로 다루기 위해서 문제를 해결하려 하는 경우 쟁점이 되는 문제를 새로운 관점에서 볼 수 있으려면 창의성이 요구된다. 창의적 사고의 핵심은 확산적 사고로 유창성, 융통성, 독창성, 정교성이 그 본질이다. 유창성은 제시하는 아이디어나 반응의 양을 의미하며, 융통성은 제시된 아이디어나 반응의 종류나 범주의 양을 의미한다. 독창성은 네 가지 요소 중 창의성에서 가장 중요한 것으로 대안의 참신함과 독특함과 경이로움을 뜻한다. 기존의 아이디어를 결합하고 조합하는 것은 상상력을 발휘해야 가능한 것으로 창의적 사고에서 빼놓을 수 없는 부분이다.

창의성의 장애물들을 제거하고 인간이 가진 본래의 생각들을 발현하도록 도와주는 것만으로도 창의성이 증진될 수 있다. 확실성에 대해 지나치게 요구하는 일은 창의성을 방해한다. 창의적이 되려면 모호함에 대해 참을성을 지니고 참신성에 관한 관심과 자기 확신을 지닐 수 있어야 한다. 고정관념이나 패러다임을 쫓는 것 또한 창의적 사고를 방해한다. 성공한 리더들을 보면 적극적으로 고정관념의 틀을 벗어나려 한 것을 볼 수 있다. 창의적 리더는 기존의 패러다임에서 벗어나 기존에 없었던 새로운 생각을 만들어낸다. 과거의 경험으로 지혜가 쌓이기도 하지만 과거의 경험에만 갇혀 있다면 다양한 관점에서 사고하는 데 방해가 된다. 만약 실패한 사람이 과거의 성공했던 기억 속에서 헤어 나오지 못한다면 다시 성공하기 어려울 것이다. 관료적 구조는 개인의 정해놓은 틀 안에서만 행동하도록 하므로 자유로운 사고를 억압하는 최대의 적이라 할 수 있다. 창의성은 환경과의 상호작용 속에서 발현할 수 있으므로 조직 문화를 관료적이지 않은 자유로운 것으로 만들어갈 필요가 있다.

최근에는 구글의 성장력이 애플을 넘어설 것으로 예견하고 있다. 애플과 구글의 사고 차이는 애플이 '다르게 생각하라(Think different)'라면 구글은 '상상할 수 없는 것을 상상하라(Imagine the unimaginable)'이다. 구글의 사고가 더욱 확산적 사고임을 알 수 있다. 확산적 사고는 기존의 관행을 무시하고 오류의 가능성에 자신을 노출할 수 있는 '창조에 대한 용기[61]'와 새로운 경험에 대한 개방성을 지녔을 때 가능하다.

문제 해결을 위한 창의적 태도를 기르라

문제 해결 과정은 문제의 핵심 맥락을 파악해서 창의적으로 아이디어를 내고 논리적으로 문제를 해결하는 과정이다. 어떤 문제가 공간상에 주어졌을 때 그 문제를 바라보는 시각은 무한하고, 다양한 관점이 생겨난다. 한 가지 관점으로만 문제를 바라보라는 것은 비논리적이고 억지다. 흔히 논리는 하나의 관점으로 이치에 맞게 사유해 들어가는 것을 의미하지만, 다양한 관점을 고려해야 한다는 점이 전제되어 있다. 다양한 관점으로 보는 것이 바로 창의적 태도의 출발이다. 알파고의 마지막 대국이었던 알파고끼리의 바둑을 본 프로기사들은 '바둑의 틀을 깨는 수', '기상천외', '새로운 발상', '해설이 어렵고 감상해야 하는 바둑'이라는 평을 쏟아냈다. 이 모든 내용이 논리의 연속으로 가능했던 알파고의 능력을 나타내는 표현이다. 이 말은 창의적 사고와 상통하고 있다. 창의성은 논리성에 닿아 있으며 문제 해결을 잘하기 위해서는 논리와 창의성을 함께 발휘해야 한다.

창의성은 논리성과 마찬가지로 선천적인 것이 아니라 후천적으로 교육에 의해 증진될 수 있다는 것이 일반적 견해이다. 실제로 창의성은 뉴턴이 사과나무를 보고 만유인력의 법칙을 발견했다는 이야기에서처럼 어느 날 갑자기 하늘에서 뚝 떨어지는 것이 아니다. 좋은 아이디어들도 창의적인 사고 과정에서 나타나는 논리적인 생각을 이해하고 이를 다른 곳에도 적용하려고 노력하는 가운데 발현될 수 있다.

하워드 가드너Howard Gardner는 창의성이 다음 3가지 요소가 상호작용하는 가운데 불시에 발생한다고 보았다. 즉, 어떤 분야에 통달한 개인이 현재의 작업이나 문제에 끝없이 불만을 느끼면서 다양한 변종을 시도하는 경우, 개인의 창의적 사고 모델, 창의적 활동 기회와 새로운 교육 경험이 계속 제공되고 창조물의 가치를 평가해 줄 수 있는 사람이나 집단이 존재하는 사회적 장이 있는 경우이다.

사람들은 사물을 어떤 특정한 범주에 속한 것으로 인지하면 다른 범주로 보고 생각하지 않는 경향이 있다. 그러나 문제 해결에 대한 참신한 아이디어는 비관행적 범주를 만들거나 문제의 범위를 확대하여 모두가 당연한 범주로 여기는 고정된 범주의 밖으로 벗어날 때 생성될 수 있다. 창의적 사고는 관점을 바꿀 때 가능하다. 창의적인 사람은 전통적인 것을 넘어서서 익숙하지 않은 결합을 만들어 냄으로써 참신성을 창출한다. 문제 해결에는 그것과 관련성이 없는 아이디어와 연결하기 위해 다른 영역의 것과의 결합, 즉 원격 결합을 시도하려는 노력이 필요하다.

문제의 해결책을 선택하는 데 있어서 성급한 판단은 금물이다. 아이디어가 충분히 독특하게 생성될 때까지 판단을 유보하고 평가를 미루었다가 모든 아이디어를 체계적으로 평가하는 것이 바람직하다. 판단을 유보하면 아이디어들을 서로 창의적으로 조합시킬 기회를 얻게 되고 결과적으로 의사결정의 내용이 더 좋아지게 된다.[62]

다수자들의 시너지와 네트워크의 힘을 활용하라

많은 사람과 문제를 공유하고 만나라. 아이디어의 화학적 결합은 시너지를 일으킨다. 독자 중에는 어떤 문제를 해결하기 위하여 권위 있는 이에게서 조언을 듣고 그대로 실행했다가 실망했던 경험이 있을 것이다. 아무리 유능한 사람이라도 혼자서 문제를 해결하는 데는 한계가 있다. 복잡하게 꼬인 문제를 푸는 단 한 명의 뛰어난 사람보다는 평범한 여러 사람의 생각이 모여, 생각지도 못하던 새로운 대안을 만들어 내고 사회적인 난제들도 훨씬 수월하게 해결할 수 있다.

인간이 현재 가지고 있는 다양한 지식이나 지혜도 인류 역사상의 수많은 사람에 의한 이론이나 오랜 경험에서 비롯된 지적자산이듯이 현재의 문제 해결에 대해서도 현재의 많은 사람의 지적자산을 활용하는 것이 더욱 효과적이라는 것은 자명하다. 여럿이 생각을 모은다면 그들의 지적 자산이 함께 따라오기 때문에 혼자보다는 시너지를 낼 수 있다. 최근에 통섭의 지혜가 자주 강조된다. 기술계 인력의 인문학 섭렵이나 대학에서의 통합 학문 같은 것들이 그것이다.

개인들이 네트워크에 참여하는 것도 필요하다. 시간에 쫓기는 사람들일수록 평소 자신의 분야가 아닌 곳에서 다른 것과 만나는 일을 게을리하기 쉽다. 사람들은 저마다 사고방식과 속도가 다르다. 저마다의 다른 교육은 다른 세계관이나 문제 인식, 정보에 대한 이해에 나름의 유용한 방식을 제공한다. 그러므로 여러 사람이 함께하면서 다른 사고 과정이 결합할 때 창의적인 대안들로부터 창의적 문제 해결이 가능하다. 여러 사람과 만나는 것 자체가 창의력을 가져올 수 있는 계기가 될 수 있다.

네트워크 사고와 함께 다양한 사람들과 네트워킹을 하는 것은 명백히 다른 개념들을 결합하는 것이다. 광범위한 네트워크를 형성하는 것은 특정한 범주의 경계를 넘어서는 것이다. 네트워크 사고는 창의적 사고의 핵심이다. 다른 관점이나 아이디어를 가진 다양한 분야의 사람들과 네트워킹을 하면 개인이 갖는 창의력의 한계를 보완할 수 있다. 최근 학문 분야에서 서로 다른 학문과의 결합을 시도하여 새로운 영역의 학문을 만들어 내는 시도도 유사한 원리라 볼 수 있다.

미래학자인 최윤식[63]은 인류의 역사를 바꾼 위대한 창의적 인물들을 들여다보면 "어떻게 하면 창의적으로 사고할 수 있느냐?"는 물음에 참고할 수 있다고 하였다. 아인슈타인, 프로이트, 피카소 같은 천재적이고 창의적인 인물들은 공통으로 자신이 재능을 가진 분야에 집중하여 일생을 보냈다. 처음 10여 년은 다른 전문인들처럼 그 분야를 깊게 파고들면서 선행 연구를 통해 지식을 습득하였고 이후에 자신만의 창의적 특성을 발

현하고 마침내 기존의 것이 아닌 새로운 패러다임을 만들어내는 데 성공
하였다. 새로운 패러다임을 만들어내기 위해선 늘 기존의 것에 도전하고
대다수 사람이 가는 길에서 비켜 나와 실패할지도 모르는 길에서 혼자서
자신만의 취향을 추구하였다.

chapter 04

최적화된 수행관리를 하라

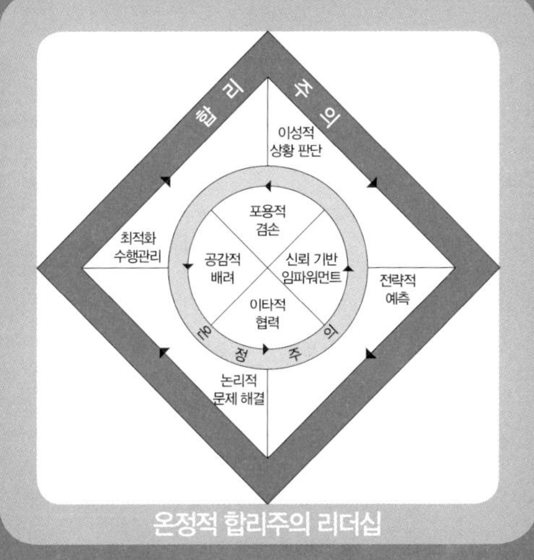

실행이 답이다.

— 이민규

최적화 수행관리는 실행관리다

최적화 수행관리란 인력과 자금 등 다양한 자원을 최적의 상태로 유지 또는 관리하여 효율성과 효과성을 극대화해서 성과의 질을 높이는 것을 의미한다. 온정적 합리주의 리더는 상황을 잘 파악하여 조직의 비전과 사명을 달성하기 위한 전략적 목표를 설정하고 세부계획을 수립하고 나면, 다음 단계는 그러한 전략적 목표 달성을 위한 계획 실행의 '수행관리'로 나아가야 한다.

예를 들어, 1975년 현대건설의 사우디아라비아 주베일 항만 건설공사는 최적화 수행관리가 어떤 것인지를 잘 설명해 주는 사례이다. 그 당시 정주영 회장은 사업의 성공을 위해 모든 기자재를 한국에서 제작해 걸프 만까지 대형 바지선을 끌고 가는 대양 수송작전이라는 당시로는 아무도 상상하지 못했던 계획을 수립하고 성공적으로 실행했다. 빔 공장을 현지에서 설립하여 제작하는 데 걸리는 시간과 돈을 절약하는 자원의 최적화를 실행하고, 수송 도중 대형 파이프 재킷이 태풍으로 해난 사고 날 것을 대비해 재킷이 해면에 뜨게 만드는 새로운 공법의 치밀한 계획과 준비를 통해 업무를 완수함으로써 기대 이상의 성과를 창출하여 성공적으로 최적화 수행관리를 완성하였다.

이처럼 최적화 수행관리란 조직의 당면한 상황을 파악하여 업무 목표를 명확히 설정하고 치밀한 실행계획을 수립하고, 수립된 실행계획에 따라 조직이 가용할 수 있는 제 자원을 효율적으로 조직화하며, 업무가 시작되고 마무리되는 실행 과정을 지속해서 관찰·점검·통제하여 계획한 업무가 성공적으로 진행되어 높은 수준의 성과 달성이 되도록 관리하는 것이다. 따라서 최적화 수행관리는 설정한 목표 달성을 위해 사람을 포함한 모든 자원을 효율적, 효과적으로 결합·배분·조정함으로써 설정한 목표 이상의 결과를 만들어 내기 위한 실행과정이라고 할 수 있다.

리더십의 효과성은 목표를 달성하는 성과 창출과 그 과정에 참여한 이해관계자 모두가 행복해하는가에 따라 결정된다. 그러나 목표했던 성과를 창출하는 것도 만만한 일이 아니며, 성과 창출에 함께 참여한 이해관계자 모두가 행복하도록 만드는 것도 쉬운 일이 아니다. 목표를 달성하기 위해서는 합리적인 사고로 무장하여 상황을 파악하고, 다양한 결과를 예측하고 적절하게 준비해야 하며 당면한 문제의 해결을 위한 창의력도 발휘해야 한다. 또한, 모든 자원을 효율적으로 활용하고 성과 달성에 참여한 구성원이 자신의 잠재력을 발휘하도록 지원하고 동기부여를 하여 그들의 몰입과 헌신을 이끌어 내야 한다.

이처럼 성과 창출과 구성원의 행복이라는 리더십 결과를 만들어내기 위해서는 구성원이 목표 달성을 위한 성과 창출 과정에 참여하여 업무를 수행하는 '최적화 수행관리'가 성공적으로 실행되어야 한다. 온정적 합리주의 리더는 목표 달성을 위해 업무를 조직화하고 시간계획을 수립하여 자원을 효율적으로 배분하는 수행관리 과정을 통해 업무를 완성하고 성과를 창출한다. '구슬이 서 말이라도 꿰어야 보배'라는 말처럼 실행 과정의 수행 활동이 없다면 성과 창출은 공염불에 불과하다. 또한, 최적화 수행관리를 통해 성과를 창출한 리더는 목표 달성에 만족하지 않고 업무 수행에서 획득한 경험과 지식을 활용하여 더 높은 수준의 확장된 목표에 도전한다. 이러한 일련의 과정을 통해 온정적 합리주의 리더는 자신이 속한 조직과 업계 그리고 사회를 보다 효율적이며 구성원 모두가 만족하는 한 단계 높은 차원으로 발전시킨다.

관리는 효율적·효과적으로 하라

관리한다는 것은 어떤 의미일까? 관리의 목적은 무엇이며, 무엇을 어떻게 한다는 것인가? 그리고 어떻게 해야 바람직한 관리가 될 것인가?

일반적으로 관리란 특정한 목적을 달성하기 위해 목표를 설정하고 계획(plan)을 수립하여 실행(do)하며, 실행과정을 점검(check)하는 일련의 일 처리 과정을 말한다. 관리의 대상은 사람, 돈, 기계, 건물 등 다양하여 대상에 따라 돈 관리, 사람 관리, 기계 관리 등으로 자원 관리의 관점에서 관리를 나눌 수 있다. 또 목표가 있는 영역엔 관리가 없을 수 없으므로 활동영역에 따라 다양한 관점에서 관리를 살펴볼 수 있다.

기업(조직)적 관점에서 관리한다는 의미는 경영 관리로서 매출 목표의 달성 등 경영 목적을 달성하기 위하여 모든 활동이 합리적으로 수행되도록 목표 달성 계획을 수립하고, 일과 사람, 제 자원을 유기적으로 결합하여 조직화하며, 기업 조직에 인력을 충원하고, 업무가 수행되도록 지시, 위임하며 수행과정을 점검하여 통제하는 과정이다. 경영관리는 경제적 가치의 창출을 목적으로 인적 관리, 생산 관리, 재무 관리, 그리고 고객 만족과 매출 증대를 위한 마케팅 관리로 더 세부적인 하위 영역으로 나누어진다.

개인적 관점에서 온정적 합리주의 리더가 리더 개인의 삶을 관리한다는 것의 의미는 인생의 궁극적 목적인 개인의 행복한 삶을 위하여 인간을 구성하는 중요한 요소인 신체(body), 마음(mind), 그리고 영성(spirit)을 조화롭게 관리하여 이상 3가지 영역에서 성숙한 인간으로 성장한다는 것이다.[64] 이를 위해서는 먼저 운동과 식습관의 개선을 통해 신체를 건강하게 하고, 가족 등 대인관계를 원만히 하며, 독서와 토론 등 지속해서 학습하여 마음을 단련하고 명상과 기도로 영성을 순수하게 만든다. 이러한 활동은 경제적으로 안정되어야 가능하므로 생산적인 경제 활동도 포함된다. 이상과 같이 삶의 각 영역, 즉 신체, 마음, 영성, 그리고 가정의 경제가 안정적이며 상호 조화롭게 발전되도록 운영하는 것이 개인적 관점에서 관리하는 것이다.

성공적인 관리란 자기 삶의 의미를 찾아서 구체적인 인생 목표를 설정하고, 목표 달성을 위한 계획을 수립하며, 계획에 따라 한 단계 한 단계 실행해 나가는 것이다.[65] 성공적인 실행을 위해서는 실행과정을 점검하고 평가하며, 평가 결과에 따라 성공한 부분은 더욱 강화하고 미진한 부분은 개선책을 수립하여 다른 방법을 모색하는 등 새롭게 실행해야 한다. 상황에 따라서는 수행 방법을 바꾸거나, 목표 수준을 조정할 필요도 있으며, 어떤 경우에는 목표 자체를 변경하여 새로운 계획을 수립하여 도전해야 하는 때도 있을 것이다. 이를 위해서 사람 관리, 시간 관리, 재산 관리, 학습 관리, 가족 관리 등을 세부적으로 운영해야 한다.

이처럼 관리란 조직적 관점이든 개인적이든 간에 자원 배분의 효율화를 통한 업무의 성공적 실행을 전제하고 있다. 목표를 달성하기 위해서는 현실적으로 모든 자원을 조직화하여 활용하는 실행과정이 반드시 따라야 한다. 결국, 관리한다는 것은 계획을 실천하고, 실행하는 과정을 점검하고 통제하여 목표 달성이라는 성과를 창출하는 것이다. 실행과정을 반드시 거쳐야 일이 되기 때문에 일이 계획대로 실행되도록 하고, 실행 과정에서 얻은 아이디어를 통해 기대 이상의 성과를 내기 위해서는 효율적이며 효과적인 관리 활동을 해야 한다.

관리라는 말에 수행이라는 단어를 결합한 '수행관리'는 관리의 개념을 보다 구체화하고 단계화한 것으로 실행단계를 강조한 것이다. 최적화한 수행관리는 목적을 달성하기 위해 전략적 목표를 설정하고, 설정한 목표 달성을 위해 개인이나 조직이 보유한 기계나 사람 등 유형 자원과 창조적 아이디어, 기술적 노하우, 그리고 기업의 브랜드 가치 등 무형의 모든 자원을 최적으로 조직화하는 것이다. 이어서 목표 달성이 실행되는 수행과정을 점검하여 필요하다면 수정 보완 조치를 실행하며, 실행 중 새롭게 발견된 아이디어에 대해 개방적인 자세로 설정한 목표 이상의 결과를 만들어 냄으로써 성과 달성을 넘어 이해관계자 모두가 감동하도록 하는 것이 바로 '최적화 수행관리'이다.

최적화 수행관리를 잘 설명하는 사례는 인천대교 건설 사업이다. 인천대교 건설 사업은 인천국제공항이 있는 영종도와 인천경제자유구역인 송도국제도시를 잇는 최대 6차로, 총 길이 21.38km의 고속도로를 건설하는 사업이다. 이 중 서해를 횡단하고 연속적으로 이어지는 교량 구간이 인천대교이며, 그 길이는 18.38km로 우리나라에서 가장 크고 긴 다리이다. 이 건설 사업은 계획했던 완공일을 단 하루의 일정도 지체 없이 달성하였으며, 단 1원의 추가 공사비 없이 오히려 신공법의 개발로 총 건설비용을 절약하여 계획대로 인천대교 프로젝트를 수행하였다.

인천대교 프로젝트 사례와 같이 경영의 수행관리는 목적 달성을 위해 조직이 가진 모든 자원을 효율적·효과적으로 결합 배분 조정하는 것이다. 그렇다면 효율과 효과의 의미는 무엇이며 어떤 의미의 차이가 있는가? 효율과 효과는 그 뿌리가 생산요소의 투입(input)과 결과물(output)의 비례관계에서 시작된다. 그런 이유로 '효율'과 '효과'라는 용어가 혼용되어 같은 의미로 사용되기도 한다. 그러나 분명히 '효율'과 '효과'는 글자도 다르고 개념상의 차이도 존재한다. 생산요소의 투입과 결과물 중 무엇에 초점을 맞추는가에 따라 효율성과 효과성은 의미의 차이가 발생한다. 효율적이라고 하면 같은 결과물을 얻기 위하여 투입물의 소비를 감소시키는 과정이다. 그래서 효율은 과정이며, 방법을 중요시하는 개념이다. 반면 효과적이라고 하면 같은 생산요소를 투입하여 더 좋은 결과를 창출하도록 결과에 초점을 맞추는 것이다. 그래서 효과는 결과라고 한다.

예를 들어 결과 보고서를 작성하는 과정에서 이전에는 4시간 투자하여 보고서를 완성하였으나 이번에는 같은 보고서를 2시간 만에 작성했다면 효율적으로 일한 것이다. 효과적으로 일했다는 것은 같은 4시간을 투자하여 보고서를 만들었는데 이번 보고서에 대해서는 상사나 이해관계자가 지난 보고서보다 더욱더 만족스럽게 생각하는 것이다. 두 가지 경우를 결합하여 보고서 작성을 위해 4시간 투입에서 2시간으로 시간 투자를 줄였는데 이해관계자가 이전 보고서보다 더 만족스러운 반응을 보인다면 업무 수행자가 보고서 작성이라는 업무를 효율적이며 효과적으로 수행한 것이 된다.

현대적 관리 개념은 테일러의 과학적 관리에서 시작된다

테일러Fredrick Winslow Taylor의 과학적 관리의 원칙(The Principles of Scientific Management, 1947)은 관리 개념의 이해를 돕는다. 그는 일찍

부터 효율성과 생산성에 관심을 두고 있었고, 철강회사에서 근무하면서 노동자들이 실제 능력보다 훨씬 느린 속도로 일하고 있는 현상을 발견하였다. 테일러는 철강회사 관리자들이 인식하지 못했던 실제 능력에 미달하는 속도로 일하는 비효율적 현상을 근절하기 위해 여러 가지 관리 기법을 개발했다. 그는 미드베일 공장의 모든 직무를 분석하여 직무마다 표준화된 작업방법을 개발했으며, 노동자의 생산량을 기준으로 임금을 지급하는 새로운 보수체계도 도입했다. 테일러가 생산성 증대를 모색한 테일러 시스템(Taylor system)이라는 과학적 관리론은 노동자들의 생산량 증대에 기여하였다.

그는 생산 공정에 있어서 개개의 작업을 요소 동작으로 분해하고 각 요소 동작의 형태, 순서, 소요 시간 등을 '시간 연구(Time Study)' 및 '동작 연구(Motion Study)'에 의해 표준화함으로써 하루의 작업량을 설정한 후, 이것을 기준으로 관리의 과학화를 도모하려고 하였다. 그리하여 작업 수행에서 낭비와 비능률을 제거하고 생산 과정에 있어서 필요한 지식과 기술을 활용해서 생산의 효과를 올렸다. 어떠한 과업이든 그것을 수행하는 데는 '최선의 방법(one best way)'이 있고, 과학적 연구를 통하여 발견되고 개발될 수 있다고 믿었다. 이러한 최선의 방법을 발견, 개발, 적용하는 것이 관리자의 3가지 책임이라고 전제하고 다음과 같은 6가지 원리를 주장하였다.

① 시간 연구의 원리

모든 생산적인 노력은 정확한 시간 연구로 측정되어야 하며 공장에서 행해지는 모든 작업에 대하여 표준 시간이 설정되어야 한다.

② 성과급의 원리

임금은 산출에 비례해야 하며 그 비율은 시간 연구로 결정된 표준에 따라야 한다. 당연히 노동자에게 그가 할 수 있는 최고 수준의 작업이 이루어져야 한다.

③ 계획과 작업 수행 분리의 원리

경영자는 작업을 계획하고 그 작업 수행을 물리적인 면에서 가능하도록 하는 책임을 맡아야 한다. 시간 연구와 자료는 과학적으로 결정되고 체계적으로 분류되어야 한다.

④ 과학적인 작업 방법의 원리

경영자는 작업 방법에 관한 책임을 맡아야 하며 최선의 방법을 결정하고 이에 따라서 노동자를 훈련해야 한다.

⑤ 관리 통제의 원리

경영자는 경영과 통제에 과학적인 원리를 적용할 수 있는 훈련과 교육을 받아야 한다.

⑥ 기능적 관리의 원리

관리자는 전문가의 도움을 받아서 업무를 조정하고 개선을 통해 목표 달성에 기여할 수 있도록 해야 한다.

그의 과학적 관리론은 공식적 규칙, 전문화, 책임의 분업, 직무분석을 통한 분업의 적용으로 대량생산을 가능케 하였다. 경영관리의 일반원리를 주장함으로써 이들 원리를 적용하는 데 필요한 유능한 인재 양성의 필요성을 인식하게 하였으며 무엇보다도 과학적 관리 방법을 통하여 생산성과 산출의 질 향상에 관한 관심을 두게 하였다.

경영관리의 핵심은 사람이다

일반 관리론의 아버지라 불리는 페이올^{Henri Fayol}은 1916년 프랑스 광산에서 근무할 때 저술한 '산업 및 일반관리'에서 기업의 본질적인 활동을 소개하면서 관리활동은 인적 활동이고 기업 규모가 클수록 관리기능이 확대된다고 주장했다. 그가 주장한 관리활동의 5요소는 계획, 조직, 지휘, 조정, 통제이다. 이후 관리업무를 수행하는 과정에 대하여 많은 학자의 다양한 주장이 있었으며, 여기서는 쿤츠H. Koontz와 오도넬C. O'Donnell이 주장한 관리 과정인 계획 수립, 조직화, 충원, 지시, 통제의 다섯 가지 관리 과정을 소개하고자 한다. 이상의 5가지 경영관리 요소는 단계별로 진행되는 순환 과정을 이루고, 요소별로 밀접한 상호 관계를 갖고 있다.

① 계획 수립(planning)은 미래 하고자 하는 일을 현재 시점에서 작성하는 것으로 예측, 목표의 설정, 방침의 결정 등을 포함한다. 개인적으로도 계획을 수립하면 보다 효율적이며 효과적으로 업무를 수행할 수 있다. 특히 조직에서는 구성원 모두가 계획 수립 내용을 이해하고 있어야 기능별로 손발이 맞아서 차질 없이 업무 수행을 진행할 수 있다. 계획 수립은 대상 시간의 장단에 따라 장기 계획과 단기 계획으로 구분하며, 대상 활동의 범주에 따라 부분 계획과 전체 계획, 그리고 경영계층에 따라 전략계획과 전술계획 그리고 운영계획으로 구분한다.

② 조직화(organizing)란 목표 달성을 위해 일의 특성에 맞게 적합한 사람을 결부시키는 기능이다. 조직에서의 목표 달성과 업무 수행은 구성원 모두가 이해할 수 있으며, 효율적이며 효과적인 방법의 준거가 되는 합리성을 바탕으로 일이 이루어져야 한다. 일의 완성을 위하여 해야 할 역할과 책임을 정하고 그 역할과 책임에 적합한 인력을 배치하는 일이다.

③ 충원(staffing)은 조직의 목적과 목표 달성을 위하여 합리적으로 편성한 조직구조도에 역할을 수행하고 책임을 다할 수 있는 적합한 인재

를 선발하여 배치하는 것이다. 충원 시 직원의 성격, 성장 배경, 근무 경력, 흥미, 개인적 사정 등을 고려하여 업무 수행에 차질이 발생하지 않도록 하여야 한다. 만약 주어진 역할을 수행하는 데 있어서 업무 역량이 부족하다면 역량을 개발할 기회를 제공하고, 필요한 교육 계획을 수립하여 직원의 역량을 개발하여야 한다.

④ 지시(directing)는 구성원이 자발적인 업무활동을 할 수 있도록 동기부여 또는 활력을 제공하는 기능이다. 지시 기능이 제대로 작동되기 위해서는 구성원의 역량과 의욕을 면밀히 관찰하여 역량이 출중하고 의욕이 넘치는 인재라면 직무 수행을 위임하는 것이 가장 좋은 지시방법이며, 역량 수준이 낮고 의욕이 없는 직원이라면 될 수 있는 대로 업무 수행에 대하여 세밀하게 지시·지도하는 것이 업무를 차질 없이 진행하는 지시방법이다. 또 역량은 있으나 의욕이 떨어진 직원이라면 업무의 시작부터 적극적으로 참여시켜서 자발적으로 업무를 수행하게 해야 한다. 관리자는 성과 달성을 위해 수행해야 하는 업무 성격, 구성원의 능력과 의욕, 구성원과의 관계 등 상황에 적합하게 효과적으로 영향력을 미칠 지시방법이 무엇인지를 생각해서 업무 지시를 해야 한다. 또한, 수행을 지원하기 위한 활동으로 직원의 동기부여를 위한 인센티브제 도입 등 다양한 성과 보상 제도를 시행하고, 직원 간 원활한 소통을 위한 팀 회의 제도, 1대 1 상담제, 워크숍 등 커뮤니케이션을 활성화하는 사내 커뮤니케이션 제도 등을 도입하여 실행할 필요가 있다.

⑤ 통제(controlling)는 직원의 업무 수행 활동이 계획한 일정과 수행 기준에 따라 실행되고 있는가를 검토하고 평가하고 보상하는 활동이다. 업무 수행 일정이 계획된 일정보다 늦어지면 이에 따라 지급해야 하는 비용이 늘어나게 된다. 또한, 생산된 제품이 고객이 요구하는 질적 기준보다 낮게 되면 고객 불만을 일으키게 되고 판매에 부정적인 영향을 미

치게 된다. 따라서 통제는 업무 수행과정을 모니터하고, 바람직한 기준과 차이가 발생하는 경우 수행과정에 개입하여 업무 수행을 수정·변경하고, 성과 제고를 위해 평가하고 보상하는 기능을 말한다. 평가는 프로젝트 수행의 확실성을 담보하고, 구성원의 동기부여와 사기에 지대한 영향을 미치기 때문에 평가를 정확히 하기 위해서는 될 수 있는 대로 계량화된 양적지표를 개발하여 그 결과를 숫자로 평가하고, 실행과정도 수행지표를 개발하여 평가하도록 한다. 평가 결과가 기대에 미치지 못한 경우는 개선책을 검토하여 실행하여야 하며, 만족하는 결과에 대해서는 기여한 사람에 대한 보상이 주어지도록 한다. 평가 후 개선과 보상 없는 통제활동은 시간 낭비일 뿐이다.

이처럼 관리의 과학적 의미와 경영관리 활동의 계획, 조직화, 충원, 지시, 통제의 5가지 활동 요소의 내용을 분석하였을 때 효율과 효과를 지배하는 가장 중요한 자원은 인적자원, 즉 사람임을 알 수 있다. 일은 사람이 하며, 일하는 사람이 창의적이며 열정적으로 헌신하여 업무를 수행할 때 효율성과 효과성이 증대되는 것이다. 사람을 어떻게 관리하는가가 경영관리의 핵심이 된다. 따라서 경영관리의 성과는 자연스럽게 사람 관리를 어떻게 했는가에 의하여 결정되는 것이다.

온정적 합리주의 리더는 조직의 비전과 전략 목표를 명확히 하여, 조직 구성원과 공유하며, 구성원의 적성, 흥미, 성격, 역량 등 특성을 고려하여 업무에 요구되는 스펙에 적합하게 적재적소에 업무 역할을 분담 배치한다. 그리고 조직에서 일하는 사람들의 기분을 잘 이해하여 그들이 동기부여 되어 자신의 잠재된 역량을 최대한 발휘할 수 있도록 소통, 보상 등 관련 시스템을 구축하여 지원한다. 또한 목표 달성을 위한 구체적 실천계획을 수립·실행하고, 실행 과정을 모니터하여 평가하고, 필요한 개선 조치를 함으로써 당초에 기획하였던 결과뿐 아니라 기대 이상의 성과를 내도록 실행 관리하는 것이다. 그러므로 경영관리란 사람을 통해서 일이 되도록 하는 것이라고 한다(to get things done through other people).

조직(팀)관리를 위한 최적화 수행관리 5단계

경영관리 이론에 근거하여 조직의 리더로서 실제로 어떻게 최적화 수행관리를 성공적으로 실행할 것인가? 먼저 사명과 비전에서 시작하여, 실행을 위한 전략적 목표의 설정, 자원을 조직화하는 실행계획의 수립, 계획을 실행하고 통제 관리하며, 마지막으로 기대 이상의 성과를 자극하는 5단계별 접근을 통해 최적화 수행관리를 실행할 수 있다.

[그림 4-1] 조직(팀) 관리를 위한 최적화 수행관리 5단계

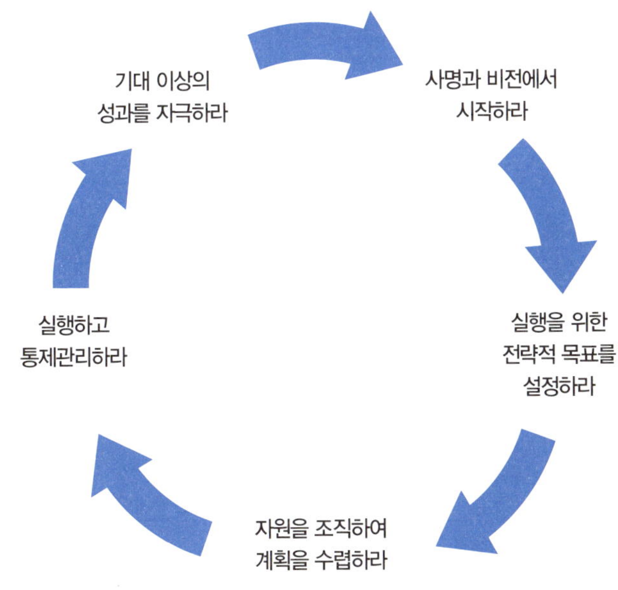

사명과 비전에서 시작하라

온정적 합리주의 리더의 리더십 발휘의 최적화 수행관리는 먼저 사명과 비전을 명확히 하는 것에서부터 시작한다. 어떤 개인이나 팀, 단체, 영리든 비영리 조직이든 그 조직이 존재하는 이유를 명확히 하는 사명(mission)과 미래의 일정 시점의 바람직한 모습을 보여주는 비전(vision)이 필요하다.[66] 사명과 비전은 조직 구성원 모두가 하나가 되어 미래를 개척하고 앞으로 나아가야 할 방향을 명확히 하는 것이다.

조직의 사명은 조직의 존재 이유로 우리 기업은 이런 기업이라고 하는 정체성을 명확히 하며 기업이 추구하는 최고의 목적 또는 가치를 나타낸다. 예를 들어 한국을 대표하는 기업 중 하나인 삼성그룹의 사명은 '인재와 기술을 바탕으로 최고의 제품과 서비스를 창출하여 인류사회에

공헌한다.'이다. 또한, 글로벌 컨설팅 회사인 매킨지 컨설팅의 사명은 '우리는 선도적인 기업과 정부가 좀 더 성장할 수 있도록 돕기 위해 존재한다.'이다.

비전은 미래 일정 시점의 바람직한 모습으로 구성원에게 방향성을 제시하고 비전 달성을 위해 참여하도록 동기부여할 수 있다. 그래서 삼성그룹은 '사람과 사회를 생각하는 글로벌 일류기업 삼성"이라는 경영철학과 비전을 갖고 있다.

사명과 비전의 기능은 다양하다. 무엇보다도 중요한 기능은 구성원에게 동기부여한다는 것이다. 구성원으로부터 사명의 완수와 비전 달성을 위해 헌신을 이끌어 낼 수 있고, 자신이 하고자 하는 일의 중요성을 인식하게 하여 구성원의 잠재된 역량까지 발휘하도록 만들어 사명과 비전 달성에 기여하게 한다. 또한, 구성원에게 자기 삶의 의미를 부여해 줌으로써 자기 존재감을 느끼고 인생을 살아가도록 돕는다. 특히 비전이 정확한 미래 예측에 기반을 두고 있을 때 구성원에게 동기부여의 강력한 힘을 갖게 한다. 이처럼 사명과 비전이 추구하는 목적과 존재 이유를 명확히 하고 미래의 모습을 보여줌으로써 업무 수행의 기준을 제시하고 현재와 미래를 연결하는 고리의 기능을 하게 된다.

온정적 합리주의 리더가 어떤 단체나 팀 조직을 맡았다면 먼저 팀이나 조직의 사명 선언서(statement)를 작성해 본다. 될 수 있으면 같이 업무를 수행하는 동료와 함께 작성함으로써 구성원 모두가 조직의 사명과 비전을 공유하여 하나가 되어 한 방향으로 나아가도록 하는 것이다.

사명 선언서 작성을 위해 먼저 고민해야 하는 주제는 누가 우리 팀의 핵심고객(who)인가 하는 것이다. 조직이 만족하게 해야 하는 고객, 즉 누구를 위해 조직이 활동하는가를 구체적으로 정의해야 한다. 다음으로 고객이 얻고자 하는 핵심가치이다. 즉, 고객이 우리에게 무엇을 원하고 있는가를 명확히 하는 일이다. 고객이 추구하는 핵심가치를 이해하고 그 가치를 제공했을 때만이 우리는 존재 이유가 명확해지는 것이다. 마지막으로 핵심 업무를 정의하는 일이다. 고객이 얻고자 하는 핵심가치를 어떤 방법으로 우리 조직이 제공해 줄 수 있는가를 구체적으로 기술하는 것이다.

온정적 합리주의 리더는 자신이 속한 조직의 사명 선언서를 작성하여 구성원과 공유하며, 1년에 두 번 정도 반기 주기로 사명 선언서 내용을 검토하여 조직이 처한 상황에 따라 변경된 부분에 대하여 수정하고 보완해야 한다. 사명 선언서 작성 후 가장 큰 문제는 사명 선언서가 액자 안에 죽어버린 문장이 되는 경우이다. 이를 방지하기 위하여 리더는 구성원을 만나는 기회마다 장소와 시간에 불문하고 자연스럽게 비전과 사명을 이야기해야 한다.

사명과 비전 공유 실태를 조사하게 되면 놀랍게도 공유 수준이 기대에 크게 미치지 못한다는 것을 알게 된다. 이렇게 공유 수준이 미흡하다는 것은 거의 모든 기업에서 발견되는 현실적 상황이다. 이처럼 전체 구성원과 비전과 사명을 공유한다는 것은 쉽지 않은 일이다. 왜냐하면, 사람은 저마다의 사물을 인식하는 사고인식 체계를 갖고 있어서 리더 자신이 느끼고 인식하는 수준 정도로 구성원이 인식한다는 것은 현실적으로 어렵기 때문이다. 그래서 온정적 합리주의 리더는 사명과 비전 공유를 위하여 때와 장소를 가리지 않고 사명과 비전을 반복적으로 이야기해야 한다.

실행을 위한 전략적 목표를 설정하라

다음으로 해야 할 일은 비전과 사명을 달성하기 위한 전략적 핵심 목표를 설정하는 일이다. 분명한 목표는 명확한 결과를 만들어 낸다. 구체적이며 명확히 설정된 목표는 직원들이 어떻게 행동해야 하는지를 제시한다. 예를 들어 「2020년 매출 목표 200억 원 달성 및 조강 생산 5만 톤」이라고 했을 때, 직원들은 우리 회사에서 2020년에는 철강을 5만 톤 생산하여 목표 매출 금액 200억 원 판매를 달성한다는 것을 명확히 인식할 수 있게 된다.

전략적이라는 의미는 비전과 사명 달성을 위해 가장 중요하며, 필수불가결하고 결정적인 방법을 의미한다. 비전과 사명을 달성하기 위해 시장 상황을 파악하고, 자신의 제 자원을 분석하며 다양한 대안을 개발하고 평가한다. 또한, 대안의 실행으로 그 영향이 미칠 수 있는 다양한 영역, 즉 재무적 성과, 구성원과의 신뢰관계, 팀의 생산성, 그리고 이해관계자와 관계 등을 고려하여 전략적 의사결정을 내려 목표를 설정한다. 전략적 목표는 SMART하게 작성해야 한다. SMART는 구체적(Specific), 측정 가능하게(Measurable), 달성 가능한(Attainable), 결과 중심으로(Result-oriented), 시간을 한정하여(Time-bounded)를 말한다.

구체적으로 목표를 설정하는 것은 달성하고자 하는 바람직한 결과, 즉 성과가 무엇인지를 나타내는 것이다. 목표는 조직 구성원의 오해가 없고 이해하기 쉬우며, 명확하게 표현되어야 한다. 비전 달성을 위해 설정한 목표를 달성하기 위하여 막연히 매출을 증가시키도록 하겠다가 아니라 어떤 제품의 매출을 얼마만큼 증가시킬 것인지가 구체적으로 명확하게 제시되어야 한다. 목표는 객관적으로 어느 정도 달성되었는지 측정되고 확인될 수 있어야 한다. 측정되었을 때 관리를 할 수 있고, 관리를 통한 개선이 가능하다. 측정할 수 없다면 어느 정도 향상되었는지 알 수가 없어서 어떤 조처를 해야 할지 결정하기가 어렵다. 따라서 측정할 수 있게 하려면 정량적·정성적으로 지표화된 주요 성과지표(KPI)를 개발하고 활용하는 것이 필요하다. 숫자로 표현된 목표는 질적으로 표현된 목표보다 목표 달성 정도를 입증하고 점검하기가 쉽다. 예를 들어 경영의 재무적 지표인 매출액은 기업 성장을 표현하는 핵심적 KPI 결과지표로 작년 매출액이 200억 원이었는데 올해 매출액이 180억 원이라고 한다면 숫자를 통해 명확하게 매출이 부진한 사실을 파악할 수 있다.

달성 가능한 목표를 설정했을 때 인간은 동기부여가 되어 목표 달성을 위해 의욕적으로 노력하고 도전한다. 목표 수준이 낮다면 아무런 노력을 기울이지 않아도 목표가 달성될 수 있고 너무 높으면 어떤 노력을 하여도 목표 달성이 난망하다고 생각하기 때문에 열성을 갖고 헌신의 노력을 기울이지 않게 된다. 당연히 목표 달성에 대한 성취 욕구가 좌절되어 동기부여에 실패하게 된다. 달성 가능하며 의욕적인 도전적 목표를 설정함으로써 조직과 개인이 동기부여가 되도록 한다.[67]

목표는 최종적인 결과와 관련하여 설정되어야 한다. 세부적인 사항을 목표로 설정할 수도 있지만, 결과로부터 목표가 설정되어야 자신이 하는 활동에 대하여 의미를 두고 헌신의 노력을 기울일 수 있다. 예를 들어 연말까지 마라톤 20km를 뛰겠다고 목표를 설정하게 되면 연말까지 목표 달성을 위해 우리가 무엇을 해야 하는지를 알 수 있다. 즉, 매일 30분 정도 5km를 뛰어서 단계적으로 주행 시간을 늘려나갈 때 목표 달성이 가능해지는 것이다.

시간을 한정하지 않으면 실제적인 행동이 촉발되지 않는다. 시간이 정해졌을 때 설정된 목표 달성을 위해 행동하게 된다. 실제로 시간 설정은 행동의 방아쇠이다. 우리가 총을 쏠 때 방아쇠를 당기지 않은 한 총알은 발사되지 않는다. 행동하지 않으면 목표는 달성될 수 없다. 예를 들어 제조 프로세스상 KPI에는 제조시간, 언제부터 언제까지 할 것인지를 명확히 기술하여 설정해야 한다.

자원을 조직화하여 실행계획을 수립하라

전략적 목표가 설정되었다면 이제는 자원을 조직화하여 구체적으로 활동 계획을 수립해야 한다. 일반적으로 기업에서는 관리 활동으로 KPI 란 지표가 많이 활용되고 있다. KPI란 Key Performance Indicator의 약자로 프로세스, 제품수율, 불량률, 제조원가 등이 있다. KPI로 설정된 실행계획은 부서별 개인별로 짜게 하고, 계획의 목표를 KPI로 나타내서 제출케 한다. 실행목표의 제출과 함께 그 계획을 달성하기 위해 구체적으로 4M(사람, 돈, 기계, 방법)의 자원이 어떻게 소요되는지 자원소요계획을 요청케 해서 자원을 배분토록 한다. 온정적 합리주의 리더는 자원배분의 적절성을 판단하여 실행계획이 달성될 수 있도록 효율적으로 배분하고 조정한다. 이렇게 해야 각 팀과 직원은 책임지고 목표 달성에 매진하게 되고, 실행목표와 자원배분의 정합성이 확보된다.

조직에서 목표 달성은 구성원과 함께 직무를 분담하여 실행하게 된다. 목표 달성을 위해 해야 할 일을 자세히 기술하고, 구성원의 흥미, 적성, 역량, 시간, 자격 등을 고려하여 업무분담을 공정하게 시행한다. 분담된 업무에 대해서도 실행자, 지원자, 후원자, 협조자, 책임자 등의 역할을 정하여 목표 달성을 위한 업무 수행에 차질이 발생하지 않도록 하며, 상호 협력적이며 전문성을 살려 일할 수 있도록 조직화한다. 또한, 역할을 맡은 직원과 함께 직무의 성공적 수행을 위해 필요한 자원 지원을 토론하여 조직이 보유한 유무형의 자원을 효율적으로 지원할 구체적 지원계획을 수립한다.

조직이 가진 자원은 유형자원, 무형자원, 인적자원으로 나눌 수 있다. 유형자원은 눈에 보이는 자원으로 공장, 기계, 건물 등 물적 자산과 금융자산이다. 무형자원은 눈에 보이지 않은 자원으로 조직이 보유한 브랜드, 기술 특허, 조직 문화 등이다. 인적자원은 유형이라고 할 수도 없고 무형이라고 하기도 어려운 자원으로, 조직 내 인력이 보유하고 있는 노하우나 기술 등이다. 기업의 경쟁이 격화되는 오늘날의 경영 환경에서는 갈수록 무형자원의 중요성이 강조되고 있으며 인적자원과 무형자원이 조직의 핵심적 경쟁력이 되고 있다.

자원의 배분 시 조직이 보유한 자원은 한정적이기 때문에 가장 효율적으로 활용될 수 있도록 적절하게 배분되어야 하는데, 예를 들어, 신규로 사업을 시작하는 팀일 경우 신규 사업의 리스크를 고려하여 여유 있는 자원을 지원하지만, 기존 사업의 경우는 그동안의 경험을 근거하여 절제된 자원을 지원한다. 구체적이지 않은 계획은 자원의 불필요한 낭비를 초래한다. 업무 수행에 필요한 소요 자원을 엄밀하게 분석하여 효율적으로 적절하게 배분한다.

계획 수립에서 유의해야 할 한 가지는 여유 있고 융통성이 있어야 한다는 것이다. 물론 되도록 구체적이고 정확한 일정 계획을 수립하는 것이 바람직하다. 하지만 미래는 불확실하고 예측을 하더라도 잘 못될 수 있으므로 수행과정에서 환경 변화에 따라 계획 수정 등 융통성을 발휘할 여지가 있도록 계획을 수립한다.

실행하고 통제관리하라

구성원의 자율적 참여에 의한 실행을 이끌어 내는 방법은 무엇일까? 왜 리더들은 구성원의 헌신적 참여를 이끌어 내지 못하고 동기부여에 실패할까? 구성원의 헌신적 실행을 이끌기 위해서 무엇을 해야 하는가?

전략적 목표를 달성하기 위해서는 계획한 대로 일이 수행되어야 한다. 계획한 일을 수행하는 것은 바로 역할을 맡은 사람이다. 그 일을 하는 직원이 동기부여가 되어 있지 않다면 계획한 대로 업무가 수행되지 않을 뿐 아니라 업무를 수행하더라도 실패할 가능성이 커진다. 업무가 계획대로 실행되도록 하려면 역할을 맡은 구성원에 대한 동기부여가 절대로 필요하다. 따라서 리더는 직원 개개인에 대하여 관심을 두고 그들에게 동기를 부여할 방안을 고민하여야 한다.

동기부여와 관련하여 체계적으로 정리한 길버트^{Tomas F. Gilbert}의 '식스 박스(6 box) 동기부여 이론'에서는 동기부여 요인을 6가지로 나누고 있다.[68] 6가지 동기부여 실패 요인은 첫째, 목표 등 인식의 부족, 둘째, 지원 도구 부족, 셋째, 외적 보상 미흡, 넷째, 역량의 부족, 다섯째, 흥미 적성 불일치 그리고 학습된 무기력 등이 내적 동기의 결여이다. 구성원의 자발적인 실행을 끌어내어 계획을 성공적으로 실행하기 위해서는 개인별로 동기부여 실패의 원인을 분석하여 해결을 위한 적절한 조처를 해야 한다.

〈표 4-1〉 식스 박스 행동영향 모델　　　　　　　　[출처: Binder(1998), p.50. 재해석 후 구성]

1. 목표 및 수행인식 비전과 목표에 대한 인식 기대되는 업무 성과 인식 업무 수행 과정에 대한 인식	2. 업무 관련 지원 업무 수행을 위한 시간, 장비, 인력 등 인적·물적 지원	3. 외적 보상 탁월한 성과에 대한 인정과 보상, 금전적 인센티브, 승진 등
4. 역량 업무 수행에 필요한 기술과 지식, 고성과자의 특성에 근거한 교육훈련	5. 흥미와 적성 적성과 흥미를 고려한 직무 분담	6. 내적 보상 개인적 사정을 고려한 직무 분담과 작업환경 관련 심리적 보상 등

최적화 수행관리를 위해서는 구성원과 함께 목표를 공유하고, 업무 수행과정에 대한 충분한 정보가 피드백 되어, 자신이 잘하고 있는지 혹

은 못하고 있는지를 인식하여, 자발적으로 업무 수행을 개선해 나가도록 해야 한다. 업무 수행과정에 대한 인식은 리더나 직원이 공감할 수 있도록 객관적 기준에 따라 측정되어야 한다. 합의된 KPI 등 객관적 기준을 가지고 업무 성과를 측정하면 관리자와 직원 간 업무 수행에 관한 오해를 불식시킬 수 있다.

관리의 핵심은 측정이다. 측정 없이는 개선과 보상이 없고, 개선과 보상이 없다면 관리가 없는 것이다. KPI로 표시된 활동판을 만들어 일일 결산, 주간 결산, 월간·분기 결산을 한다. 목표치가 있으면 결산 점검했을 때 반드시 목표 달성, 초과 달성, 미 달성 여부가 나오게 되어 있다. 통제 목적의 활동은 업무의 추진사항을 관찰·측정·점검하여 계획 대비 기대 이상의 성과를 내고 있을 때는 칭찬하여 업무활동을 강화하는 일이다. 또 추진 내용이 미흡하거나 난관에 봉착해 있을 때는 문제의 현황을 파악하고 원인을 분석하여 해결방안을 모색하는 것이다. 리더로서 이해관계자와의 갈등이나 마찰로 인한 장애 발생의 경우에는 조정과 중재활동을 통해 지원하여 해결한다.

여기서 측정하고 평가하는 것의 목적은 두 가지이다. 하나는 실행과정이 원래의 계획한 방향으로 차질 없이 진행되도록 개선하는 것이며, 다른 하나는 실행과정 전반을 리뷰(Review)하고 최종 업무 성과에 대하여 기여한 사람에게 평가 보상을 주는 것이다. 최종 평가를 위한 활동은 다음과 같이 이루어진다. 먼저 일상의 업무 수행활동을 관찰하고 기록한 것을 정리하고, 직원에게 자신의 수행결과에 대한 자기 평가서를 받아서 검토·분석한다. 약속한 KPI를 기준으로 추가 성과 여부나 여건의 변화 등을 고려하여 평가한다. 마지막으로 당사자인 직원과 만나서 평가결과를 토론하고 공유한다.

프로젝트가 최종적으로 완결되었거나 회계년을 기준으로 업무가 완결되면 위의 활동을 통해 평가하고 그에 따른 보상 등 사후 조처를 내린다. 우수 평가자에 대해서는 직원 전체 모임에서 축하연을 베풀어 인정하고 특진이나 원하는 부서의 전보 등 포상한다. 부진자에 대해서는 문제점을 같이 분석하여 역량을 개발할 방법을 모색하거나 업무분담을 새롭게 하여 수행성과를 개선하는 방안을 찾는다.

세상을 바꾼 1%의 위대한 리더들은 하나의 공통점이 있다. 그들은 아이디어를 행동으로 실행했다는 것이다. 그들이 위대한 이유는 결국 그들의 아이디어가 남달랐다기보다는 아이디어의 실행을 위해 행동했다는 것이다. 실제로 99%의 평범한 사람들도 수많은 아이디어를 갖고 있다. 하지만 그들은 자신의 아이디어를 실행하기 위한 실행력을 보이지 않는다. 곧 실행이 답인 것이다.

기대 이상의 성과를 자극하라

온정적 합리주의 리더는 계획한 목표 달성에 만족하지 않고 계획된 목표 이상의 성과 창출을 위해 구성원을 자극한다. 업무를 수행하다 보면 애초 계획했던 단계에서는 생각하지 못했던 아이디어가 실행단계에서는 새롭게 떠오르게 된다. 그러한 아이디어를 활용하면 계획된 목표 이상의 성과를 달성하게 되는 것이다. 온정적 합리주의 리더는 수행관리 시에 계획된 내용을 실행하는 것에 만족하지 않고 기대 이상의 성과를 낼 수 있도록 구성원을 자극한다. 그리고 계획된 성과를 달성했다고 하더라도 단기적 성과 달성에 만족하지 않고 늘 새롭고 더 높은 목표를 향해 나아간다. 세상은 끊임없이 변하고 있으며 새로운 기술이 개발되고 있다. 그래서 성과 달성과 동시에 새롭게 시작해야 하는 과제가 생겨나게 마련이다. 그리고 인간의 능력에는 무한한 잠재력이 있으므로 아무리 최선을 다했다 하더라도 다시 생각해 보면 진일보할 수 있는 여지가 언제나 남아 있다.

미국 경영지인 포춘^{Fortune}지로부터 1983년에서 1986년 4년간 연속으로 세계에서 가장 찬양받는 기업으로 선정된 컴퓨터 전문기업인 IBM은 그 후 불과 5년 뒤에 은행으로부터 구제금융을 받는 회사로 전락하게 되었다. 당시 개인용 PC가 메인프레임을 누르고 컴퓨터 시장을 주도하기 시작했으나 메인프레임 컴퓨터 시장에 안주한 IBM은 이런 시장 변화에 대응하지 못했기 때문이다. 이후 IBM은 새로운 성장 동력으로 인터넷을 이용한 e-비즈니스 사업에 진출하여 급속한 성장을 기록하게 된다.[69]

IBM처럼 사업에 성공했다고 해서 그 사업에 안주하게 되면, 그리고 수립한 계획을 실행하여 목표를 달성했다고 하여 목표 달성한 그 상태에 안주하게 된다면 더 이상의 성장과 발전은 불가능해진다. 우리가 사는 세상은 하루가 다르게 변하고 있고, 사업의 여러 분야에서 새로운 기술이 개발되고 새로운 경쟁자가 시장에 나타나기 때문에 현재 상태에 안주하는 것은 너무도 자연스럽게 스스로 패배를 자초하는 일이 된다. 따라서 온정적 합리주의 리더는 더 높은 이상적인 비전을 제시하여 구성원에게 동기부여하고, 새로운 관점에서 현실을 인식하도록 지적인 자극을 주며, 구성원을 개별적으로 배려하여 한 차원 높은 기대 이상의 성과를 창출하도록 동기를 부여한다.[70]

이처럼 온정적 합리주의 리더는 사명과 비전에서 시작하기, 실행을 위한 전략적 목표 설정하기, 자원을 조직화하는 실행계획 수립하기, 실행하고 통제 관리하기, 마지막으로 기대 이상의 성과를 자극하기 등 최적화 수행 5단계 프로세스를 통해 최적화 수행관리를 실행한다.

성공하는 리더들은 그렇지 않은 사람들과 다른 점이 있다고 한다. 이민우 교수는 「끌리는 사람은 1%가 다르다」는 책[71]에서 성공하는 사람들의 공통점으로 첫째로 즉각적인 만족과 장기적 보상 사이에서 장기적 보상을 선택하고, 둘째로 자신이 설정한 목표에 대하여 한시라도 눈을 떼지 않고 몰입하여 목표 달성을 위해 노력하며, 셋째로 절대로 포기하지 않고 목표를 이룬다는 것이다. 성공하는 사람이라 하더라도 실패는 불가피한 현상이지만 다른 점은 실패를 성공을 위한 학습의 기회로 삼아 다시 도전한다는 것이며, 도전에 성공하더라도 안주하지 않고 기대 이상의 성과 창출을 위해 앞으로 나아간다.

PART 02

온정주의가
세상을 바꾼다

포용적 겸손을 지녀라

공감적인 배려를 하라

이타적 협력을 하라

신뢰를 기반으로 임파워먼트하라

Chapter 05

포용적 겸손을 지녀라

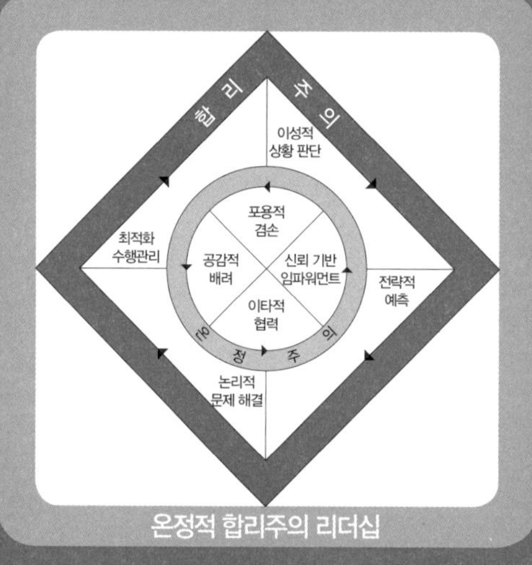

대산 같은 자부심을 가지되, 누운 풀처럼 자기를 낮추어라.

— 쇼펜하우어 Arthur Schopenhauer

파리에 사는 부자 페리숑 씨는 아내와 딸과 함께 알프스로 여행을 떠난다. 그의 딸을 사랑하는 두 청년 아르망과 다니엘도 딸에게 청혼할 기회를 얻기 위해 페리숑 씨의 가족과 동행한다. 여행 중 승마를 하던 페리숑이 말에서 떨어져 절벽 아래로 굴러 떨어지는데, 이때 아르망이 달려와 페리숑을 구해 준다. 아르망에 대한 딸과 아내의 고마움은 커져만 가는데, 정작 은혜를 입은 페리숑은 처음과는 달리 시간이 흐를수록 아르망이 도와준 사실을 별일 아닌 것으로 치부하려 애쓴다. 여행은 계속되었고 몽블랑 빙하 주변에서 트래킹을 하던 도중에 발을 헛디딘 다니엘이 크레바스로 떨어져 추락할 위기를 맞는다. 이때 페리숑이 가이드와 함께 다니엘을 끌어내어 그를 구해준다. 산장으로 돌아온 페리숑은 딸과 아내 앞에서 자랑스럽게 그 일을 떠벌이고, 다니엘 역시 페리숑이 도와주지 않았다면 자기는 죽었을 거라면서 아낌없는 찬사로 페리숑을 우쭐하게 한다.[72]

이 이야기는 프랑스의 극작가 라비슈Labiche의 「페라숑 씨의 여행」이란 작품의 전반부 내용이다. 당신이 페리숑이라면 아르망과 다니엘 중 누구를 당신의 사위로 맞을 것인가? 여기에서 페리숑의 딜레마는 시작된다. 두 사건 이후 페리숑은 아르망과 함께 있을 때는 초라하고 작아지는 느낌을 받지만, 다니엘과 있을 때는 자신이 가치 있고 대단한 사람이 된 듯한 착각에 빠진다. 결국 페리숑은 자신의 목숨을 구해준 아르망보다 자신이 목숨을 구해준 다니엘을 자신의 사위로 적극 지지한다. 이 희극 작품을 통해 드러나는 것처럼 인간은 자신이 잘한 것은 어떻게든 드러내어 과시하고 싶어 하는 강렬한 욕구를 지니지만, 자신이 감사하고 겸손해야 하는 대상이나 상황에는 부담을 느끼며, 그 고마움을 축소하고 싶어 하는 이기적인 존재이다. 아르망이 아닌 다니엘을 선택했을 경우 자신의 존재감이나 우월함이 더 빛을 발할 수 있을 것이라는 심리가 페리숑 씨에게 작용했던 것이다. 페리숑 씨의 선택은 윤리적인 잣대로 볼 때 이해하기 어려운 것 같지만, 의외로 흔하게 접할 수 있는 겸손에 대한 인간의 이중적 심리를 잘 묘사하고 있다. "겸손은 미덕 중에서 가장 터득하기 힘든 덕목이다. 왜냐하면, 자기 자신을 높이려는 욕망보다 더 없애기 힘든 것은 없기 때문이다."라는 엘리엇T.S.Eliot의 말처럼, 페리숑 씨의 파렴치한 행위 이면에는 이러한 욕망이 존재했을 것이다.

'페리숑 씨의 여행' 같은 허구에서 뿐만 아니라, 실제 삶에서도 우리는 자발적으로 혹은 타인들의 시선 때문에 이런저런 선행을 한다. 현금이 가득 들어있는 지갑을 주워 주인을 찾아 돌려주기도 하고, 먼저 세상 뜬 친구 자녀의 대학 등록금을 대주는 등 기억의 상자를 열어 보면 여러 가지 흐뭇한 사건들이 가득할 것이다. 또한, 우리는 살면서 크고 작은 성과나 성공을 통해 우리 삶의 목표와 좀 더 가까워지는 것을 느끼기도 한다. 학창 시절의 수상 경험, 취업, 승진, 마라톤 완주 등 각기 색깔과 모양은 다르지만, 가슴 뿌듯한 성취 경험이 있을 것이다. 보통 사람들은 이런 경험을 주변 사람들이 알아주기를 내심 바라고, 그들에게서 인정과 칭찬을 받고 싶어 한다. 그런데 나에게 이렇듯 자랑스러운 사건들이 있는 것처럼 누구에게나 이런 사건들은 있기 마련이다. 그런데도 우리는 나의 것만 더 귀하고 가치 있게 보려는 삐딱한 에고가 존재한다.

겸손(謙遜)의 사전적 정의는 '자신을 낮추며 상대방을 인정하고 높이는 욕심 없는 마음 상태'이다. 그러나 종종 자신을 낮춘다는 것은 상대를 낮게 보고 있다는 것을 내포하기도 하므로 진정한 의미의 겸손은 아니다. '겸손을 의식하는 것은 아직 교만의 뿌리가 남아있는 증거이다.'라는 현자들의 표현처럼 겸손은 의식적인 노력으로 얻어지는 덕목이라기보다는 올바른 자기 인식에 바탕을 두고 자기가 속해 있는 세상을 존중하고 사랑의 실천을 통해서 자연스럽게 얻게 되는 부산물이라고 할 수 있다.

한편, 포용(包容)의 사전적 정의는 '남을 너그럽게 감싸 주거나 받아들이는 마음 자세'로, 인간 의식의 단계를 과학적으로 연구한 '의식(意識) 지도의 창시자' 호킨스David R.Hawkins는 포용이란 오해나 왜곡된 감정 없는 균형적이고 조화로운 관점이라고 했다.[73] 즉, 포용의 수준에 있는 사람들은 좋고 나쁨, 옳고 그름에 관심을 두기보다는 문제 해결에 집중하며, 다양성과 차이를 존중한다. 포용하는 마음은 감정적인 온화함과 여유를 가져오고, 가식과 부정의 단계를 벗어나 개방적으로 사고함으로써 보고 느끼는 능력을 넓고 깊게 확장한다.

유교적 전통이 뿌리 깊은 우리 사회에서 겸손은 종종 자기비하라든지, 자기의 생각이나 주장을 표현하지 않는 것으로 오해되기도 한다. 이런 맥락에서 개인의 자유나 권리의 행사는 겸손이라는 강요된 미덕 속에 감춰지게 되고, 이는 창의성과 다양성을 통한 개인과 사회의 성장에 걸림돌이 된다. 이렇듯 겸손에 대한 잘못된 이해는 건강한 자아뿐 아니라, 성숙한 사회를 이루어 가는 데도 장애가 된다.[74]

기초적 수준의 겸손이 자신을 낮추고 드러내지 않으면서 상대방을 높이려는 마음 자세라면, 최상의 겸손은 다른 사람들의 인격과 권리를 존중하고, 평등의 가치를 중요시하는 포용의 마음이 수반된다. 다시 말해, 포용적이고 겸손한 사람은 자신에 대한 가치를 낮추지 않으면서 다른 이들의 가치를 높이 평가하고 존중하며, 경험의 의미를 이해하고, 사물에 대해 '부분적이 아닌 전체적인 이해'를 할 수 있는 능력을 갖추게 된다.

겸손이라는 영어 단어 'humility'의 어원은 라틴어 'humus'인데, 그 뜻은 흙이며, 포용은 영어로 'embracement(끌어안음, 포용)', 'tolerance(인내)'를 뜻한다. 어떤 나무의 뿌리든 감싸 안고 잎과 열매를 맺을 수 있도록 적절한 수분과 양분을 공급하는 모든 생명의 원천이면서도 자연과 인간의 가장 낮은 곳에 있는 '흙'과 '대상'을 있는 그대로 감싸 안는다는 '포

'용'의 어원을 사색하는 것만으로도 포용과 겸손은 인간이 갖추어야 할 가장 필수적인 덕이면서 가장 도달하기 어려운 덕임을 엿볼 수 있다.

예를 들어, 새로운 프로젝트 기획 회의에서 서열상 나보다 한참 아래인 대리가 부장인 내 아이디어를 비판하고 더 그럴듯한 아이디어를 냈을 경우, 나라면 기꺼이 내 아이디어를 포기하고 대리의 아이디어를 포용할 수 있을까? 부장으로서의 체면 혹은 상황적 압력 때문에 마지못해 수용했을지는 몰라도, 아마도 쉽사리 그런 용기를 내지는 못 할 것이다. 보통의 우리에게는 회사의 성과보다는 나의 자존심을 지키고 내 마음에 상처를 받지 않는 것이 더 소중하다. 더욱이 포용이란 최고 수준의 겸손한 마음일 때에만 드러나기 때문이다.

포용적 겸손이든, 가식적 겸손이든, 혹은 오만이든 우리는 겸손과 얽혀있는 이러한 언행을 자주 접하게 된다. 무엇보다 겸손을 가장하기란 그리 어렵지 않은 일이지만, 진정성을 갖춘 겸손을 실천하는 것은 때때로 '나'를 생각조차 하지 않는 절제의 힘이 필요하다. 겸손 언행은 우리가 사회화 과정에서 학습한 것으로, 우리는 사회의 구성원으로서 살면서 학습해 온 사회문화적 규범이나 가치에 따르는 것이 우리에게 긍정적인 보상으로 돌아오리라는 것을 잘 알고 있다. 이런 이유에서 사람들은 대인관계에서 자신을 어떻게 상대에게 부각할 것인지에 상당한 관심을 쏟는데, 겸손한 언행은 집단을 이루고 사는 인간이 사회적 지지를 얻고, 긍정적인 사회적 관계를 통해 자아존중감과 자아에 대한 가치감을 유지하고 싶어 하는 발로라 할 수 있다.[75]

포용적 겸손은 신이 인간에게 내린 최고의 덕이며, 모든 덕은 겸손에서 시작된다는 격언처럼 온정적 합리주의 리더십이 실현될 수 있는 바탕이다. 기독교, 불교, 도교, 유교 등 여러 종교와 사상들도 겸손은 인간을 진정한 위대함으로 이끌어 주는 힘이라는 것을 강조하고 있는데, 이는 자신에 대한 공정하고 올바른 관념에 기초해 자신을 수용하고, 타인을 있는 그대로 인정하고 존중하는 포용적 겸손이야말로 우주와 인간관계의 질서에 순응하는 근원이기 때문일 것이다. 자기 생각과 행동에 대해 성찰적인 관점을 지니고, 다른 사람들의 비판적인 피드백에 대해서도 겸허한 자세를 가지며, 상대방의 다양한 의견을 경청하고 긍정적으로 수용하는 포용적 겸손을 실천하는 일은 온정적 합리주의 리더십을 향해 큰 걸음을 내딛는 것이다.

<h1 style="text-align:center">포용적 겸손의
개념과 가치를 알아라</h1>

마음의 허상은 높은 곳을 향한다

최근 페이스북이나 트위터 혹은 밴드, 카톡 등의 SNS 이용자들이 친구 수, 팔로워 수, 댓글 수 등으로 자신의 존재감을 확인하는 새로운 시대적 풍속을 보인다. 이들 대부분은 다른 사람들의 관심이나 인정으로 기운이 났다가, 그들의 무시나 비난 때문에 참담한 기분에 빠지기도 한다. 이러한 현상은 진정한 주체적 존재로서의 자기를 잃어버리는 것임에도, 우리의 에고(ego, 自我)나 자아상은 늘 타인의 관심, 인정, 칭찬, 사랑에 연연해한다. 알랭 드 보통 ^{Alain de Botton}의 말처럼 인간은 물질적인 관점뿐만이 아니라 정서적인 관점에서도 자신이 세상에서 차지하는 자리(위치)에 대해 불안과 강박증을 갖고 있다. 다시 말해, 인간은 물질적으로 많은 것을 성취하고 소유하고 싶어 하면서, 정서적으로도 인정받고 존중받고 싶어 하는 욕망을 품고 있다.[76]

포용적 겸손을 갖추기 위해서는 내 생각이나 마음이 만들어 내는 허상, 즉 에고에서 벗어나 진정한 자기 자신에 눈을 뜨고 인간 존재의 본질적인 정신을 보는 것이 우선되어야 한다. 세계적인 영성가 톨레^{Eckhart Tolle}에 따르면 '나'라는 의식, 즉 에고를 존재하게 하는 가장 기본적인 마음 구조는 동일시(identification)로, 우리의 에고는 기본적으로 소유, 육체, 생각의 세 가지 요소와 '나'를 동일시함으로써 '나'라는 잘못된 인식을 정립한다.[77] 소유와 동일시하는 나의 에고는 '나의 것'과 '나'를 같은 것으로 착각하면서 더 좋은 차, 더 큰 집, 더 많은 돈을 추구하는 욕망에 사로잡힌다. 육체와 동일시하는 우리의 에고는 외모나 신체적 매력에 우리를 집착하게 한다.

우리는 자기의 생각과 동일시되면 감정이 함께 반응한다. 프레임으로 '저 친구가 나를 무시한다'고 규정하면 모욕감이 생기게 되고, 이것이 나라고 생각하게 되는 것이다. 이렇게 소유 속으로 들어가고, 육체 속으로 들어가고, 생각 속으로 들어가 동일시된 에고는 자신의 욕망과 아집에 자신을 가두게 된다. 한마디로 에고는 모든 상황에서 나를 말하고 싶어 하는 무의식적 존재로 자기 생각의 흐름과 그에 동반되는 감정들과 너무도 동일화되어 있어서 우리는 이러한 에고를 자신으로 착각하고 살아간다. 즉, 에고에는 자신이 누구라는 잘못된 인식과 환상에 불과한 정체성이 녹아 있다.

에고가 지배하는 무의식적 행동 양식의 한쪽 끝에는 다른 사람을 무시하고, 그의 잘못을 찾아내고 비판하려는 에고의 속성이 드러난다. '나'라는 생각을 고수하기 위해서는 그 반대 생각인 '남'이 필요하며, 이는 내가 그들을 적으로 생각할 때 가장 확실한 '남'이 된다는 원리이다. 에고의 포로가 되면 다른 사람들에 대한 불만과 무시가 습관이 되는데, 이는 누군가에 대해 부정적 판단을 할 때마다 우리는 우월감을 느끼게 되고 이를 통해 우리의 에고는 강화되기 때문이다. 반면, 누군가 나보다 더 능력이 뛰어나거나, 더 많이 가졌거나, 더 멋진 외모나 몸매를 지녔을 때, 우리의 에고는 위협받는다. 이때 에고는 상대방의 소유물, 지식, 능력, 외모의 가치를 어떻게든 평가절하하고 비난하고 하찮은 것으로 치부함으로써 자신의 에고를 회복시키려고 안간힘을 쓴다.

포용적 겸손의 첫걸음은 모든 고통과 불행의 원인인 '에고'라는 굴레에서 빠져나와 '나는 누구인지'를 깨닫는 것에서 출발해야 한다. 분노, 질투, 불행이라는 마음의 역기능을 일으키는 에고에서 벗어나 진정한 자기 자신에 눈을 뜨는 일이 진정한 포용적 겸손을 할 수 있는 밑바탕이다. 에고로부터의 자유란 원효의 일심(一心) 사상이나 불교의 무아(無我)설을 통해 그 의미가 더 명확해진다. 원효가 주장하는 깨달음이란 마음의 근원으로 돌아가는 것이고, 일심(一心)이란 긍정적으로 완성해 나가는 자기, 또는 인격을 의미한다. 또한, 불교에서의 무아(無我)설이란 나의 에고를 주장하고 내 것을 강조하는 소유적 자아(自我)를 부정하는 것이지, 주체적이고 긍정적으로 완성해 가는 자기를 부정하는 것은 아니다. 일심이나 무아에서 드러나는 인간은 실존적 결단을 하고 자기를 끊임없이 완성해 나가는 주체적 인간으로, 어느 하나의 규정에 머물지 않고 끊임없이 변해갈 수 있는 유연성이 있으므로 진정한 포용적 겸손을 갖출 수 있다.

우리가 영적인 상급학교에 진학하려면 우선 에고로부터 자유로워져 자기중심적 사고와 자기도취에서 벗어나 자신을 세상 일부로 인식하며, 이러한 상호의존적 관계 속에서의 나의 위치에 대한 올바른 자각이 필요하다. 즉, 지속적인 자기 성찰을 통해 우주 속에서의 나의 위치, 모든 존재와 나와의 관계에 대한 인식을 통한 나의 존재 의미를 찾는 것이 필요하다. 포용적 겸손이란 나 자신을 작게 생각하고 나의 재주나 재능을 우습게 여기는 것이 아니며, 내가 잘하는 것, 내가 이룬 성과를 부정하는 것이 아니다. 다시 말해, 포용적 겸손이란 비참한 마음으로 비굴해지는 것을 뜻하지 않으며, 그렇다고 자신을 과대평가하지도 않는 분별력을 갖는 것이다.

튀는 물고기는 도마 위에 먼저 오른다

개인의 행동은 문화적 영향을 받는데, 특히 문화심리학적 관점에서는 상황적 맥락이 중요하다. 즉, 겸손한 언행 자체만으로 그 행위의 의미를 파악하기보다는 같은 행동이어도 문화적 맥락이 어떠한지, 누구와의 관계에서 이루어지는가에 따라 행위 이면의 의도와 내용을 이해하려고 한다. 문화심리학적 측면에서 동양과 서양에서의 겸손 언행의 표현 방식과 수용의 관점에는 당연히 차이가 존재할 수밖에 없다. 역사적으로 볼 때 동양 문화에서 중시하는 덕목은 조화이고, 서양 문화에서 중시하는 덕목은 정의라는 것을 알 수 있다.[78]

서구 문화권에서 삶의 궁극적 목표가 개인의 자기실현이고 삶의 과정에서 자기의 개성을 강조하였다면, 동양 문화권에서는 개성보다는 대인 관계를 원만히 하는 됨됨이를 갖춘 인간을 바람직하게 보았고, 인의예지(仁義禮智)의 체득을 삶의 목표로 삼았다. 특히, 포용적 겸손은 유학과 성리학의 경(敬)에 대한 사상에서 잘 드러난다. 공자가 수기(修己)의 문제에서 가장 중시한 부분은 경(敬)으로 '나를 닦고 기르는 일'이다. '경'은 마음을 바르게 하여 밖으로 드러나는 모습을 공손하게 하는 일, 즉 마음에서 우러나오는 언행의 공손함을 의미하며, 모든 사람이 평등하게 존엄하다는 깨달음을 얻을 때 우러나는 마음이다.

개인의 자유나 개성보다는 자신이 속한 공동체의 목적을 실현하는 것을 우선시하는 유교의 원리는 우리나라 사람들이 '포용적 겸손'이란 덕목에 유독 큰 가치를 두게 하는 바탕이 되기도 하였다. 이러한 문화는 자신의 특출한 점을 드러내는 것은 바람직하지 못한 것으로 치부하고 타인과의 조화를 미덕으로 삼았다. 즉, 유교의 인간관은 자기 성찰과 자기 절제를 통해 인(仁)과 예(禮)를 실천하는 것을 중시하기 때문에, 이러한 사회문화적 맥락 속에서 우리는 다른 사람을 존중하고 배려하며, 양보하는 방식의 겸손 언행을 암묵적으로 강요받았다.

역사적으로 겸손의 미덕이 우리 사회에서 중시된 것과는 달리, 최근의 대중문화는 겸손을 피하고 자신의 우월함을 과시하는 풍조를 부추기는 경향이 짙다. 다양한 방법을 동원해 보통 사람들조차 부단히 자신이 어떤 인물인지를 알리는 것은 물론 TV나 방송 매체에서도 각계각층의 사회 지도자나 특정 연예인들의 성공담이나 선행에 대해 실제보다 과장해서 보여주곤 한다. 영화나 드라마에서도 혼자 엄청난 일을 해치우는 슈퍼맨과 같은 주인공들을 그려내기에 바쁘다. 그들은 다른 사람의 도움 없이 자신들의 힘만으로 어떠한 상황에서도 모든 것을 충분히 해결한다. 이는 마치 출중한 능력만 있으면 성공할 수 있다는 것을 보여주려는 듯하다. 겸손이란 이론적으로는 좋은 것이지만 경쟁이 난무한 요즘 세상을 살아가는 데 있어서는 오히려 걸림돌이 될 수도 있다는 대중적 메시지는 우리를 흔들리게 한다.

우리가 스스로 습관처럼 하는 거짓말이나 자기비하적인 관념을 버리고, 우리 자신의 가능성을 믿고 현재의 모습을 지지해주고 사랑하는 것은 내면의 우물을 채우는 것과도 같다. 나 스스로에 대한 인정과 사랑으로 자존감이 높아지면 불필요하게 다른 사람들에게서 인정받고 싶은 허영심의 거품이 빠지게 되고, 동시에 다른 사람들을 겸손하게 대하고 포용할 수 있는 여유가 생긴다. 우리는 '당신이 대접받기를 원하는 대로 다른 사람을 대접하라.'는 인간관계에서의 황금률을 마음에 새기고 실천하려고 애쓰면서도, 정작 다른 사람을 대우하듯이 나를 대우하지 않는 경우가 빈번하다. 남의 얼굴 앞에 대고는 차마 할 수 없는 모욕적이고 무례한 발언을 스스로에게는 거침없이 쏟아 붓고, 열등감 콤플렉스를 쌓아간다. 포용적 겸손을 실천하기 위해서는 먼저 나 자신의 개성과 노력에 대한 가치에 대해서 자부심을 느끼고 당당하게 인정할 수 있는 솔직함이 필요하다.

종종 포용적 겸손은 시대 흐름에 역행하는 것이고, 삶에 도움이 안 되는 초라한 것으로 왜곡되고 있지만, 진정으로 내 삶의 주인으로 살고 세상을 긍정적으로 변화시키기를 원하는 이들에게는 절대적으로 필요한 것이다. 겸손의 중심에는 나와 타자에 대한 인정과 존중이 자리하며, 이는 다른 사람과 세상을 움직이고 변화시킬 수 있는 진정한 힘이다.

교만은 감사의 싹을 죽이지만 겸손은 감사의 싹을 틔운다

포용적 겸손 언행은 사회화 과정에서 학습된 것으로, 사회의 규범이나 가치에 따르는 포용적 겸손 행위는 다른 사람들에게서 호의적인 평가를 받는다. 다시 말해 대인관계 차원에서 포용적 겸손의 진정한 의미는 그 행위를 받은 타인의 반응 속에 내재한다고 볼 수 있다. 이러한 맥락에서 우리는 단순히 겉으로 드러나는 타인의 포용적 겸손 언행보다 그 행위의 바탕에 깔린 의도와 동기를 파악하는 것에 더 주안점을 두는 경향이 있다. 관계 속에서 이루어지는 포용적 겸손 언행의 의도와 동기에 대해 우리가 촉각을 곤두세우는 이유는 포용적 겸손이 그 의미가 있으려면 진정성이 우러나와야 하며, 사회적으로 가치 있는 것으로 인정되어야 한다는 경험상의 믿음이 있기 때문이다.

스피노자Baruch Spinoza는 "가장 낮아 보이고 겸손해 보이는 사람들이 때

때로 가장 야망에 차 있고 질투심이 많은 이다."라는 말로, 그리고 에릭 호퍼Eric Hoffer는 "겸손은 굴복을 위장한 것이며, 교만의 포기가 아니라 또 다른 형태의 교만의 가면이다."라는 말로 겸손의 거짓 의도, 즉 겸손의 이중성을 지적한다. 최근 SNS를 통해 젊은 세대에게 널리 알려진 겸손하다(humble)는 것과 거만하다(brag)는 의미가 합해진 '험블브래그(humblebrag)'라는 영어식 신조어나 '답은 정해져 있고 너는 대답만 하면 돼'를 의미하는 '답정너'라는 한국식 신조어 모두 자기 비하하는 척하면서 은근히 자신을 과시하고 싶어 하는 인간의 양면성을 드러내는 실례이다. 이렇다 보니 우리는 다른 사람이 겸손한 언행을 할 때 겸손함의 저변에 깔린 동기와 의도를 파악하고 싶어 한다. 특히, 사람들로부터 긍정적 평가를 받고 그들에게 좋은 인상을 남겨서 자신이 필요한 것을 얻어내려는 의도에서 나온 위선적인 겸손을 한 사람을 우리는 경계할 뿐 아니라 경멸한다.

이러한 측면에서 볼 때 이순신 장군은 임진왜란을 승리로 이끈 명장일 뿐만 아니라 진정한 의미의 겸손을 갖춘 모범적인 리더였다. '사직의 위엄과 영험에 힘입어 겨우 작은 공로를 세웠는데, 임금의 총애와 영광이 너무 커서 분에 넘친다. 장수의 직책으로 더 쓸 만한 공로도 바치지 못했으며, 입으로 교서를 외우나 얼굴에는 군인으로서의 부끄러움이 있을 뿐이다.'라는 난중일기의 내용을 통해서도 그의 됨됨이를 엿볼 수 있다. 특히 그가 여러 해전에서의 승리의 공을 자신의 업적으로 내세우지 않고 부하들의 공으로 돌린 것은 우리에게 잘 알려졌다. 그는 승전보고서를 올릴 때도 부하들 공을 앞세웠으며 심지어는 종들의 이름까지도 적어 전승의 업적이 함께 전투에 임한 부하들 것임을 강조했다. 이에 부하들은 마음속 깊이 이순신을 존경하고 목숨을 바쳐 싸울 수 있었다.

진정한 겸손은 포용이 겸비된다. 그릇이 비워졌을 때 새로운 것을 담을 수 있는 것처럼 마음 그릇의 에고가 비워질 때 상대를 담을 수 있고, 새로운 생각을 받아들일 수 있다. "겸손의 결여는 무엇으로도 보충하기 어렵다. 이것이 없으면 아름다운 것도, 우아한 것도, 재기도 모두 다 싫증이 난다."라는 타고르Rabindranath Tagore의 말처럼, 겸손은 세상의 많은 갈등과 문제를 푸는 열쇠이다.

포용적 겸손의 속성을 이해하라

높아지려고 하면 낮아지고, 낮아지려고 하면 높아진다

요즘은 자기 PR 시대이고, 자신의 역량이나 개성을 적극적으로 표현해야 한다고 한다. 하지만 우리 사회에서 정작 누군가 그렇게 했을 때 사람들의 시선이나 반응은 곱지 않다. 아마도 머지않아 '잘난 체한다', '시건방지다', '위아래가 없다', '버릇없다', 혹은 '교만하다' 등의 다채로운 부정적 수식어가 그 사람에게 따라다닌다. '벼는 익을수록 고개를 숙인다', '빈 수레가 요란하다', '물은 깊을수록 소리가 깊다', '지위가 높을수록 마음은 낮추어라' 등 겸손의 덕목을 강조하는 속담이나 격언에서도 알 수 있듯이, 겸손 언행은 시대를 초월해 우리의 행동지침이 되어 왔다. 많은 기업의 인재 선발 기준이 몇 년 전만 해도 최고의 스펙을 갖춘 '최고의 인재(best people)'였던 것에서 다시 품성과 역량을 두루 갖춘 '올바른 인재(right people)'로 변화한다는 것은 우리에게 중요한 메시지를 주고 있다. 즉, 부족한 직무능력이나 전문성은 '팀'을 통해 보완될 수 있지만, 조직 구성원과 더불어서 더 큰 성과를 낼 힘의 원천인 겸손과 포용이란 자질은 보완되기 어렵다는 경험상의 진리가 통했다고 볼 수 있다.

세계적인 경영 컨설턴트 짐 콜린스^{Jim C. Collins}는 15년에 걸쳐 평균 3배 이상의 이익률을 달성한 1,400여 개 기업을 분석한 결과 초우량 기업의 최고 성공 요인을 리더의 겸손함과 내적 의지로 선정했다. 그는「좋은 기업에서 위대한 기업으로」저서를 통해 독불장군형 리더는 강력한 카리스마로 조직을 압도하는 데는 성공할지 모르지만 오만과 교만에 도취하여 조직 구성원들의 마음을 얻는 데 실패한다고 지적한다.[79] 그는 5단계 리더십을 통해 '겸손과 헌신'을 리더에게 필요한 최상위 단계의 자질로 언급함과 동시에, 자만이야말로 좋은 기업에서 위대한 기업으로 넘어가는 과정에서 발생하는 종양 같은 것이라고 경고한다. 오만과 자만은 모든 관계와 경쟁에서 실패하게 되는 핵심 원인이다. 자만에 빠진 사람은 무엇이 문제인가 파악하기는커녕 문제 자체가 있다는 사실조차도 인식하지 못한다. 교만한 사람이 부귀와 권력까지 얻게 되면 그야말로 가관이다. 지나온 과정, 도움을 준 사람을 모두 다 까맣게 잊어버린다. 자기가 잘나서 그렇게 된 것인 줄 착각하고 인위적으로 위엄을 보이거나 권위를 세우려 한다. 그러다 결국은 무리수를 두게 된다. 교만은 스스로 불 속으로 뛰어드는 어리석고도 위험한 행동이다.

자기애, 자만심, 열등감, 교만함, 오만함, 자아결핍, 자기도취 등은 모두 한 나무에서 자라는 열매들이다. 자기 자신을 올바르게 사랑하고 자신의 가치를 깨닫게 되면 다른 사람들에 대한 가치도 자연스럽게 인정하고 존중하게 된다. 나에 대한 사랑과 존중으로 내 안의 우물을 채우다 보면 공정하고 올바른 자기 인식을 하게 되고, 세상을 향한 관점과 인식의 폭도 자연스럽게 커지게 된다. 나란 존재가 세상의 모든 것과 어떻게 연결되어 있는지, 내가 우주의 시공간 속에서 얼마나 미미한 존재인지를 자각하게 되면 겸허함을 느끼게 될 것이다. 한편, 자연의 모든 존재가 내 삶을 위해 보이는, 또 보이지 않는 힘을 모아 내 삶을 지탱해 주고 있다는 깨달음을 얻게 되면 우주와 진화의 역사 속에서 나란 존재의 온전한 의미를 이해하게 될 것이다. 따라서 의식적으로 겸손하기 위해 노력하기보다는 모든 것을 있는 그대로 객관적으로 받아들이는 것이 무엇보다 필요하며, 우리가 모두 자연 속에서 더불어 살아가는 존재이며 거미줄처럼 연결되어 있고 상호 의존적인 관계라는 것을 인지하는 것이 중요하다.

등대는 자기를 나타내려 나팔 불지 않는다

포용적 겸손이란 진실하고 가식이 없으며 거만하거나 뽐내지 않는 것이다. 포용적 겸손의 리더는 자신의 가치관과 도덕성에 부합하거나 옳은 일이라고 판단될 때에는 주어진 임무나 목표를 향해 강한 열정과 추진력을 보인다. 또한 자신에게 부족한 점을 있는 그대로 인정하고 그러한 자신의 실체를 비하하기보다는 이를 개선하기 위해 노력하기 때문에 열등감을 느끼지 않는다. 그래서 진정으로 겸손한 리더는 언제나 타인의 견해에 귀를 기울이고 반대 의견도 폭넓게 수용한다.

대표적인 사례로 조선시대 성리학을 정립하는 데 결정적인 역할을 하였던 조선시대 학자인 이황의 삶을 통해 진정한 의미의 겸손을 엿볼 수 있다. 퇴계의 학문 태도 중 가장 인상적인 것은 까마득하게 어린 후배인 고봉 기대승과 나누던 학문적 논쟁이다. 그 당시는 장유유서(長幼有序)의 수직적인 인간관계가 지배하던 때였으므로 사대부들은 학문하는 데도 권위주의적 방식으로 일방적인 전수만을 강조하던 형편이었다. 따라서 선배의 이론에 의문을 제기하고 비판을 가하는 자유로운 토론이 거의 불가능한 풍토였다. 이러한 풍토를 깬 것이 두 사람 간에 이루어진 '사단칠정논변(四端七情論辨)'이다.

선배의 이론에 반기를 든 고봉도 비범하지만, 그것을 겸허하게 포용한 퇴계의 태도에 더욱 감탄하게 된다. 8년 동안의 논변이 진행되는 동안에 퇴계는 고봉의 이론을 신중하게 검토하면서 자신의 잘못을 발견할 때마다 개정하기를 주저하지 않았다. 논변이 시작될 무렵 퇴계는 대사성까지 지낸 59세의 대가였던 데 비하여 고봉은 갓 과거에 급제한 33세의 소장학자에 지나지 않았다. 장장 8년 동안의 논변이 가능하였고 그것이 드디어 당시의 정체된 학문 풍토에 새바람을 불러일으켜 우리나라 성리학의 발전을 가져왔는데 이것은 퇴계의 겸허한 학문 태도 때문에 가능한 일이었다. 이러한 그의 태도를 후학들은 "선생은 포용적 겸손을 덕으로 삼아 털끝만큼도 교만하여 잘난 체하는 마음이 없었다."라는 평을 한다.

포용력이란 남이 하는 말과 행동을 참고 받아주는 것이 아니라, 진심으로 상대방을 이해하려고 노력해서 내 안에 받아들이는 것이다. 이런 이유에서 인내심이 많은 사람은 더러 볼 수 있지만, 포용력이 큰 사람을 보기는 쉽지 않다. 즉, 포용이란 다른 사람을 너그럽게 감싸주거나 받아들인다는 뜻으로, 상대에 대해 애정과 신뢰를 하고 있다는 것이며, 그를 이해하려는 노력이 포함되어 있음을 알 수 있다. 포용은 야합과는 달리, 나와 다르다는 것을 분명히 인식하고서 타협하고 조화를 이룰 수 있는 능력을 말하는 것이다. 마치 넓은 바다로 나아가는 강물처럼 바른 방향으로 나아가는 흐름 속에 끌어들여 함께 가는 것이다.

포용적 겸손을 실천하는 사람은 공통으로 자신에 대한 끊임없는 성찰을 통해 자신에 대한 균형 잡힌 관점을 갖고 있다. 이처럼 자신에 대한 정확한 이해에 기초해 그들은 자신의 능력과 성취에 대한 공정한 시각을 지니는 동시에 실수와 한계를 인정한다. 무엇보다 포용적이고 겸손한 사람은 자신의 능력을 과신하거나 자신만의 의견을 고집하지 않고, 다른 사람의 가치와 역량을 인정하고 그들의 개성이나 견해를 존중한다. 그렇지만 그들은 자신을 보잘것없다거나 빈약한 존재로 여기는 것은 아니다. 오히려 자신을 생각조차 하지 않고 자신을 잊을 수 있는 흐르는 물과 같은 자연스러운 겸허함을 지니고 있다.

포용과 겸손은 배움을 촉진할 뿐 아니라 가장 좋은 아이디어를 표면에 부상하도록 한다. 만약에 리더가 어떤 아이디어든 기꺼이 수용할 뿐 아니라, 자기 생각과 달라도 존중하고 받아들이려고 한다면, 팀원들은 자신들의 조언을 주저하지 않고 제시하겠지만, 리더가 권위적이며 독선적이고 오만한 태도로 자기 생각만을 고수한다면, 새로운 아이디어들은 빛을 볼 기회조차 없을 것이다. 이렇게 교만한 리더는 팀원들의 존엄성과 권위를 박탈함으로써 자신을 그들에게서 격리한다.

「로마인 이야기」 시리즈로 유명한 시오노 나나미 Shiono Nanami 는 "로마의 개방성과 포용성이 제국을 건설할 수 있었던 원동력이었다."고 평가한다. 지중해 일대를 장악한 로마제국은 식민지 주민 가운데 능력 있는 사람을 로마 지배 계층으로 적극적으로 포용한 것은 물론 식민지 주민에게도 시민권을 부여한 것으로 역사는 전한다. 개인적인 차원을 넘어서 국가적인 차원에 이르기까지 포용적 겸손의 실천은 생산과 아이디어의 질을 높여 실제적인 성과로 이어지고, 경쟁 조직들보다 더 효과적이면서 창의적으로 문제를 해결할 수 있으며, 나와 상대가 모두 승-승하는 성숙하고 긍정적인 결실을 보게 된다.[80]

항아리는 깨지면 쓸모없어도 가슴은 깨져야 쓸모가 있다

포용적 겸손은 분명 나와 공동체에 모두 유익할 뿐 아니라, 인간으로서 갖추어야 할 필수 덕목임에도 불구하고 그 자질을 갖추기는 왜 쉽지 않은 것일까? 내가 다른 사람에게 포용적이고 겸손하기 어려울 때는 언제인가? 앞에서 자세히 언급했던 것과 마찬가지로 여기에는 우리 '에고(Ego)'의 문제가 결부된다. 에고, 즉 '나'라는 사람의 정체성은 종종 함께 있는 사람들의 판단에 좌우될 때가 많다. 다시 말해 다른 사람이 우리를 바라보는 방식이 우리가 자신을 바라보는 방식을 결정하는 경우가 빈번하다. 타인의 태도, 사회의 태도가 우리의 의미를 결정하다 보니, 다른 사람에게서 부정적 피드백을 받았을 경우(비록 그 피드백이 감정이 아닌 사실에 기반을 둔 것일지라도) 우리의 에고는 상처받고 보호막을 치게 되는 것이다.

사회생활을 하다 보면 여러 면에서 나보다 더 똑똑하고 훌륭한 스펙을 지닌 사람들과 일을 통해 짧거나 긴 인연을 맺게 된다. 그중에는 내 생각을 따르고 존중하는 사람들도 있지만, 사사건건 내 의견을 비판하는 밉살맞은 상사, 동료, 그리고 후배와 마주하게 된다. 정도의 차이는 있지만 살다 보면 어쩔 수 없이 나와 다른 생각을 하는 사람을 만나게 되고, 그들 중에는 나의 자존심을 무너뜨리고 열등감을 자극하는 사람들도 분명 있을 것이다. 비합리적인 의견을 주장하는 사람도 있고 반대를 위한 반대를 하는 것 같은 그런 사람들이 수두룩한 것이 세상이다.

이런 경우 윗사람이라는 권위를 이용해 터무니없는 의견이라면서 무시하고 팀원들 앞에서 망신을 줄 것인가? 혹은 암암리에 상대를 골탕 먹이거나 그에 대한 험담으로 그를 궁지에 몰아넣고 적으로 대할 것인가? 대부분 인간에게는 다른 사람들로부터 인정받고, 존중받고 싶은 욕구와 그들보다 우월감을 느끼고자 하는 욕구가 내재한다. 포용적 겸손은 이러한 인간적인 욕구를 초월해 다른 사람을 더 많이 배려하고 상대의 욕구를 충족시키는 인고의 산물이라 할 수 있다. 포용한다는 말에는 이미 나와 상대와의 뜻이 일치하지 않는다는 것이 내포되어 있으며, 겸손하다는 것은 상대를 편견 없이 있는 그대로 존중한다는 것을 전제한다.

보고 싶은 것만 보고, 믿고 싶은 대로 믿으며, 내가 아는 것이 옳고 중요하다고 확신하는 자기중심적인 인간의 속성상 '나와 다름'을 인정하고, 심지어 존중하기란 참으로 버거운 일이다. 저급한 수준의 사람들은 융통성 없이 경직된 사고에 사로잡히기 쉽지만, 포용적 겸손의 수준에 이른 사람은 다양성을 배격하지 않고 차별적이고 편협한 사고를 초월한다. 겸손하고 포용적인 리더는 자신을 내세우지 않으면서, 차이나 다양성에 대해 유연하고 개방적인 태도를 지니기 때문에, 조직 구성원은 그에게 다가가는 것을 편하게 생각하고 기꺼이 건설적이고 창의적인 아이디어에 대한 소통을 시도한다.

'세종'은 후대 역사가들에게 한국 역사상 가장 위대한 업적을 이룬 왕으로 평가받고 있으며, 겸손하면 모든 사람이 나에게 스승이 된다는 가르침을 준 리더이다. 그는 소통의 가치를 중시하는 리더로 그의 탁월한 리더십의 기저에는 본인이 부족하다는 겸손함과 곳곳에 훌륭한 인재가 있다는 확신이 있었다. 세종은 인재의 선발에서부터 법과 제도의 혁신은 물론 영토개척에 이르기까지 나라의 크고 작은 모든 사안에 대해 신하들과 열린 대화와 토론으로 정책을 결정하고 집행하는 포용적이고 겸손한 리더로서의 모범을 보여 주었다.[81]

조선 개국 후 국가의 기틀을 닦는 데 큰 공을 세운 인재였던 허조라는 인물은 태종 초에 갖은 직언(直言)으로 미움을 받은 바 있으며, 세종 즉위 후에도 여전히 어전회의에서 반대를 일삼은 것으로 전해진다. 놀라운 것은 세종이 그런 허조를 국가 중요 정책을 정하는 자리에 배제하지 않고 항상 참여하게 해서 그의 의견을 경청한 것은 물론, 허조가 제기한 문제점을 해결한 뒤에야 정책을 시행하곤 했다는 점이다.

세종 연구가 박현모는 「세종의 수성(守成) 리더십」에서 "이러한 허조의 반대는 때론 대다수의 집단적 착각을, 즉 집단적 사고(group thinking)를 방지하는 데 기여한 것으로 보인다."고 지적한 바 있다. 경제학자 최병일은 "세종의 정치철학과 언행은 많은 정치인뿐만 아니라 비즈니스 리더에게 본보기가 될 수 있을 것"이라며, "국가나 조직의 중요한 결정에서 다양한 의견을 수렴하고 백성을 근본으로 하는 세종대왕의 겸손과 포용을 먼저 생각한다면, 독단적인 결정으로 인해 유발되는 사회적 분열, 통합 등의 사회적 비용도 최소화될 수 있을 것"이라고 역설한다.

사회 속에서 살아가는 우리 인간은 태어나는 순간부터 삶을 끝낼 때까지 다양한 형태의 관계를 맺는다. 부모와 자식, 스승과 제자, 형과 아우, 고용주와 고용인, 팀장과 팀원, 선배와 후배, 사측과 노조, 멘토와 멘티, 회사 동료, 친구, 이웃사촌에서부터 사회경제적 지위(SES : Social Economic Status)에 기초한 관계에 이르기까지 거미줄 같은 연결고리로 얽혀 있다. 진정성을 갖춘 겸손과 포용은 수평적, 수직적, 심지어 갑을 관계를 초월해서 일관성 있게 나의 부족함을 인정하고 상대를 인정하고 존중하는 것이다. 말로는 쉽지만, 막상 그런 상황에 부딪히면 우리는 우리가 가진 모든 힘을 동원해 상대를 제압하려 든다. 또한, 체면이나 이미지 때문에 드러내지는 못하지만, 마음속으로 상대를 무시하고 나의 우쭐함을 뽐내는 경우가 허다하다.

이러한 맥락에서 볼 때 특히 세종의 리더십은 돋보인다. 일반적으로 리더들은 '이래서 안 되고 저래서 안 된다.'며 반대를 일삼는 사람을 자신의 측근으로 곁에 두고 싶어 하지 않는다. 리더는 구성원을 믿고 일해야 하는데, 리더 자신의 역량만을 믿고 밀고 나가면 좋은 사람을 모두 잃게 된다. 허조와 세종의 사례는 리더와 조직원의 불통과 제왕적 리더십을 걱정하는 현 우리 사회에 중요한 메시지를 주고 있다. 세종은 조선의 군

주로서 절대적 힘을 갖고 있었으며, 자기 뜻과 의지대로 무엇이든 할 수 있는 가장 높은 위치에 있었음에도 그러지 않았기에 더욱 존경받게 된 것이다. 겸손하지 않아도 되는 위치에서 겸손하고, 인정할 수 없는 상황에서 포용하고, 당연하게 여겨도 되는 위치에서 감사할 줄 알며, 모든 인간의 가치를 존중하고 사랑하는 리더였기에 세종은 세계사에 길이 남을 위대한 업적인 '훈민정음 창제'를 이루어 낼 수 있었다.

포용적 겸손을 학습하고 적용하라

자연은 우리 인간에게 겸손함의 미덕을 가르쳐 주는 위대한 스승이다. 고(故) 김수환 추기경은 "흙의 겸손함을 배우라."고 하였다. 우리가 발을 딛고 있는 대지는 언제나 우리 발아래에 있지만, 불평도 생색냄도 없이 빛과 공기와 물을 품고 모든 생명의 터전이 되어 준다. 겸손함을 뜻하는 'humility'가 흙을 뜻하는 라틴어 'humus'를 어원으로 한다는 것은 우연이 아닐 것이다. 또한, 낮은 곳을 향해 흘러가는 물에서도 우리는 겸손의 미덕을 배울 수 있다. 노자의 「도덕경」 제8장은 이성(易性), 즉 남과 다툼이 없고 까다롭지 않은 품성이 올바른 길임을 물에 비유해 가르치고 있다. "최상의 선은 물과 같은 것이다. 물의 선함은 만물을 이롭게 해주면서 다투지 않고 여러 사람이 싫어하는 낮은 위치에 처신하는 것이다. 그러므로 도에 가깝다고 할 수 있다."는 노자의 가르침 '상선약수(上善若水)'와 같이 우리는 언제 어디서나 낮은 곳으로 내려가는 물의 겸허함, 어떤 물줄기도 거부하지 않고 받아들이는 포용력, 그리고 쉼 없이 흐르는 물과 같은 배움의 자세를 갖추고자 노력해야 한다.

본질적으로 포용적 겸손이란 자신과 타인과의 관계에 대한 실제적이지만 위축되지 않는 견해이다. 포용적 겸손은 자신을 속이거나 부정 또는 과장하는 것이 아니다. 우리는 포용적 겸손을 우리 자신의 장점과 약점, 실수 등에 대한 솔직한 평가에서 익힌다. 우리는 자신이 쓰고 있는 가면이 무엇인지도 알아야 한다. 중요한 것은 자기 이해와 자기 반성이 포용적 겸손을 만든다는 것이다. 나에 대한 깊은 이해와 더 객관적이고 공정한 지식을 얻게 될 때 우리는 진정한 겸손을 실천할 수 있다.

이러한 측면에서 현재의 파나소닉 창업자인 마쓰시타 고노스케의 겸손한 삶의 태도와 리더십이 주는 메시지는 대단히 교훈적이다. 그는 자신의 성공 이유를 첫째, 집이 몹시 가난해 어릴 적부터 갖은 고생을 통해 세상을 살아가는 데 필요한 많은 경험을 쌓을 수 있었던 것, 둘째, 태어났을 때부터 몸이 몹시 약해 남에게 일을 부탁하는 법을 배워야 했던 것, 셋째, 학력이 부족해 모든 사람을 스승으로 여기고 누구에게나 묻고 배우는 일을 게을리 하지 않았던 것이라고 말한 것으로 잘 알려졌다. 가난, 허약함, 무학(無學)을 부정하기보다 겸허하게 받아들이고 자신을 변화시키려고 노력한 그의 태도는 훗날 타인 존중, 인재 양성, 겸손이라는 인간 중심의 기업 가치를 바탕으로 기업을 성공하게 한 디딤돌이 된 것이다.

문명의 발달과 물질적 풍요로 과거보다 우리네 삶은 질적으로 월등히 더 나아졌지만, 이것이 인간의 행복으로 직결됐는지는 미지수다. 우리 주변에서 일어나는 스트레스, 우울증, 자살률 증가 등은 우리 불행한 삶을 여실히 드러내고 있다. 내 안에서의 갈등과 인간 간의 갈등을 해소하고 삶의 질을 개선하려는 차원에서 최근 '마음 훈련', '인문학', '철학적 성찰', '인성 회복' 등이 화두가 되고 있다. 언어는 각기 다르지만 이러한 노력 모두 오랫동안 조건화되고 화석화된 우리의 왜곡된 에고, 즉 우리 마음의 방식이나 생각의 습관에서 벗어나 인간 존재의 본질에 대한 포용과 겸손에 도달함으로써 진정한 마음의 평화와 힐링을 얻는 것에 초점을 모으고 있다.

달을 보려면 허영심을 버려라

모든 성공한 지도자들은 천성에 의해서건, 훈련에 의해서건 간에 지속해서 자신들의 성공과 실패, 약점과 장점에 관하여 자신을 성찰하였다. 그들은 누구보다 자신들의 문제와 한계를 더 잘 진단한다. 그러나 겸손하지 않고는 자기 성찰이 불가능하다. 자기 반성이나 자기 성찰이 없이는 자기 객관화가 힘들다. 거의 모든 사람은 늘 자신한테 유리하게 상황을 해석하는 자기중심적 성향이 있다. 자기 객관화는 성숙한 인간만이 도달할 수 있는 최고 미덕이다. 자신을 정확하게 평가하고 필요하다면 환경에 떠밀려서가 아니라 주저함이 없이 배우고 변화하려는 겸손이야말로 글로벌한 세상의 리더에게 특히 요구되는 덕목이다.

포용적 겸손의 개념을 정확히 이해하고 실천하기 위해서는 '자존감'과 '자존심'의 차이를 이해하는 것이 중요하다. '자존감'과 '자존심'은 자신에 대한 긍정이라는 공통점이 있지만, 자존감은 '있는 그대로의 모습에 대한 긍정'을 뜻하고 자존심은 '경쟁 속에서의 긍정'을 뜻하는 등의 차이가 있다. 따라서 자존감이 높은 사람은 자신이 낮추는 것을 두려워하지 않고 잘못이나 실수를 인정할 수 있지만, 자존심이 센 사람은 남에게 굽히지 않고 자신의 위신을 지키려 하는 성향이 강해서 어떤 방법을 동원해서라도 그 상황을 인정하지 않으려고 한다.

호킨스^{David R. Hawkins}에 따르면 '자존심'은 '수치심'이나 '두려움'에서부터 비약한 상태로 비난에 약하고 방어적인 약한 의식 수준을 뜻한다. 이는 자존심이 외부 조건에 의존해서 생기는 것이며 또 그것 없이는 아주 쉽게 '수치심'의 수준으로 떨어질 수 있다. 자존심의 약점은 오만과 부정으로, 자존심이 가득 찬 사람들은 의식의 성장을 스스로 차단한다. 달을 보려면 마음에 가득한 허영심을 버려야 하듯, 자존심이라는 집착에서 벗어나야 비로소 포용적 겸손을 통한 변화와 성장의 기회를 얻게 된다.

자존감이 높은 포용적 겸손의 지도자는 정확한 자기평가를 한 후, 자신의 장점과 약점에 대하여 동료와 구성원에게 솔직하게 공유한다. 이는 자신과 팀원들 간의 간격을 효과적으로 좁힐 수 있는 가장 인간적인 방법이다. 비록 괴롭기는 하지만 지도자는 자신의 실수나 약점을 보여주므로 팀원들의 도움으로 어려움을 피할 수 있다. 포용적 겸손은 적을 내 편으로 만들고, 열린 소통(communication)을 가능하게 하는 치료 약이다.

역대 미국 대통령 중 가장 존경받는 인물인 링컨^{Abraham Lincoln}은 자존감이 높은 포용적 겸손의 대표적인 리더라 할 수 있다.[82] 그는 정치적 견해를 달리하거나 자신을 배격하는 인물일지라도 그들의 능력을 존중하는 포용과 겸손을 실천했다. 실례로 당시 국무장관인 슈어드^{William Seward}는 링컨과 함께 공화당 대통령 후보 물망에 올랐던 정치인으로 링컨에게 패배한다. 공화당의 최대 실력자 중 한 명이었던 그는 처음에 링컨을 신뢰하지 않았다. 그러나 대통령을 '촌뜨기'로 무시하고 중요한 정책 결정 때마다 링컨에게 압력을 행사했던 그는 링컨의 인품에 마음을 열고 마침내 열렬한 추종자가 된다. 링컨의 겸손과 포용으로 그 능력을 인정받은 슈어드는 러시아로부터 알래스카를 불과 720만 달러, 즉 $1km^2$당 5달러가 못 되는 헐값에 매입하는 조약을 체결시키는 일등공신 역할을 하게 된다.

미국 최초의 흑인 대통령인 오바마^{Barack Obama} 역시 명실상부 포용적 겸손의 리더로 자리매김하면서 많은 사람의 사랑과 존경을 받고 있다. 민주당 경선 내내 자신의 정적이었던 힐러리를 국무장관으로 기용해 우호적이고 협력적으로 국정을 처리했던 것뿐만 아니라, 전 부시 행정부의 국방장관인 로버트 게이츠를 유임해 이라크-아프간 전략 책임을 맡겼던 사례, 그리고 자신을 흑인 대통령이라고 비웃고 조롱하는 사람들을 포용으로 감싼 것 등은 익히 잘 알려져 있다. 오바마의 포용력과 겸손은 유능한 인재들의 역량을 최대한 끌어낼 수 있게 하였으며 결과적으로 아랫사람들로부터 최고의 존경과 충성을 얻어냈다.

겸손은 리더를 나약하게 보이게 하고, 리더십을 손상하는 약점이 아니냐는 회의적 생각을 품는 사람들도 있다. 그러나 세종대왕이나 링컨, 그리고 오바마가 리더로서 성공하고, 역사적으로 큰 업적을 이룰 수 있었던 원동력은 바로 포용적 겸손이다. 그들은 자신들에게 집중되어 있던 힘을 남용하기보다는, 겸손과 신뢰에 기초해 그 힘을 가장 잘 쓸 수 있는 사람들에게 적절히 나누어 줌으로써 시대를 초월해 최고의 리더라는 찬사를 받게 된 것이다.

듣고, 배우고, 과감히 실수하라

겸손함이란 무조건 자기 자신을 깎아내리거나 억지로 낮춘다기보다는 자신과 대등하게 상대방을 존엄한 존재로서 존중하기 때문에 자신을 다른 사람보다 우위에 놓는 보통 사람들보다 자기를 낮춘다고 느껴질 뿐이다. 즉, 자신과 타인에 대한 존중에서 비롯되는 겸손함이 진짜 겸손함이다. 이는 비굴함과는 근본적으로 다르다. 겸손하면 손해를 보게 될까? 사람을 얻고 싶으면 거울을 보고 거울 속의 나를 오픈해야 한다.

링컨의 포용적 겸손이 빛을 발한 또 다른 대표적인 사례가 있다. 그는 내각을 조직하면서 대통령 지명 때 자신의 반대 진영에 속했던 사람들을 기용해 임파워먼트(Empowerment)를 효과적으로 실행한 것으로 유명하다. 특히 가장 요직 가운데 하나인 국방부장관직에 그의 적수이자 공화당의 유능한 정치가였던 스탠튼Edwin M. Stanton을 지명하였다. 스탠튼은 링컨을 대통령으로 존중하기보다는 교만한 태도로 조롱한 것으로도 익히 알려졌는데, 그런 상황에서 포용적 겸손을 한 리더는 찾아보기 힘들다. 대부분 리더는 자신의 권위가 손상됐다고 생각하고 지위가 흔들리기 시작했다고 느낄 것이며 어떡해서든 자신들의 우월성을 과시하려 할 것이다. 그러한 리더는 직언하는 구성원의 말을 듣기보다는 그를 벌하려 할 것이며, 그러는 데 필요한 모든 법적 권리를 사용할 것이다.

그렇지만 링컨의 포용력과 겸손은 유능한 인재들의 역량을 최대한 끌어낼 수 있게 하였으며, 결과적으로 아랫사람들로부터 최고의 존경과 충성을 얻어내었다. "우리를 둘러싸고 있는 타자(他者)와 외부 세계에 열린 마음으로 다양성을 받아들일 때 우리에게 세계에 대한 통제가 보장되며, 이런 자기 통제의 감정이 우리에게 더 자유로운 마음을 허락해 준다."는 니체Friedrich Nietzsche의 말처럼 링컨은 자신을 돋보이게 하거나 특별한 존재가 되려는 부질없는 집착에 얽매이지 않았다.[83] 오히려 포용과 겸손의 자질 덕분에 그는 미국 역사상 그 어느 때보다도 역량 있는 인물들이 필요했던 어려운 시기를 극복하고, 노예해방이란 세계사에 길이 남을 업적을 달성했다.

모순된 두 가지 다른 세계를 마음의 그릇에 담아라

공자천주(孔子穿珠)라는 사자성어는 공자도 구슬을 꿴다는 뜻으로 공자 같이 어진 사람도 배울 것이 남아 있다는 의미이다.[84] 이 고사는 송

(宋)나라의 목암선경(睦庵善卿)이 편찬한 「조정사원(祖庭事苑)」에 나온다. 이는 공자가 아홉 구비로 구부러진 구슬 구멍에 실을 꿰려다가 이루지 못하고, 하찮은 촌부(村婦)에게서 지혜를 구하고 나서야, 개미 허리에 실을 매고 바늘을 통과해 구슬을 꿰었다는 말로 누구에게라도 배울 점이 있으므로 겸허한 자세로 배워야 함을 뜻한다. 이처럼 공자는 배우는 일에서는 나이의 많고 적음이나 신분의 높고 낮음에 관계하지 않았다. '하나를 배우면 열을 아는 것'보다 더욱 뛰어난 능력은 바로 공자와 같이 아랫사람에게 배우는 것을 부끄러워하지 않는 '불치하문(不恥下問)의 태도'일 것이다. 공자의 학문적 성취도 훌륭하지만, 그에게 더욱 머리가 숙여지는 이유는 바로 '세 사람이 길을 가면 그중에 반드시 나의 스승이 있다(三人行必有我師)'라는 겸손과 포용의 태도이다. 어찌 보면 공자 같이 위대한 성현이 더 무엇을 배울 것이 있을까 싶지만, 공자의 이런 태도는 우리에게 시사하는 바가 크다고 하겠다.

15세기 이탈리아의 메디치 가문이 르네상스의 황금기를 이끌었던 요인을 분석한 프란스 요한슨의 「메디치 효과」라는 책을 통해서도 다양성이 창의성에 절대적 요소라는 것을 실감할 수 있다. 개개인의 다양성과 창의성이 꽃을 피우기 위해서는 무엇보다 겸손과 포용의 토양이 마련되어야 한다. 편견이나 선입견, 자만심으로 무장된 오만과 독선은 그 꽃을 피울 수 없는 가장 무서운 독이다. 프란스 요한슨은 창의성을 가로막는 가장 큰 적은 두뇌의 반사작용, 즉 'A 다음에 B'라는 식의 연상 작용으로 인해 'A 다음에 a' 혹은 'A 다음에 1'과 같은 사고가 일어나기 어렵다고 한다. 편견과 판단을 중지하고 새로운 생각을 받아들이기에 좋은 방법은 바로 낯선 경험이고, 더 좋은 방법은 실패의 경험이다.[85]

진정으로 포용적 겸손에 이르고 싶다면 실패를 두려워하지 말아야 한다. 세상에 실패를 위해 애쓰는 사람은 없다. 패배를 염두에 두고 훈련하는 운동선수, 파산을 목표로 창업하는 사업가는 없다. 아무리 성실하게 준비를 하더라도 때로 넘어지고 거절당하고 패배하기 마련이다. 중요한 것은 이를 받아들이는 자세다. 항아리는 깨어지면 쓸모가 없지만, 가슴은 깨어져야 쓸모가 있다는 격언처럼, 포용적이고 겸손한 사람들은 실패를 긍정적으로 받아들이고 도약의 발판으로 삼는다. 종종 그들은 거절, 패배, 실패를 통해 자신의 맹점이 무엇인지, 진정한 친구가 누구인지 제대로 인식하게 되며, 자만심과 교만함에서 자유로워진다.

또한, 모든 일을 혼자서 해내려는 '슈퍼히어로 증후군(superhero-syndrome)' 같은 허영심을 버리고, 다른 사람을 인정하고 더불어 사는 것의 중요성을 깨닫는다. 그들은 초심으로 돌아가 낮아지는 지혜를 터득하며, 자신들이 가진 것, 이룬 것에 대해 고마움을 느낀다. 무엇보다 그들은 낯선 경험과 실패를 통해 우주 속에서의 나의 위치, 자연과 나, 사람들과 나와의 인과관계, 그리고 상호의존성에 대한 깨달음을 얻게 된다.

포용적 겸손은 모든 인간관계의 기본적 품성이자 온정적 합리주의 리더십의 근간이다. 이는 에고로부터의 자유를 실천해서 풍요로운 마음을 얻어야 가능하다. 풍요로운 마음은 근본적으로 우리의 삶을 구속하는 경직된 사고와 개념의 틀에서 벗어나 마음에 힐링을 얻고, 삶을 균형 잡힌 시각으로 바라볼 수 있는 포용과 겸손의 가치를 창조하는 원동력이다.

포용적 겸손을 갖춘 리더는 배움으로 끝없이 성장하고, 다른 사람에 대한 공감적 배려를 하고, 그들을 신뢰하고 임파워먼트를 할 수 있으며, 이타적인 협력을 이루어 낼 수 있다. 포용과 겸손의 덕을 쌓는 것은 끝없는 자기 반성과 자기 성찰, 그리고 타인의 존재 그 자체에 대한 인정과 존중의 노력이 필요하다.

chapter 06

공감적인 배려를 하라

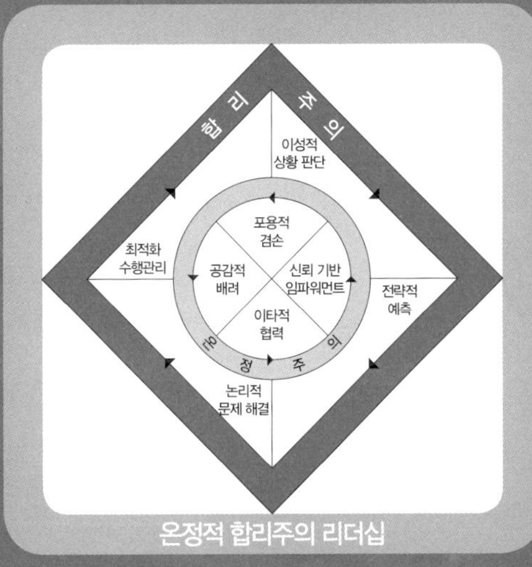

조그마한 친절이, 한 마디 사랑의 말이 저 위의 하늘나라처럼
이 땅을 즐거운 곳으로 만든다.

— J.F. 카네기

영국의 탐험가 섀클턴과 그의 대원 27명이 험난한 남극 탐험에서 전원 무사 귀환할 수 있었던 가장 큰 이유는 무엇이었을까? 그것은 바로 섀클턴Ernest Shackleton이 지니고 있던 대원들에 대한 강한 공감 능력과 배려 행동 때문이었다. 그는 허시가 밴조를 개인 짐 무게 제한 때문에 어쩔 수 없이 버리고 가는 것을 보고 그냥 지나치지 않았다. 평소 아끼던 밴조를 잃은 허시의 마음에 공감한 그는 그것을 다시 주워서 허시에게 전해 주었다. 상대방의 마음과 감정을 읽는 공감 능력이 그에게 있었기에 가능했던 것이다.

또한, 슬리핑백 이야기를 보면 섀클턴의 대원들을 위한 크나큰 배려심을 느낄 수 있다. 대원 모두의 무사 귀환을 바랐던 섀클턴은 질이 좋은 슬리핑백을 일반 대원들에게 배정해 주는 배려를 감행하였던 것이다. 보통의 리더라면 고급 대원들에게 질 좋은 슬리핑백을 배정해 주는 것에 익숙해 있을 것이다. 하지만 그는 보통의 리더들과는 분명히 다르게 행동했다. 이러한 뛰어난 배려 덕분에 일반 대원들의 헌신을 이끌어 낼 수 있었고 이러한 헌신이 전원 무사 귀환이라는 기적을 일구어낸 원동력이 되었다고 해도 지나친 표현은 아닐 것이다.[86]

섀클턴 이야기에서처럼 공감과 배려는 바로 온정적 합리주의 리더가 지녀야 할 필수적인 역량이라고 볼 수 있다. 따라서 우선 공감과 배려의 개념과 그 중요성에 대해 알아보고 이어서 공감적 배려 능력 개발을 위한 실천 방법들에 대해 살펴보기로 하자

공감은 마음을 나누는 능력이다

공감은 무엇인가?

공감(empathy)은 희랍어의 'empatheia'에서 비롯된 것으로 '안'을 뜻하는 'en'과 '고통' 또는 '열정'을 뜻하는 'pathos'의 합성어로서, '안에서 느끼는 고통이나 열정'을 의미하는 것으로 볼 수 있다. 용어의 뜻에서도 알 수 있듯이, 공감은 상대방의 정서를 인식하고, 타인의 감정을 대리적으로 경험하는 것이다. 공감에 대한 정의는 매우 다양하지만, 타인의 고통을 자신의 고통처럼 함께 아파하고 함께 느끼며 함께 경험하는 감정으로 반드시 행위를 수반하는 것으로 볼 수 있다. 우리는 가끔 공감을 동정과 유사하게 생각하지만, 공감은 단순한 동정이나 동감이 아니다. 공감은 동정보다 훨씬 더 폭넓은 의미를 포함한다. 공감은 타인의 정신적인 고통에 대한 동정적인 행위로 감정이입보다 큰 개념이며 타인의 심리적 상태를 인식하고 파악하며, 타인이 느끼는 것을 함께 느끼고 나아가 타인에게 도움이 되는 방식으로 응답하는 것을 의미하는 것이다.

인지적·정서적 요소를 이해하라

공감을 내용 면에서 분류해 보면, 크게 인지적인 측면을 강조한 것과 정서적 측면을 강조한 것으로 구분할 수 있다. 인지적인 측면으로 볼 때, 지능이 발달함에 따라 정서를 인지하고 추론하는 능력이 발달하여 공감 능력이 형성된다고 본다. 이런 입장에서 공감은 다른 사람의 내적 상태들, 즉 사상, 감정, 지각, 의도에 대한 인지적인 인식으로 이해되었다. 반면에 정서적 측면을 강조한 정서 발달 측면에서는 사람을 태어나면서부터 정서적으로 고도로 동기화되고 반응적인 사회적 존재로 파악한다.

이 개념은 품성론(ethology)에서 출발하며, 근본적으로 유아들은 태어날 때부터 사회 정서적 신호들을 방출하고 어머니의 사회 정서적 단서에 반응하는 성향을 타고난다는 것이다. 유아들의 울거나 웃는 등의 정서적 반응은 출생 초기에서부터 작동하며, 또한 그것이 지닌 사회적 신호로서의 특성 때문에 중요하다. 공감을 정서적인 현상으로 파악하는 심리학자들은 공감의 원형으로 어머니와 자식 간의 관계를 제시한다.

공감의 모방적 특성이 유아기에서 출발한다고 보는 이들은 공감을 어머니와 신생아 간의 특수한 정서적 유대라고 간주하였다. 예를 들어 어머니가 기쁘고 즐거운 마음 상태로 자녀를 대하면 자녀의 마음 상태도 기쁘고 즐거운 상태가 되고 반대로 화가 나거나 짜증 섞인 상태로 자녀를 대하면 자녀도 그러한 마음 상태로 빠져들기 쉽다는 것이다. 다시 말해 어머니의 심리적인 상태는 자녀에게 그대로 전달되어 자녀의 심리적 상태를 구성하게 되고, 그 결과 형성된 자녀의 심리 상태는 어머니의 그것과 일치하는 공감 현상을 일으킨다는 것이다. 이런 현상을 정서 감염

〈emotional contagion〉이라 한다.[87]

이와 같이 공감이란 '타인의 역할을 취하는 능력 또는 자기 자신의 관점과는 다른 상대의 관점을 채택하는 능력'이라고 할 수 있다. 이는 흔히 타인의 신발을 신어보는 것으로 묘사되는 바와 같이, 일종의 투사행위라고 볼 수 있으며 일방적이고 소극적인 공감이라 할 수 있다. 그렇지만 배려의 관계에서 공감은 정서주도적인 현상으로서 타인과의 밀접한 관계 속에서 타인의 감정을 고려하고 수용하는 보다 적극적이고 자발적인 의미를 지닌다. 즉, 공감이란 일단 타인에 관심을 두고, 타인의 감정을 타인의 관점에서 그대로 느껴보는 정서적인 행동이며 그것은 단지 상대의 감정 상태가 어떠한지를 알아내는 데 그치는 것이 아니라, 자신의 가슴으로 직접 느끼는 행동 자체를 뜻한다.

한편으로 다른 사람의 상황에 적절하게 반응하기 위해서는 인지적 사고가 필요하다. 다시 말해서 공감은 다른 사람의 상황을 파악하고 적절한 방법이 무엇인지를 파악하는 공감능력을 갖추기 위해서는 인지적 능력이 필요하다는 것이다. 결국, 공감은 인지적, 정서적 요소를 모두 요구하는 반응이라 할 수 있다.

공감의 시대를 인지하라

다니엘 핑크Daniel H. Pink는 공감 능력이 인간이 생활을 해 나가는 데 필수적인 생활윤리라고 말했다. 또한 공감을 인간이 다른 인간을 이해하는 수단이며, 기존에 다윈과 에크먼이 발견한 것처럼 국가와 민족을 초월해 우리를 다른 사람과 연결해 주는 보편적 언어라고 묘사했다. 또한 경제학자 리프킨Jeremy Rifkin은 그의 저서 「공감의 시대」에서 가족을 넘어 더 큰 공동체에 참여하고, 다른 사람을 돕고 대의에 헌신할 수 있는 것도 인간의 본성에 공감이 자리 잡고 있기 때문이라고 말했다.[88] 이처럼 공감이야말로 인간을 인간답게 만들고 행복을 주며 가치 있는 삶을 살아가는 데 없어서는 안 되는 필수 요소이다. 바야흐로 21세기는 공감 능력이 있는 인간이 공감의 문명을 창조해 나가는 공감의 시대다.

공감과 관련하여 다음과 같은 유명한 인도 마하트마 간디Mahatma Gandhi의 일화가 있다.

어느 날 한 엄마가 사탕을 입에 달고 사는 아들을 데리고 간디를 찾아왔다, 아이가 사탕을 너무 먹어서 이가 다 썩었는데, 자신의 말은 듣지 않으니 간디에게 좀 타일러 달라는 부탁이었다. 이에 간디는 뜬금없이 한 달 후에 데리고 오면 얘기해 보겠노라고 했다. 아이 엄마는 그의 말대로 한 달 후 다시 찾아왔다. 이때도 간디는 다시 한 달 후에 오라는 말뿐이었다. 아이 엄마는 이해할 수 없었지만 한 달 후에 또 찾아갔다. 그때서야 간디는 아이에게 타일렀다. "애야, 오늘부터 사탕을 먹지 마렴! 무엇보다 네 나이 때엔 이를 튼튼하게 지켜야 한단다." 아이는 끄덕였다. 아이 엄마는 간디에게 참았던 질문을 던졌다. "선생님, 아이에게 그 말씀 한마디 해주시는데 왜 두 달씩이나 걸렸나요?" 이에 간디는 웃으며 나도 사탕을 좋아해 즐겨 먹는데 어떻게 아이한테 먹지 말라고 할 수 있겠냐는 것이었다. "나도 두 달 걸려 겨우 끊었다오. 이제 아이한테 당당히 말해줘도 되겠다 싶었어요." 사탕을 좋아하는 아이의 입장에서 좋아하는 사탕을 끊어야 하는 마음을 공감해 주고 그에 따라 행동으로 실천하는 간디의 훌륭한 모습을 엿볼 수 있는 일화이다. 다른 한편으로 공감이야말로 배려를 위해 요구되는 감정 중에서 가장 기초가 되는 감정이라고 말할 수 있다.

공감이 동정심 또는 사랑의 감정을 유발하게 되면 공감은 배려의 도덕성을 실천하는 동기로서 작용하게 된다. 또한, 타인의 감정을 공감하는 능력은 타인을 배려하고, 선을 베푸는 원동력이 된다. 다시 말해 공감은 배려를 실천하게 하는 중요한 전제 조건이다. 공감이 제대로 되어야 참된 배려의 행동이 나올 수 있기 때문이다. 그렇다면 배려란 도대체 어떤 의미를 지닌 것인가?

배려는 행동을 실천하는 힘이다

배려란 무엇인가?

　배려란 상대방의 입장을 이해하고 상대방을 도와주거나 보살펴 주려고 마음을 쓰는 것이다. 여기에는 상대방을 이해하는 마음뿐만이 아니라 실천하는 행동까지 포함된다. 흔히 배려를 하나의 미덕, 즉 개인적 속성으로 생각하기 쉽다. 그래서 "그 사람은 참 배려심이 많은 사람이다."라고 말한다. 그러나 배려를 개인적인 미덕으로 간주하기보다는 배려하는 사람과 배려 받는 사람의 관계 속에서 파악할 필요가 있다. 인간은 기본적으로 타인과 함께 관계를 맺으며 살아갈 수밖에 없으며 이렇게 타인과 관련되는 연결고리에 배려의 핵심이 있기 때문이다.

　한편, 배려하는 사람과 상호 관계를 유지하는 배려 받는 사람의 역할로는 수용(reception), 인정(recognition), 반응(response)을 들 수 있다. 배려 받는 사람은 배려하는 사람의 배려를 수용하고 배려가 수용되었음을 나타내야 한다. 배려 받는 사람이 이렇게 배려를 인정하고 수용, 반응하는 것은 배려하는 사람을 배려에 전념하게 하고, 동기전환을 일으키게 하는 것이다. 이처럼 배려의 관계 내에서 배려하는 사람이 배려에 헌신하고 배려 받는 사람이 배려를 수용할 때 느끼는 '기쁨'이 배려를 유지하게 해주고 배려에 헌신하게 한다.

또한 배려는 자연적 배려의 감정과 윤리적 배려의 감정으로 구성된다고 볼 수 있는데 두 감정 가운데 자연적 배려가 더 근원적인 것이며, 윤리적 배려의 감정은 자연적 배려의 감정에 기초해서 나오게 된다.[89] 자연적 배려(natural caring) 감정이란 다른 사람을 배려하고자 하는 자연스러운 감정에 의해서 배려하는 것으로서 단지 자연스럽게 배려할 뿐 어떠한 윤리적인 노력도 필요로 하지 않는 경우이다. 이러한 자연적 배려는 의무감에 의해서가 아니라 다른 사람을 배려하고자 하는 자연적인 성향으로부터 동기화된 것이다. 그러나 내가 반드시 배려해야 한다는 감정과 내가 소망하는 것이 일치하지 않는 경우, 배려가 이루어지기 위해서는 윤리적 배려(ethical caring)의 감정이 요구된다. 우리는 타인의 요구를 인정하면서도 배려하고 싶지 않은 경우가 있다. 우리가 피곤하거나, 상대방의 요구가 지나치게 크다거나, 상대방이 싫을 때 그럴 수 있다. 이럴 때 요구되는 것이 바로 윤리적 배려의 감정이다.

배려 윤리와 공감 발달단계를 이해하라

배려의 관계 내에서 배려 윤리의 발달단계를 살펴보는 것도 위에서 언급한 자연적 배려(natural caring) 감정과 윤리적 배려(ethical caring) 감정을 이해하는 데 도움이 된다. 미국 하버드대 최초의 여성학 교수였던 케롤 길리건Carol Gilligan이 주장했던 배려 윤리 발달 과정[90]은 임신 중절 딜레마에 직면한 여성들과의 면담을 통해서 이루어졌는데, 이 도덕적 발달이 이루어지는 과정은 세 단계의 수준과 두 개의 과도기로 이루어진 5단계로 구성된다.

우선 자신의 이익과 생존을 최우선으로 하는 단계이다. 이 단계에서 여성들이 도덕적이라고 여기는 것은 다른 사람을 위한 것이 아니라, 오직 자신을 위한 배려이다. 두 번째 단계는 자기중심의 이기심에서 다른 사람들에 대한 책임을 강조하는 과도기적 단계이다. 이 시기의 여성들은 자신들이 하고 싶은 개인적 욕구와 자신이 해야 하는 것을 구별하기 시작한다. 세 번째 단계에 이르러 자신과 상대방과의 관계 속에서 타인을 인식하게 되면서, 자기에게 의존하는 사람이나 자신보다 더욱 고통스러운 상황에 있는 사람에 대한 자신의 책임을 지각하고 보살피려는 모성애적 도덕성이 나타난다. 다음 단계는 조건 없는 배려와 자기희생에 대해 고찰하는 과도기적 단계이다. 이 단계에서는 선행에 관한 관심보다 진실에 관한 관심이 더 커진다. 마지막 단계에 이르면, 여성들은 배려가 어느 한쪽의 조건 없는 자기희생이 아님을 인식하게 된다. 배려는 배려하는 사람과 배려 받는 사람의 호혜적인 관계가 형성될 때 이루어진다.

이와 같이 발달 과정을 정리하면 배려의 대상이 자신으로부터 다른 사람, 그리고 마지막 단계에서 자신과 타인, 즉 우리 모두에게로 확대되어 간다는 점을 확인할 수 있다. 또 대상이 확대됨에 따라 이기심으로부터 책임감으로, 생존으로부터 선행으로 도덕적 관심이 전환되면서 점차 인간관계에서의 도덕적 충돌을 해소할 수 있는 적합한 방식으로 발전되어 간다는 사실을 알 수 있다.

한편, 이러한 배려의 발달에 대한 길리건의 설명은 공감의 발달에 대한 호프만Martin Hoffman의 설명과 맥을 같이 한다. 호프만에 의하면 공감의 발달은 4단계로서, 공감의 대상이 나로부터 타인에게로 동심원적으로 확대되는 과정에서 이루어진다는 것이다.

첫 단계는 초보적인 형태의 공감으로, 갓 태어난 어린 아기들에게서 나타난다. 아기들은 어머니의 보살핌을 받는 존재로, 배려를 조건 없이 수용한다. 두 번째 단계는 인간이 자신과 타인을 어느 정도 구분할 수 있는 인지적 능력을 갖춘 이후에야 가능하다. 아이들이 다른 사람에 관해 관심을 두기 시작하면서 상대방을 신체적으로 구분되는 존재로 인식할 수 있게 된다. 하지만 아직 다른 사람의 심리 상태를 알지 못하기 때문에 다른 사람의 감정을 경험할 때 자기중심적인 특징을 띤다. 다음 단계는 자신의 감정과 타인의 감정을 확실하게 구분하여 파악할 수 있는 단계로서, 이 단계에 있는 아이들은 타인의 감정이 자신의 것과는 다르며 서로 다른 욕구들과 관점에 근거해 있다는 것을 인식하게 된다. 이제는 어떤 도움이 다른 사람의 상황에 가장 적합할 것인가를 정확하게 이해할 수 있으므로 타인에게 더욱 적절한 도움을 줄 수 있게 된다. 마지막 단계에 도달하면, 아이들은 청소년기를 지나면서 좁은 시야에서 벗어나 전체적인 시야로 다른 사람과 사물에 대한 배려를 볼 수 있게 된다. 이 시기의 아이들은 다른 사람의 일시적인 고통뿐만이 아니라 장기간에 걸쳐 형성된 고통에 더 공감한다. 이제 아이들의 관심 범위는 자기가 직접 관찰하는 특정 인물들에 한정되지 않고 전체 집단 또는 계층에 대해 공감할 수 있는 수준으로 발달하게 된다.

길리건과 호프만의 설명은 공감 또는 배려의 대상이 자기 자신으로부터 타인에게로 확대되어 간다는 점에서 유사하다. 그러나 자신과 타인 모두가 배려의 대상이 된다는 길리건의 주장과는 달리, 호프만은 공감 발달 과정을 타인, 나아가 전 인류에 대한 전반적인 공감을 하는 것으로 주장하고 있다. 호프만의 주장대로라면 우리는 나 자신보다는 오직 타인을 위해서 공감하고 배려를 해야 한다. 하지만 진정한 의미에서 배려란 어느 한쪽이 조건 없이 자기희생을 하는 것을 의미하지 않는다. 다시 말해서 자기 자신에 대해 스스로 책임을 느끼고 보살펴야 한다는 것이다. 지금까지 배려가 타인의 배려로 인식될 만큼 자기에 대한 배려를 소홀히 하였다. 자기를 배려한다는 것은 자신의 이기적인 욕심을 채우라는 것이 아니다. 자기 배려는 자신이 상대방을 하나의 인격적인 존재로 존중하듯이 자신을 하나의 인격적인 존재로 존중하는 것이다.

배려의 전제는 기본적인 인간의 가치를 지키는 것이다

자기를 배려하기 위해서는 무엇보다도 우선 자기 자신을 소중히 여기는 자기존중(self-respect)이 중요하다. 그리고 자기존중을 위해서는 자기에 대한 이해, 즉 자기지식(self-Knowledge)이 필연적이다. 나는 누구이냐는 물음을 묻고 자신의 존재 의미에 관해서 탐구해 보는 것이 자기 배려를 하도록 하는 데 도움이 된다. 한편, 배려를 실천하는 행동은 법이나 규칙으로 강제되지는 않지만, 도덕적인 사고 수준에서 볼 때 가장 높은 수준의 행동으로 볼 수 있다. 즉, 배려를 실천하는 행동은 기본적인 인간의 가치를 지키는 것으로서 이는 도덕 발달 단계에서 가장 높은 수준이다.

이와 관련해서 콜버그Lawrence Kohlberg는 피아제의 인지 발달 이론에 근거하여 아동이 도덕적 딜레마를 해결하기 위해 어떠한 논리를 사용하는지를 관찰했으며, 이에 따라서 다음과 같이 세 가지 도덕적 사고 수준을 제시했다. 첫 번째 수준은 전 인습적 도덕 사고 수준이라 하며, 이때는 외부적 보상이나 처벌에 근거하여 도덕적 판단을 한다. 이 수준은 다시 1단계(타율적 도덕 단계)와 2단계(개인주의 단계)로 나뉜다. 두 번째 수준은 인습적 수준으로, 보통 타인이나 관습 등의 외부 요인에 의해 규정된 도덕관을 내면화한 시기이다. 이 수준 역시 3단계(대 인간 기대 단계)와 4단계(사회 시스템 도덕 단계)로 나뉜다. 마지막 수준은 후 인습적 수준으로, 도덕적 가치를 완전히 내면화하여 외부 기준이 필요 없는 시기를 말한다. 이 수준은 다시 5단계(개인의 권리 및 사회 계약 단계)와 6단계(보편적 윤리적 원칙 단계)로 나뉜다.

콜버그의 도덕 발달 단계의 수준을 결정하는 핵심적인 개념은 내면화(internalization) 정도라고 할 수 있다. 즉, 발달 수준이 높아지면서 도덕 판단의 기준이 외적 기준에서 내적 기준으로 변화한다는 것이다. 5단계인 '개인의 권리 및 사회 계약 단계'에서 개인은 법을 지키는 이유가 그것을 통해 개인의 기본적인 권리를 지킬 수 있기 때문이라는 사고를 한다. 따라서 법을 지킨다는 것은 그 자체가 목적이 아니다. 마지막 6단계 수준에 이르게 되면 어떤 가치, 권리, 원칙은 법전을 초월할 수 있으며, 변화할 수 있다. 이 단계에 속한 개인은 세상에는 다양한 의견과 권리와 가치가 있음을 인정하고, 이러한 다양한 의견은 그것이 기본적인 인간의 가치를 지키는 이상 존중되어야 한다고 생각한다. 현실적으로 이 단계는 콜버그의 도덕 발달 단계에서 가장 높은 수준이라고 볼 수 있다.

온정적 합리주의 리더들이 실천하는 배려 행동이 바로 이 단계에 속한다고 볼 수 있다. 물론 발달 단계 측면에서 볼 때 도덕적 사고 수준이 높다고 해서 반드시 도덕적 행동을 한다는 것은 아니라는 사실을 전제해야 한다. 사고와 행동은 괴리가 있을 수 있기 때문이다.

배려와 용기로 승승을 추구하라

스티븐 코비Stephen Covey는 인간 상호작용의 패러다임을 상대방을 존중하고 도움을 주는 배려 행동과 자신의 감정과 생각을 자신 있게 말할 수 있는 의지와 능력을 나타내는 용기 행동, 이 두 가지 행동과 관련해서 크게 4가지로 구분 지을 수 있다고 했다. 첫째는, 승(勝)-승(勝) 패러다임으로서 나도 이익을 얻고 상대방도 이익을 얻게 되는 경우를 의미한다. 이러한 상호작용은 서로의 이익을 추구하면서 상호 협조적인 경우를 말한다. 승-승 패러다임은 용기 행동과 배려 행동이 모두 높은 경우이다. 그 다음은 승-패 패러다임 상호작용으로서 자신만 이익을 얻고 상대방은 이익을 얻지 못하는 경우이다. 이러한 패러다임을 가지고 상호작용하는 사람들은 경쟁, 비교, 권위를 가지고 행동하는 경향이 강하다. 승-패 패러다임은 용기 행동만 높고 배려 행동이 낮은 경우를 말한다. 셋째로는 패-승 패러다임으로 다른 사람들에 대한 배려 행동은 높으나 자신의 감정이나 생각을 당당하게 표현하는 것에는 약한 경우이다. 마지막으로 패-패 패러다임으로 의존적이고 부정적인 태도로 다른 사람을 대하는 경우이다. 타인에 대한 배려도 없으며 자기의 생각과 감정도 솔직하게 표현하는 용기도 없이 상호 불이익을 초래하는 비효과적인 행동을 하는 사람들이 가지고 있는 패러다임이다. 이 경우 배려 행동과 용기 행동 두 가지가 모두 낮다.

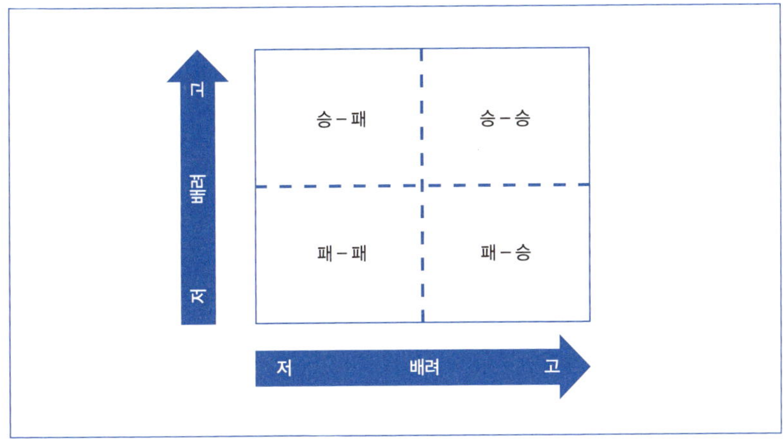

　한편, 승-패 패러다임과 패-승 패러다임을 가지고 있는 사람들이 장기적이고 지속해서 그러한 행동을 하게 되면 결국 패-패 패러다임으로 빠져 들어가기 쉽게 된다. [그림 6-1]은 용기 행동과 배려 행동을 중심으로 한 인간 상호작용의 4가지 패러다임을 나타내고 있다. 이렇게 볼 때 공감적 배려를 실천하는 온정적 합리주의 리더들은 공통으로 인간 상호작용 패러다임에서 용기와 배려가 모두 높은 승-승 패러다임을 지향한다. 또한, 이들은 부족의 심리가 아닌 모두 함께 충분히 나눌 수 있다는 풍요의 심리가 있기에 다른 사람을 인정해 주고 존중하며 그들과 신뢰 관계를 형성해 가는 것을 편하게 느낀다.

배려가 숨 쉬는 세상을 이야기하라

　간디가 막 출발하려는 기차에 올라탔다. 그 순간 신발 한 짝이 벗겨져 플랫폼 바닥에 떨어졌다. 이미 기차가 움직이고 있었기 때문에 간디는 그 신발을 주울 수 없었다. 그러자 간디는 얼른 나머지 신발 한 짝을 벗어 그 옆에 떨어뜨렸다. 함께 있던 사람들이 놀라 이유를 물었다. 간디는 미소를 지으며 이렇게 대답했다. "어떤 가난한 사람이 신발 한 짝을 주웠 다고 상상해 보십시오. 그에게는 한 짝뿐인 신발이 아무 쓸모가 없을 것 입니다. 하지만 이제는 나머지 한 짝마저 갖게 되지 않았습니까?" 간디가 타인을 위한 배려 행동을 얼마나 소중하게 생각하고 몸소 실천했는지를 보여 주는 이야기다.

구리 료헤이〈くりりょうへい〉 소설 『우동 한 그릇』[91]을 보면 북해정이라는 우동 가게 주인의 배려가 눈에 띈다. 허름한 옷차림을 한 세 모자가 우 동 가게에 왔지만 가난해 돈이 없어 우동을 한 그릇만 시켰는데, 이를 알게 된 주인이 우동 한 덩어리에 덤으로 반을 더 넣어 손님이 눈치채지 못하게 삶아서 준다. 다음 해에는 메뉴판을 뒤집어 200엔으로 오른 우 동 값을 150엔으로 바꾸어 놓고 세 모자에게 판다. 그 이후에도 계속된 우동 가게 주인의 따뜻한 마음이 담긴 배려 행동은 많은 독자의 심금을 울렸다.

또 빌딩 출입문을 들어갈 때 앞사람이 뒷사람을 위해 잠시 출입문을 잡아 준다거나 엘리베이터 문이 닫히려고 할 때 미리 타고 있던 사람이 나중에 타게 된 사람을 위해 대기 버튼을 잠시 눌러 주는 것도 일종의 배 려 행동이다.

하지만 오늘날과 같이 생존경쟁이 치열한 현대 사회에서 자칫 배려 는 무의미한 가치로 비칠 수도 있다. 자신에게는 한없이 관대하지만 자 기 이익과 출세를 위해서는 경쟁자나 남에게 잔인할 정도로 무자비하 고 예의조차 없는 사람들의 심리상태, 즉 사스퍼거 증후군(Sasperger syndrome)에 시달리는 사람들은 특히 타인에 대한 배려의 중요함을 전 혀 인식하지 못한다. 이들은 사회적 상호작용이 부족하여 남의 처지를 이해 못 하고 자기 세계에만 갇혀 있다. 소위 자신은 선이고 남은 악이라는 이분법적 사고의 틀에 갇힌 사스퍼거 유형의 사람들을 주변에서 쉽게 발견할 수 있다. 물론 부분적이긴 하지만 우리 자신도 이런 유형에서 벗어나지 못하다고 생각한다. 우리 역시 남에겐 엄격하면서도 자신에게는 한없이 관대하기 때문이다. 그저 자신의 이익에만 밝고, 남의 탓으로 일관하며, 남의 약점을 부풀려 헐뜯고 모함하여 상처를 주고도 개의치 않는 태도가 모두 여기에 속한다. 한마디로 상대방에 대한 배려가 없는, 그래서 자기밖에 모르는 태도다. 자기에게는 필요 없는데 상대방을 위해 불을 밝히고 다닌 '시각장애인의 등불' 이야기가 있다. 자신에게는 불필요하지만, 상대방을 생각해서 배려하는 태도야말로 세상을 밝히는 등불이다.

공감적 배려를
실천하는 능력을 키워라

도대체 공감적 배려 능력은 어떻게 개발할 수 있는 것일까? 무엇을 어떻게 해야 온정적 합리주의 리더에게 필수적인 공감적 배려 능력을 키울 수 있는 것일까? 공감적 배려 능력을 개발하는 방법은 다양하고 개발해야 하는 내용도 많지만, 여기서는 공감 능력과 배려 능력을 중심으로 개발 및 실천 방법에 대해 알아보자.

감정과 감성을 인식하라

공감 능력을 개발하기 위해서는 인간이 보편적으로 지닌 감정을 아는 것이 중요하다. 우선 자기 자신이 어떤 감정 상태인지 스스로 느낄 수 있어야 감정을 조절할 수 있으며 이를 통해 상대방의 감정도 읽을 수 있다. 상대방을 안다는 것은 그 사람의 감정을 아는 것이 많은 부분을 차지하기 때문이다. 자기 자신의 감정을 느끼는 능력이 부족하면 당연히 타인의 감정을 이해하고 적절한 반응을 보이는 능력도 동시에 떨어지게 된다. 즉, 타인의 어려운 상황을 이해하지 못하면 공감을 표현하는 것이 어렵다. 공감이란 내가 상대방의 입장이 되어 보는 경험을 하는 역지사지의 마음인데, 그게 제대로 작동이 안 된다는 것이 대인관계 문제의 핵심이다. 내 안에 움직이는 나의 감정을 느낄 수 없는데, 저만치 떨어져 있는 상대방의 감정을 느낄 수 없다는 것은 어찌 보면 당연하다.

그렇다면 감정은 무엇인가? 감정은 어떤 현상이나 일에 대하여 일어나는 마음이나 느끼는 기분이다. 대표적인 여섯 가지 감정으로 공포, 분노, 역겨움, 슬픔, 사랑, 행복 등을 들 수 있다. 따라서 이러한 감정들의 특징들을 잘 이해하고 자신의 감정 상태를 인식해야 상대방의 감정 상태에도 잘 공감할 수 있다. 이와 더불어 자신과 상대방의 감정 상태를 이해하고 공감한 후에 배려하는 행동을 하기 위해서는 감성에 대해 알아야 할 필요가 있다. 감성에 대해 다니엘 골먼Daniel Goleman은 하나의 느낌이며 부수적으로 따르는 사고 및 심리적, 생리적 상태이며 동시에 일련의 행동 경향이라고 정의했다.[92] 다시 말해 감정이 느끼고 인식하는 수준이라면 감성은 그것을 넘어 서서 공감한 후에 상대방을 위한 배려 행동까지를 포함하는 더 큰 개념이라고 볼 수 있다.

감성지능 능력의 4가지 구성 요소를 이해하라

감성지능은 좌절 상황에서도 자신을 동기화하고, 자신을 지켜낼 수 있게 한다. 또한, 충동의 통제와 지연만족을 가능하게 하고, 기분 상태나 스트레스로 인해 합리적인 사고를 억누르지 않게 하며, 타인에 대해 공감할 수 있으며 희망을 버리지 않는 능력이다. 상대방에게 감정을 이입하여 공감한 후에 배려 행동까지 가능케 하는 감성지능 능력은 크게 4가지 요소로 구성되어 있다.

우선 개인적 능력과 사회적 능력으로 구분되고 각 능력에는 하위로 두 개씩 포함되어 있다. 개인적 능력에는 자신의 감정, 능력, 한계, 가치, 목적에 대해 깊이 이해하는 능력인 자기인식 능력과 자신의 감정과 자신이 무엇을 얻고자 하는지 분명히 인식하고 바르게 표현하는 능력인 자기관리 능력이 포함된다. 또한, 사회적 능력에는 다른 사람의 얼굴과 목소리를 통해 그 사람의 감정을 읽어내고 대화 도중에 상대방의 감정에 동조, 공감하는 능력인 사회적 인식 능력과 다른 사람들에게 영감을 불러넣어 조직의 가치, 목표에 깊이 공감할 수 있도록 인도하여 올바른 방향으로 이끄는 능력인 관계관리 능력이 해당한다.

공감을 위해 감성지능을 개발하라

그렇다면 타인과의 소통 시에 공감하는 능력을 키우기 위해서 감성지능 능력을 어떻게 높일 수 있을까? 감성지능 능력을 높이기 위한 행동들은 다음과 같다.

① 자기인식 능력을 높이기 위한 행동

자신의 감정을 좋은 것과 나쁜 것으로 나누지 않고 감정이 불러일으키는 파급 효과를 인식한다. 누가 무엇이 자신의 신경을 건드리는지 알아내고 불편한 감정을 그대로 받아들인다. 나쁜 기분, 좋은 기분에 좌우되지 말고 자기만의 감정일지를 쓴다. 항상 자신을 성찰하고 자신에게 가치 있는 것을 찾는다. 주변 사람들로부터 피드백을 듣는다. 스트레스 상황에서 자신을 견뎌낼 수 있는 마음을 유지한다.

② 자기관리 능력을 높이기 위한 행동

심호흡하며 명상을 한다. 인생목표를 세우고 실행해 나가며 성공하는 모습을 상상한다. 자기관리 능력이 뛰어난 사람과 만나고 대화한다. 더 많이 미소 짓고 웃는다. 충분하게 자고 신체·정신적으로 적절한 휴식을 취한다. 자기가 할 수 있는 일에 집중하고 말과 행동의 일치성을 유지한다. 만나는 모든 사람에게서 배운다. 변화가 항상 필요하다는 것을 인정한다.

③ 사회적 인식 능력을 높이기 위한 행동

상대방의 이름을 부르며 인사한다. 공감을 위해서 상대방의 몸짓을 유심히 살핀다. 회의 중에는 될 수 있으면 필기를 하는 대신 참가자들의 얼굴을 본다. 지금 여기에 충실히 한다. 공감적 경청 스킬을 익힌다. 상대방의 입장에서 생각하고 부분과 함께 전체를 생각한다.

④ 관계관리 능력을 개발하기 위한 행동

항상 마음을 열고 호기심을 가진다. '감사합니다', '고맙습니다'와 같은 작은 표현들을 자주 사용한다. 피드백에 귀 기울이고 신뢰를 쌓는다. 타인의 감정을 이해한다. 건설적인 피드백을 한다. 상대방에게 친절을 베푼다. 상대방의 실수를 용서한다. 상대방의 단점보다는 장점을 보도록 한다.

감성지능 능력을 높이기 위해서는 자기인식 능력, 자기관리 능력, 사회적 인식 능력, 관계관리 능력 등에 해당하는 다양한 행동을 지속해서 실천하는 것이 무엇보다도 중요하다.

감성으로 소통하여 공감을 얻어라

감성지능 능력, 특히 그중에서 사회적 능력인 관계관리 능력을 개발하기 위해서는 감성으로 소통하는 것이 매우 중요하다. 감성으로 소통할 수 있어야 상대방에게서 공감을 얻을 수 있고 이를 통해 더욱더 자신의 공감능력을 향상할 수 있기 때문이다. 감성소통이란 상대방의 표정과 감정 상태를 충분히 파악하고 자신의 말이 상대방에게 어떤 영향을 미치는지를 이해하면서 감성으로 소통하는 것을 말한다.

일반적으로 소통에는 업무지시 및 보고, 정보공유를 위한 업무적 소통과 아이디어 제안, 비전 제시, 협업 등을 위한 창의적 소통, 그리고 인간관계에 초점을 맞추고 이해와 배려, 공감을 해 줌으로써 대인관계의 질을 향상하려는 정서적 소통이 있다. 감성 소통은 바로 정서적 소통과 같은 소통 방식을 의미하는 것이다.

"저는 시각장애인입니다. 도와주세요!"라는 글귀로 도움을 요청한 경우와 "아름다운 날입니다. 하지만 저는 그것을 볼 수 없습니다."로 표현을 바꾸고 놓고 도움을 요청한 경우, 후자가 훨씬 더 많이 도움을 받게 되었다는 실험 결과가 있다. 공감을 위해 감성적으로 표현만 바꾸었을 뿐인데 이렇듯 크게 효과가 나타난 것이다.

또한, 감성 소통으로 상대방에게 공감하도록 하여 처음 보는 사람들을 효과적으로 설득한 실험도 있었다. 한 청년이 길거리에서 처음 보는 낯선 사람에게 "제가 지갑을 잃어버려서 그러는데 천 원만 빌려주시겠습니까?"라고 도움을 요청한 결과 실험 대상자 20명 가운데 단 한 명도 이 청년에게 천 원을 빌려주지 않았다. 나중에 돈을 빌려주지 않은 이유를 실험 대상자 20명에게 물어보니, 지갑을 잃어버렸다는 말에 진실성이 없어 보였고 꼭 필요해서 빌려달라고 한 것이었는지 청년의 말에 공감을 못 했기에 빌려주지 않았다고 했다.

반면에 같은 장소에서 감성적으로 표현을 바꾸어 도움을 요청한 결과, 20명 가운데 무려 13명이나 그 청년에게 천원을 빌려주었다. 도대체 어떻게 감성적으로 소통하였기에 가능했던 것일까? 청년은 "제가 지갑을 잃어버려서 그러는데 천 원만 빌려 주시겠습니까? 제가 급히 차를 타고 원서를 마감하러 가야 해서 그렇습니다. 그리고 연락처를 알려 주시면 꼭 송금해 드리겠습니다."라고 감성적인 표현을 사용했던 것이다. 돈을 빌려준 13명에게 빌려준 이유에 관해 물어보자, 그들 대부분은 청년의 상황이 진짜 다급하게 느껴졌으며 비록 천 원이지만 나중에 꼭 송금해 주겠다는 말에 진실성이 느껴져서, 즉 청년의 말에 공감했기에 빌려 주었다고 말했다.

감성 소통의 영향력을 매우 분명하게 보여 주고 있는 영화 속 명대사가 있다. 바로 영화 '브레이브하트^{Braveheart}'의 주인공 윌리엄 월레스^{William Wallace}의 대사다. 그는 스털링 전투를 앞두고 죽음에 대한 두려움으로 전투에서 도망치려고 하는 자신의 병사들에게 왜 그들이 싸워야 하는지를 감성에 호소하면서 이렇게 크게 외친다.

"여러분은 폭정에 도전하고자 정의의 칼을 뽑은 것이다. 여러분은 자유인이요. 자유인으로서 싸우러 온 거다. 자유가 없다면 어찌하겠나? 그렇다. 여러분의 생각처럼 싸우다 죽을 수도 있다. 하지만 도망가면 당분간은 살 수 있겠지만, 세월이 흘러 죽게 되었을 때 오늘부터 그때까지의 시간을 맞바꾸고 싶을 거다. 이 단 한 번의 기회를 얻어 다시 적들에게 외치고 싶을 거다. 우리의 목숨을 빼앗을 순 있지만, 자유는 빼앗지 못할 것이다. 우리의 자유를 위해! 우리의 자유를 위해! 싸우자!"

윌리엄 월레스가 감성으로 소통함으로써 훈련된 상대 진영 병사들과 싸우다 죽을 수도 있다는 두려움에 떨고 있던 병사들이 오히려 사기가 충천하게 된다. 죽음의 두려움마저 극복하게 하는 이 장면은 감성 소통의 영향력을 잘 보여 준다.

공감을 위해 패러다임을 바꿔라

감성지능 능력을 높임으로써 공감능력을 키우는 데 중요한 한 가지 전제는 상대방에 대해 좋지 않은 선입견을 버리는 것이다. 그 이유는 우리가 일단 상대방에 대해 좋지 않은 선입견을 품게 되면 진정으로 공감하는 것을 방해하기 때문이다. 선입견 때문에 자칫 상대방과 소통할 때 공감하지 못하는 우를 범해서는 안 될 일이다. 선입견은 소통을 가로막는 하나의 필터로서 진심을 직접 전달하는 것을 어렵게 만들기 때문이다. 선입견이 판단의 기준으로 작용할 경우 올바른 판단을 하는 데 장애가 된다. 따라서 나와 다른 상대방의 생각, 행동들을 틀렸다는 선입견을 품고 보는 것이 아니라 단지 나와 다를 뿐이라는 차이로 보는 것이 효과적인 소통을 위해서는 매우 중요하다.

NLP(Neuro-Linguistic Programming ; 신경-언어프로그래밍, 신경언어학) 전제들 가운데 '지도는 영토가 아니다.'라는 중요한 전제가 있다.[93] 내가 세상을 보는 패러다임과 상대방이 세상을 보는 패러다임이 다를 수 있다는 것을 수용하고 상대방의 신념, 가치관, 세계관을 존중해야 한다는 뜻이다. 상대방과 내가 다르다는 것을 수용한다는 것은 상대방의 입장에서 생각할 줄 안다는 것을 의미한다. 우선 상대방의 입장에서 생각할 줄 알아야 상대방의 말에 공감할 수도 있으며 나아가 배려할 마음이 생기는 것이다. 다시 말해 상대방에게 공감하고 상대방을 배려해 주기 위해서는 지각적 입장을 이해하는 것이 중요하다. 즉, 내가 바라보는 1차 입장, 나와 상대하는 상대방이 가지는 2차 입장, 관찰자로서 상황과 관계를 객관적으로 보는 제삼자의 3차 입장까지를 바꾸어 가면서 세상을 볼 수 있어야 한다. 특히 상대방 입장인 2차 입장은 세상을 다른 사람의 관점으로 이해하고 생각할 수 있도록 해 준다. 이러한 2차 입장에 대한 이해는 타인과의 공감을 위해 가장 중요한 기반이 된다. 즉, 다른 사람의 마음과 정서를 이해할 수 있도록 도움을 주는 것이다.

공감적 배려 능력을 개발하는 방법을 실천하라

배려의 개념 속에는 자기 배려와 타인 배려가 함께 존재한다는 것을 이미 앞에서 언급하였다. 즉, 배려의 관계에서 공감의 발달 과정은 우선 자기 자신에게 공감할 줄 알고, 자신을 배려할 수 있게 된 후에 타인뿐만 아니라 나아가 공동체 구성원 모두가 배려하고 배려 받는 대상으로 발전하여, 말 그대로 더불어 살아가는 상생의 관계를 형성하게 된다는 것이다. 배려의 능력을 실천하기에 앞서 배려가 선택이 아니라 함께 더불어 살아가는 데 없어서는 안 될 필수적인 공존의 원칙이며, 사람은 능력이 아니라 배려로 자신을 지키고, 이 세상은 경쟁이 아니라 배려로 치유되고 유지될 수 있다는 신념을 지니는 것이 더욱 중요하다. 또한, 남을 위한 배려가 곧 나를 위한 배려라는 사실을 명심해야 한다.

배려 능력을 개발하기 위한 실천은 나에 대한 배려와 남을 위한 배려로 구분할 수 있다. 먼저 나에 대한 배려 실천은 다음과 같다. 우선 자신의 마음을 평안하게 조절하는 것으로 마음속으로 좋은 생각, 긍정적인 생각만을 하는 것이다. 다음으로는 항상 겸손한 태도를 보이고 주위 사람들에 대해 따뜻한 관심과 사랑의 마음을 유지하는 것이다. 상대방과의 차이점을 이해하고 상대방의 관점으로 바라보도록 노력해야 한다. 또한, 자신의 의식 수준을 높이기 위해 끊임없는 자기 성찰과 학습 태도를 유지하는 것도 스스로에 대한 배려를 실천하는 데 있어서 중요하다.

한편, 남을 위한 배려 실천으로는 받기에 앞서 먼저 베푸는 행동을 하는 것을 들 수 있다. 상대방의 실수는 감싸 주고 바로 용서를 해 주는 것도 좋은 배려의 방법이 된다. 평소에 작은 것을 함께 나누는 행동도 습관이 되면 좋은 배려 행동이 될 것이다. 더불어 다음 사람을 위해 엘리베이터 및 출입문 잡아 주기, 공공장소에서 조용히 하기, 자리 양보, 노약자석 비워 두기 등 우리의 일상생활에서 실천할 수 있는 것들을 매일매일 즐거운 마음으로 하는 것이 무엇보다도 중요하다.

사실 공감적 배려 능력은 며칠간의 노력으로 쉽게 개발되거나 얻을 수 있는 것이 아니다. 우선 남을 위한 공감적 배려가 곧 나를 위한 배려라는 사실을 깊이 인식하고 날마다 작은 공감적 배려 행동이라도 지속해서 실천하여 습관이 되게 만드는 것이 중요하다.

지금까지 온정적 합리주의 리더가 갖추어야 할 공감적 배려에 대해 살펴보았다. 우리가 알고 있는 간디, 킹 목사, 링컨, 케네디 같은 위대한 리더들이 발휘하는 리더십 특징의 공통점은 무엇일까? 물론 이상적 영향력, 영감적 동기부여 수준이 가장 높게 나타나고 있지만, 그에 못지않게 개별적 배려도 높은 수준으로 나타나고 있다는 공통점을 보여 준다. 상대방의 욕구에 관심을 가지고 공감해 주고 감성으로 소통하며 배려 행동까지 실천하는 공감적 배려야말로 온정적 합리주의 리더가 우선하여 갖추어야 할 덕목이다.

Chapter 07

이타적 협력을 하라

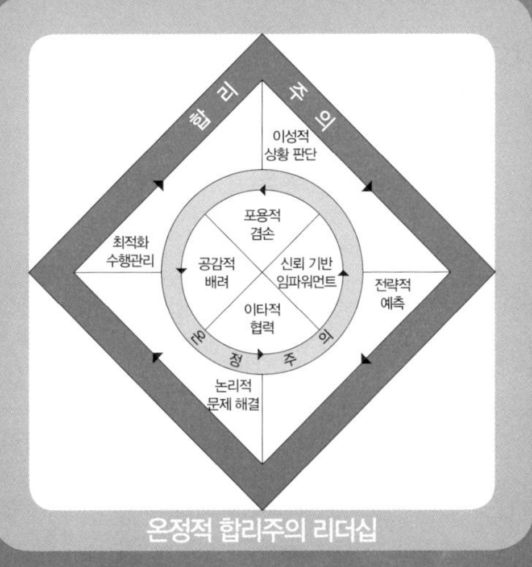

누군가는 성공하고 누군가는 실수할 수도 있다.
하지만 이런 차이에 너무 집착하지 마라.
타인과 함께, 타인을 통해서 협력할 때에야
비로소 위대한 것이 탄생한다.

— 생텍쥐페리 Antoine de Saint-Exupéry

2016년 1월 24일, 언론 매체는 미국과 중국, 한국, 대만, 홍콩에까지 최강의 한파와 폭설이 내려 지구촌을 겨울 왕국으로 만들어버렸다고 보도했다. 미국 동부는 94년 만에 최고 수준인 약 1m 가량의 폭설이 내려 비상사태가 선포되었고, 뉴욕 주 남부 전체에 여행과 차량 운행을 전면 금지했다. 하지만 여전히 도로에 나온 운전자들이 있었고 일부 시민들은 뉴욕의 센트럴파크에서 달리는 차량에 로프를 연결해 스노보드를 즐기는 여유를 보이며 비상 상황과 대조되는 모습을 보여주었다. 우리나라에서도 전국에 한파 경보가 내려졌고 서울의 체감 온도가 영하 25도까지 내려가 수도관 계량기 동파사고가 속출했으며, 세탁기 사용 금지와 베란다 물 사용 자제를 요청했다. 제주도는 32년 만에 기록적인 폭설이 내려 제주공항 항공기 운항이 전면 중단되고 6만여 명에 이르는 승객들의 발이 묶였다. 이러한 상황에서 자신의 편익만을 위해 행동하는 사람들만 있는 것은 아니었다. 일면식도 없는 공항 체류자들을 선뜻 자기 집으로 초대하는 행렬이 이어졌고, 조천 스위스마을 조합원들은 쌍화탕 1,000병을 사서 공항의 체류자들에게 나누어 주었다.

이처럼 언론매체는 폭설과 한파로 어려움에 부닥친 상황과 그런 상황 속에서도 서로 돕고 협력하는 사람들의 훈훈한 미담을 전했다. 철저히 자기 생각만 하는 사람들이 있었지만, 이타적으로 협력하는 사람들로 인해 어려움에 부닥친 사람들이 고통을 나누는 모습을 담고 있다. 간접적으로나마 남을 도울 줄 알아야 한다는 교훈과 더 중요하게는 우리 사회가 추구해야 할 바람직한 행위규범임을 알렸다. 누군가가 자신의 이기적 자아를 초월하여 다른 사람들을 위해 이타적으로 협력함으로써 조직 전체에 도움이 되도록 하고 그렇게 함으로써 온정은 자신의 문화 혹은 경계를 넘어서 소외된 곳으로까지 퍼져 간다는 것을 볼 때 더욱 그렇다. 즉, 이타주의적 행위 특성이 인간 문화의 사회적 조건에 부합하는 도덕적 가치와 사회규범을 유지하는 데 긴요한 역할을 수행하고 있는 것이다.

이처럼 우리 사회 곳곳에는 개인들의 이해타산과 맞물려 갈등과 분열이 초래되는 일도 비일비재하지만, 이타적 동기를 가진 많은 사람도 존재한다. 정작 자신은 손해를 감수하면서 이타적 행위를 취함으로써 남들에게 혜택을 주고 조직 전체에 도움이 되도록 하고 있다. 그러면 이러한 인간문화의 특성은 무엇 때문인가? 우선 이 질문에 답해보자. 그리고 이타적 협력의 차원을 생각해 보자.

맵시 좋은 인간이 돼라

성선설(性善說) 대 성악설(性惡說)이라는 풀리지 않는 대논쟁이 있다. 인간이 본성적으로 이타적이지만 나중에 사회가 이기적으로 변하도록 하는 것인지, 아니면 그 반대인지의 논쟁에서다. 이에 대한 당신의 생각은 어떠한가? 그렇다고 이타성(利他性)과 이기성(利己性)을 선과 악으로 대립시켜 이타성을 무조건 바람직한 도덕적 가치로 귀결시키는 오류는 범하지 않길 바란다. 왜냐하면 성선설과 성악설이 대두하여 오늘날까지 존속하는 것은 둘 다 각각의 주장에 맞는 진실을 지니고 있기 때문이다.

인간 종의 성공 비결은 무엇인가?

잠시 눈을 감고 자신의 생명을 생각하지 않은 채 희생정신으로 위기에 처한 사람을 돕고자 했던 미담을 떠올려 보자. 다음 내용은 2013

년 4월 21일 국민일보가 '전철 선로에 뛰어든 50대 장애인을 구한 육군 600여단 서OO 대대장의 헌신적인 행위'를 보도한 사례다. 우리는 이 사례를 통해 이타적 행위가 합리적 계산에서 나오는 행동인지 아니면 무의식적인 인간의 본성에서 기인하는 행동인지를 생각해 볼 수 있다. 그리고 이타성의 한계도 느낄 수 있다.

〈보도 사례〉

현역 육군 소령이 전철역 정거장에서 전동차를 향해 뛰어든 50대 장애인을 구했다. 21일 경기 동두천경찰서 등에 따르면 … 〈중략〉 … 서 소령은 전동차 진입 안내방송을 듣고 지인과 인사를 한 뒤 막 돌아서는 순간 전동차 불빛 속에 한 남성이 승차장 아래로 뛰어내린 것을 봤고, 곧바로 몸을 던져 이 남성을 반대 선로로 밀쳐냈다. … 〈중략〉 … 지행역은 무인역이어서 서 소령의 희생이 없었다면 생명을 잃을 뻔했던 아찔한 순간이었다. 지적장애 3급인 이 남성(57)은 지병이 있는 데다 홀아버지와 함께 사는 처지를 비관해 철로에 뛰어든 것으로 경찰에 의해 확인됐다. … 〈중략〉 …

당신은 이러한 행동을 합리적 계산에서 나오는 행동이라고 보는가? 아니면 무의식적인 인간의 본성에서 기인하는 행동이라고 보는가? 위의 사례에서 보듯이 서 소령의 용기 있는 행동은 다소 극적으로 보일 수 있으나 우리가 그를 영웅으로 볼 수 있는 내용이다. 하지만 서 소령의 행위가 얼마나 황당한 행위였는지를 생각해보면 철로로 뛰어내린 행위를 정의의 투사인 영웅의 모습으로 상상할 수 있을까? 무엇이 타인의 생명을 구하기 위해 자신의 목숨을 걸게 만들 수 있는 것일까? 물론 이런 영웅은 흔하지 않다. 그렇다고 특별한 예외로 치부할 수도 없는 일 아닌가.

이런 사실에서 보면 인간의 본성에 선한 속성이 없다면 앞서 말한 희생적 행동은 나올 수 없고, 사람이 선하다는 측면은 사람은 누구나 '기여하고 싶은 마음'이 있다는 데서 찾을 수 있다. 굳이 칭찬이나 인정을 받지 않더라도 본래 기여하고 싶은 욕망이 분명히 있다. 그래서 사람들은 좀 더 큰일에 헌신하고 기여하면서 역사에 이름을 남기기도 한다. 이는 모든 존재가 서로를 필요로 하며 상호 의존하면서 상생·공생하는 질서에 따르고 있다는 것을 의미한다.

이러한 문제는 발달심리학자 토마셀로^{Michael Tomasello}가 이타성과 협력의 기원을 진화심리학을 통해 밝힌 연구로 더욱 분명해졌다.[94] 흥미롭게도 언어와 규범을 습득하지 않은 생후 24개월 이전의 유아와 영장류의 행동 패턴을 관찰하고 비교 분석하여 이타성과 협력은 타고난 본성임을 밝히고 있다. 인간은 사회적인 존재로서 제도, 규범, 이념, 종교와 같은 것을 지니고 있고, 광범위한 협력 행동을 보인다는 점에서 각기 다른 정도로 각각의 고유한 이타적 속성을 지니고 있다는 것이다.[95] 그는 경제학의 틀을 빌려 재화, 서비스, 정보라는 상품을 통해 설명하고 있는데, 상대방을 생각하고 도우려는 성향, 유용한 정보를 전달하고자 하는 마음, 나의 이익과 상대의 이익을 고려해 자원을 공유하고자 하는 것 등 다양하다.

또한, 우리는 사람들이 이타적으로 협력하는 이유를 스스로 창출한 문화적, 제도적 관점에서 접근할 수 있다. 이는 어떻게 사람들이 모여 협력하고 사회를 구성하는가 하는 이타성 문제에 대한 답이기도 하다. 인간은 전형적으로 다른 동물과 달리 개인의 행동을 조절하는 문화를 지닌 종이다. 그래서 인간 문화는 누적되는 역사 속에서 어떤 일에 적합한 행동양식을 만들어 내고 다른 사람에 의해 학습될 뿐만 아니라 역사 속에 단단하게 자리 잡아 왔다. 그러면서 다양한 종류의 규범이나 규칙과 같은 사회제도 또는 질적으로도 차별화하는 행동 관행을 만들어 간다.[96] 인간이 규칙의 제정을 포함하는 순응의 규범이나 인습에 의지해 살면서 사회생활을 영위하는 방법을 배우는 것은 바로 이러한 문화창조력 때문이다.

주어진 대로만 살아가는 것이 아니라 삶에 유리한 새로운 문화를 만들어 가는 인간의 특성은 협력에 필요한 조직된 상호작용을 강화하게 되고, 이 모든 것의 배후에는 근본적으로 돕고자 하는 협력의 동기가 자리 잡고 있다. 특히 어떤 문화적 특성을 가진 사람이 그렇지 않은 사람에 비해 주어진 환경에서 더 성공적이라고 보면 다른 사람이 모방하거나 학습될 가능성은 더욱 커질 것이다.[97] 따라서 돕고자 하는 순수한 동기에서 비롯된 협력은 이타성의 한 형태로서 교육적 가치를 지니게 되고, 바람직한 규범으로 발전하여 지속적으로 모방되고 학습된다. 이로써 우리는 누적된 문화와 사회제도 속에서 이타적 가치를 공유하고 협력하는 것이 얼마나 중요한 가치로 자리매김 되었을지 유추할 수 있다. 상황에 따라 이기심에 지배되어 협력의 어려움이 있더라도 협력 차원의 활동은 더불어 상생할 수 있는 최상의 결과를 도출할 수 있기 때문이다.

이처럼 인간의 이타성과 도우려는 협력성은 인간 종의 성공 비결과 깊은 관련이 있다. 우리가 이렇게 믿는 것은 이타성과 협력이 하나의 권장할 만한 행동양식으로만 그치는 것이 아리라 사회규범으로 인간 문화에 내재화되어 있음을 확인할 수 있기 때문이다. 이 점에서 이타성을 인간 문화의 특성에 비추어 애초에 협력적 강화가 어떻게 생겨날 수 있었는지, 그리고 온갖 다양한 전략(상대방을 이용하거나 상대방과 협력하여 이득을 얻으려는 행위)들 사이에서 살아남을 수 있었던 전략과 그 전략이 생존력을 지속할 수 있는 조건을 생각해 보면 인간 종의 성공에 대한 믿음은 확고해진다.

인간 협력의 이타적 행동양식은 각별하다

이타적 행위는 사회적으로는 이익이 되는 값진 행위로 귀결되지만, 개인적으로는 이득이 되지 않는 일이라도 희생이 따르는 솔선수범을 보이는 행위이다. 앞서 이야기한 폭설 현장에서 보여준 제주도민의 행위나 동두천 지행역에서 보여준 서 소령의 행위는 모두 이타적인 행위이다. 남들에게 혜택을 주었지만, 막상 자신들에게는 크고 작은 손해를 감수하는 희생이 따르는 행위이므로 이타적인 행위이다. 이 밖에도 자발적으로 헌혈하고, 자연재해가 발생하면 바로 현장으로 달려가 자원봉사자로 참여하며, 이른 아침 남들보다 먼저 일어나 회사에 출근해 청소하는 것 등도 이타적 행위라고 볼 수 있다. 이러한 사례에서 볼 때, 우리는 관계의 지속이나 행위 주체들의 이해타산이 결부되지 않았더라도 진정한 이타성을 보이는 경우가 많다는 것을 알 수 있다. 당신도 종종 남을 돕고 관용을 베풀었을 때를 생각해 보라. 당신은 아마도 기분이 좋았던 것을 기억할 것이다. 실제로 이러한 행동은 달콤한 초콜릿을 먹을 때처럼 뇌 속의 회로들을 활성화한다고 한다. 실제로 타인을 돕기 위한 이타적 행동을 하는 사람들이 자신의 행복만 생각하는 사람보다 더 만족하고 건강한 경우가 많다.

그렇다면 사람들은 무엇 때문에 이러한 행위를 하는 것일까? 이러한 차원도 현대 진화론적 측면에서 주류적 관점인 혈연선택 가설(1963년 윌리엄 헤밀턴 William Hamilton에 의해 정식화됨) 혹은 반복 상호성 가설을 떠올려 보고, 대안적 이론들을 살펴보면 쉽게 접근해 볼 수 있다. 부연하자면 혈연선택이란 같은 유전자를 갖고 있을 확률이 높은 사람들을 돕는 것이고, 반복 상호성이란 거래를 반복하고 지속한다면 상호성에 따라 이타적 행위가 일어나는 것이다. 그리고 대안적 이론들은 유유상종과 같이 협조적인 사람들은 협조적인 사람들끼리 협력할 때, 또는 한 사회에서 이타적인 개인이 많을수록 이타적 행위가 진화할 수 있는 유리함이 조성 된다는 것 등이다. 여기에 인간이기 때문에 발전시킬 수 있었던 누적된 문화나 사회제도의 창출 등도 이타성의 차원에서 주체적 혹은 환경적 요 인이 된다.[98]

그뿐만 아니라 현대 비즈니스 생태계의 공존에 이르기까지 '이타적 행동'의 영역은 제한될 수 없다. 일본 경영의 3대 신(神)으로 불리는 교세 라 그룹의 이나모리 가즈오稻盛和夫 명예회장의 '이타적 가치'에 기반을 둔 철학 경영 주문은 '이타의 생태계'가 얼마나 소중한지를 잘 대변하는 일 화다. 그는 단기 성적에 치중하는 경영으로는 머잖아 한계에 직면한다 는 경고와 함께 10년, 30년 뒤 기업의 성공 키워드를 이타심으로 귀결시 키고 있다.[99] 그러므로 이타성의 차원은 사회적 조건에 부합하는 도덕적 가치와 사회규범뿐만 아니라 비즈니스 생태계를 유지하는 데 큰 역할을 한다는 점에서 인간문화의 디폴트값(Default value)으로 볼 수 있다. 그 래서 이타적 협력 행위가 우리 생활에서 계속 일어날 수 있게 하는 발전 소를 우리 모두 갖추고 있음도 분명하다.

그러면, 협력의 차원은 어떠한가? 사전적 의미로 보면 협력은 '특정한 목적을 달성하기 위해 서로 힘을 합하여 도움'이라는 뜻을 지니고 있다. 간혹 맥락에 따라 다르긴 해도 '함께 일을 한다.'는 의미도 내포하고 있 다. 이러한 사전적 의미는 영·미계에서 협력의 개념으로 혼용하여 사용 하고 있는 '콜래버레이션(collaboration)'과 '컬리지앨리티(collegiality)' 를 보면 좀 더 명확해진다. 콜래버레이션은 공동의 지적인 작업 과정에 서 함께 일함의 의미를 내포함과 동시에, 공동으로 목적을 달성하고자 '일(labor)'을 함께 수행하는 과정의 '실제'적 측면을 강조한다. 컬리지앨 리티는 동료들 사이에 지닌 권력과 권위를 공유하는 것으로 함께 작업과 정에 참여한 동료들 사이의 공동의 책임 '의식'을 강조한다. 주로 경제학이나 경영학에서 활용되는 코퍼레이션(cooperation)도 공동의 목적을 위해 함께 일하는 것으로 정의하고 있는데, 이는 더욱 실제적인 개념으로 두 개 이상의 기업 또는 행위자가 공동의 목적을 추구하기 위해 함께 일하는 것으로 상생의 질서를 강조한 것으로 보인다.

현대 사회는 전쟁터로 비유될 만큼 거칠고 냉혹하게 서로 경쟁하는 관계성을 갖고 있어서 그보다는 개인이나 조직, 나아가 국가 간의 관계에 이르기까지 협력을 통해 새로운 가치와 시너지를 창출해 내는 상생을 요구하고 있다. 이는 하는 일과 생각의 깊이가 다르다 할지라도 상호 협력을 통해 서로에게 이익을 가져오게 하는 매우 긴요한 역할을 수행할 수 있기 때문이다. 그래서 우리 주변에는 단순히 성과를 창출하기 위해 협력하는 일에서부터 경쟁자들끼리도 협업을 통해 시너지를 창출하는 일이 빈번하게 일어나고 있다. 많은 기업이 여러 다른 분야에서 각자 가지고 있는 전문지식이나 기술, 아이디어, 브랜드와 같은 기존 자원들을 재조합하여 새로운 것을 창조할 수 있도록 하고, 교차 판매로 매출을 증대하거나 다른 조직에서 만들어 검증한 솔루션을 원용하여 운영 효율을 개선하는 등 협력을 확대하는 것이다. 이처럼 기업 경영에서 협력은 조직의 시너지를 내고 팀워크를 다지는 데 핵심요소가 된다. 이와 관련해 제너럴 일렉트릭 최고경영자였던 잭 웰치는 비즈니스는 궁극적으로 단체 경기이고, 내가 하는 것이 아니라 우리가 하는 것이며, 모든 조언과 아이디어를 받아들이고 최선을 다해 돕는 행위라고 정의했다.[100]

이뿐만 아니라 행정조직에서도 협력관계를 형성하여 행정의 효율성을 높이는 '협치(Governance)'가 주목받았고, 비영리적인 측면에서도 상호 의존관계를 통하여 새로운 서비스를 창출하고 고객 만족의 제고와 조직 운영을 개선하고 있다.[101] 이외에도 우리가 아는 대부분 조직에서는 협력이 있어야 하는데, 이는 공동 목적이 있는 상황에 대해 사람들은 좀 더 민감한 감각을 지니고 있기 때문이다. 때로 모두가 함께 협력하지 않으면 이익을 얻기 힘든 상황에 처할 때 사람들은 그 사안을 공동 관심사로 삼아 예민한 반응을 보인다. 다시 말하면 협력을 통해 공동목적, 즉 모두가 함께 공동으로 뭔가를 했을 때 얻는 이익이 그렇지 않았을 때보다 크기 때문에 상호 협력할 방법을 적극적으로 모색하는 것이다. 이러한 협력 개념의 의미는 각 행위자가 어떤 목적을 지향하면서 이득이나 보상도 함께 추구한다는 가정을 내포한 개념이다.[102] 다시 말하면 각 행위자는 합리적이며 그에 따른 이득이나 보상은 상호적이라고 할 수 있다.

이와 관련해 보면 협력관계는 상호의존성을 통하여 요청되며, 이러한 상호 교환과정은 게임의 규칙이 적용된다고 할 수 있다.[103] 이는 상호의존성이 협상의 조건이 되기 때문이며, 이 조건이 충족되지 않으면 협력관계가 이루어지지 않기 때문이다. 1984년 미국의 정치학자인 액설로드 Robert Axelrod가 일반적인 게임이론의 해법으로는 협력을 도출할 수 없는 죄수의 딜레마(Prisoner's Dilemma) 게임에서도 협력은 가능하다고 강조한 것은 이러한 점에서다.[104] 특히 죄수의 딜레마 게임은 단순하지만, 상호의존적 행위가 이타적 행위로 진화하는 데 어떤 어려움이 있는지를 잘 드러내고 있다.

어쨌든 인간 협력의 행동양식은 지속해서 서로 협력하게 하고 더불어 이 협력을 유지하는 방향으로 향하고 있다는 것을 알 수 있다. 희생이나 협력의 논리에는 개체에도 도움이 되는 메커니즘이 작동하고 있는 것이다. 그래서 인간 협력의 광범위한 이타적 행동 양식은 각별하다. 그런데 이타적 협력이 자기에게도 도움이 된다는 것을 알면서도 왜 많은 사람은 헌신적으로 남을 돕지 못하는 걸까? 유럽에서 영향력 있는 학술저널리스트 클라인Klein은 웃음거리가 될지 모른다는 두려움과 이용당할지 모른다는 두려움이 최선을 다해 남을 돕지 못하는 것이라고 했다.[105] 비단 공식적으로는 헌신적인 사람을 칭찬하지만, 뒤에서는 비아냥거리고 자신의 이익을 생각하지 않으며 남을 위하는 사람을 보면 이성을 의심하는 사람들 때문은 아닐까.

는 두려움이 최선을 다해 남을 돕지 못하는 것이라고 했다.[105] 비단 공식적으로는 헌신적인 사람을 칭찬하지만, 뒤에서는 비아냥거리고 자신의 이익을 생각하지 않으며 남을 위하는 사람을 보면 이성을 의심하는 사람들 때문은 아닐까.

최상의 이득을 생각하라

진화적 게임이론은 행위자들 간의 전략적 상호작용을 분석할 수 있는 매우 흥미로운 이론이다. 특히 이 장에서 다루게 될 죄수의 딜레마 게임이론은 특정 상황에서 모두에게 더 나은 결과를 가져오게 하는 조건들을 이해할 수 있는 유용한 틀이 되고 있다. 부연하면 협력을 가능하게 하는 조건들을 이해하고 협력을 강화하는 데 적절한 조처를 할 수 있는 분석틀이다. 죄수의 딜레마 게임이 경제학에서부터 정치학을 비롯한 여러 사회과학 분야에서 광범위하게 응용되는 것은 바로 이러한 이유에서다. 그러므로 우리는 진화적 게임이론을 통해 사회를 바라보는 하나의 시각을 갖게 될 것은 분명하다. 다만 난해한 협력 상황을 분석하기 위해서는 추구하는 이익이 이기적이라는 가정을 감수해야 하고, 이 이론이 어떻게 응용될 수 있는가는 이 장을 모두 읽고 나서 생각해 보자.

상호 교환 과정은 게임의 규칙이 적용된다

17세기 영문학을 대표하는 작가이자 설교자였던 존 버니언^{John Bunyan}의 소설 천로역정에는 이타적 협력을 다음과 같이 묘사하고 있다.

> 어떤 사람이 지옥에 가 보니 마침 식사시간이었는데, 식사에는 규칙이 있었다. 두 사람이 마주 앉아 자신의 팔보다 긴 젓가락 끝을 잡고서 음식을 먹는 것이었다. 사람들이 음식을 먹으려 했으나 음식은 입에 넣기도 전에 떨어져 버리고, 서로 음식을 자기 입에 넣기 위해 아우성치다가 결국 먹지 못했다. 그래서 사람들은 모두 먹지 못해 살이 마르고 기운이 빠져 있었다.
>
> 하지만 천당에 가 보니 앉아 있는 것이나 음식, 젓가락 등 식사 규칙이 지옥과 같았음에도 사람들은 조용히 음식을 잘 먹고 있었다. 사람들이 지옥에서처럼 각자가 자기 입속에 음식을 넣기 위해 아우성치는 것이 아니라 마주 앉은 상대방의 입안에 서로 음식을 먹여주고 있었다. 그래서 천당에서는 모두가 음식을 잘 먹고 있었고 건강한 모습을 하고 있었다.

두 상황을 비교해보면 각자가 어떻게 받아들이건 서로가 도움으로써 모두에게 가장 좋은 상황을 만들 수 있다는 것을 알 수 있다. 이를테면 사람들이 최상의 이득을 얻기 위해 상대방과 상호작용을 하면서 이타적으로 협력행위를 하는 것이다.

다시 천로역정의 천당을 떠올려 보자. 그런데 천당에서처럼 마주 앉은 상대방이 서로의 입안에 음식을 먹여주는 것이 아니라 어느 한 사람만이 상대방에게 음식을 먹여 준다고 가정해 보자. 분명 그러한 행동은 상대방의 배고픔만을 달래줄 뿐 자신에게는 어떠한 이득도 없을 것이다.

그러면 무엇이 협력적 강화를 가져오게 하는가? 이 질문이 제기되는 상황은 전형적으로 죄수의 딜레마 구조를 가진다. 비단 딜레마를 극복해야 할 난제가 있지만 남을 위하거나 이롭게 하려고 자신을 희생하면서 누군가를 돕고 그들과 공유하려는 협력 행동에 초점을 맞추고 있다. 만약 죄수의 딜레마 게임에 익숙하지 않은 독자가 있다면 곧이어 나오는 박스의 설명을 참조하기 바란다.

죄수의 딜레마

1950년경 플러드Flood와 드레셔Dresher가 창안하였고, 그 후 터커Turker가 처음 공식화했다.

두 사람이 한 사건의 범죄에 연루되어 경찰에 체포되었다. 하지만 경찰은 그들이 무기를 소지하고 있었다는 입증 외에는 범인이라는 뚜렷한 물증을 확보하지 못했다. 그래서 자백을 받아내기 위해 두 사람 각자에게 제안을 했다. 물론 두 사람은 각각 다른 곳에 있는 취조실에서 조사를 받았기 때문에 상대방이 서로 어떤 생각을 하는지 알 수 없다.

이때 경찰이 제안한 내용은 두 사람이 모두 범죄를 자백한다면(두 사람이 범죄를 저질렀는지 아닌지는 중요하지 않다) 두 사람을 모두 기소하고 3년형을 받게 될 것이다. 그러나 두 사람 모두 범죄를 부인하면 기소할 수 없지만, 무기를 소지하고 있었다는 것을 입증하여 기소할 수 있고 1년형이 될 것이다. 하지만 한 명이 자백한다면 다른 한 명이 범죄를 부인하더라도 한 명의 자백으로 둘을 기소할 수 있다. 그렇지만 자백한 사람은 최대한 선처를 해서 경찰서에서 나갈 수 있겠지만, 끝까지 범죄를 부인한 사람은 위증한 죗값 2년을 더해 5년형을 받게 할 것이다.

경찰이 제안한 내용을 다시 한 번 생각해 보자. 소위 두 사람이 협조와 배신이라는 행동을 통해 최상의 전략을 생각할 수 있지만, 상대방은 어떤 생각을 하고 있는지 모르는 상태에서 결정해야 한다. 이때 상대방이 어떤 결정을 하든지 배신이 협조보다 죗값을 적게 받는다는 사실도 기억하자. 문제는 두 사람이 모두 배신을 하면 모두 협조할 때보다도 죗값이 커진다는 데 있다.

그래서 딜레마다.

그렇다면 두 사람은 어떤 결정을 해야 가장 효과적으로 선택한 결정이 될까? 〈표 7-2〉는 두 사람이 결정할 수 있는 경우의 수를 네 가지로 표시한 보수행렬(payoff matrix)다. 여기에서 보수란 각자가 선택한 전략에서 그들에게 돌아갈 결과를 수치화한 것이다. 이때 보수는 금액일 수도 있고, 효용을 나타낸 수치화로도 볼 수 있다.

〈표 7-1〉 죄수의 딜레마

구분		용의자 B	
		혐의사실 부인 (용의자 간 협조)	자백(배신)
용의자 A	혐의사실 부인 (용의자 간 협조)	-1 -1	-5 0
	자백(배신)	0 -5	-3 -3

이 게임으로 이타성을 드러내는 혐의사실 부인 전략은 협조로, 자백 전략은 배신으로 표현했다. 그리고 협조란 용의자 간의 협조이며, 보수는 징역을 사는 년 수를 나타낸다.

이제 어떻게 결정하는 것이 용의자 각자에게 가장 나은 선택인지를 생각해 보자. 우선 용의자 A의 입장(A의 유리한 전략)이다. 당연히 자신에게 유리한 쪽으로 생각하고 결정한다면 자백을 할 것이다. 상대방이 자백하든지 부인하든지 자신은 더 나은 이득을 얻을 수 있기 때문이다.

첫 번째 가능성 : 상대방이 혐의사실을 부인하는 경우 – 자백이 유리

두 번째 가능성 : 상대방이 자백하는 경우 – 자백이 유리

용의자 B의 입장(B의 유리한 전략)은 어떠한가? 상대방 역시 같은 조건이므로 자백하는 것이 유리할 것이다. 그렇다면 두 사람 모두 자백이든 허위자백이든 하게 될 것이고 3년형을 받게 될 것이다. 이것이 게임이론으로 보는 예측이고, 소위 내시균형(Nash equilibrium : 개인적으로 최선의 선택이라고 여기는 결과의 상태)이 된다.

하지만 뭔가 이상하지 않은가? 만약 혐의사실을 둘 다 부인했더라면 가장 좋았을 텐데 말이다. 그래서 딜레마다. 문제는 적어도 두 사람 모두 각자의 이득을 생각하는 한, 결과는 달라지지 않는다는 것이다.

죄수의 딜레마 게임이 되기 위한 조건은 명확하다. 다른 사람이 어떤 전략을 구사하더라도 배신하는 것이 우월전략(dominant strategy : 다른 사람이 어떤 전략을 선택하든지 내게 항상 많은 이익을 주는 전략)인데, 결국은 둘 다 협조전략을 선택하는 것이 두 사람 모두에게 더 좋은 상황을 가져온다는 사실이다.

(출처 : 최정규, 2011, pp.28~34 재구성)

이제 당신은 여러 가지 경우의 수를 보고 최적 대응을 알았을 것이다. 이와 관련해 보면 협력 관계는 상호의존성을 통하여 요청되며, 이러한 상호 교환과정은 게임의 규칙이 적용된다고 할 수 있다[106]. 이는 상호의존성이 협상의 조건이 되기 때문이며, 이 조건이 충족되지 않으면 협력 관계가 이루어지지 않기 때문이다. 1984년 미국의 정치학자인 액설로드 Rovert Axelrod가 일반적인 게임이론의 해법으로는 협력을 도출할 수 없는 죄수의 딜레마(Prisoner's Dilemma) 게임에서도 협력은 가능하다고 강조한 것은 바로 이러한 점에서다.

우월전략에 주목하라

이제 우리가 진지하게 고민해야 하는 것은 죄수의 딜레마 게임이 앞서 살펴본 경찰서 취조실의 용의자들이 그려내는 갈등만이 아니라는 것이다. 약간씩 다른 상황일지라도 우리 주위에서 흔히 볼 수 있는 이타적 협력과 이기적 행위의 갈등구조도 죄수의 딜레마 구조와 같다.

지난 2015년은 메르스(MERS ; 중동호흡기증후군)가 우리 사회를 마비시켰던 한해였다. 전염병으로 인한 대재앙을 그린 영화 '연가시'(2012년)와 '감기'(2013년)처럼 그동안 겪어 보지 않은 치명적 바이러스에 대한 공포가 괴담과 유언비어로 이어졌다. 급기야 보건 당국은 확산을 막기 위해 메르스 환자와 접촉을 한 경우, 증상이 없더라도 보건소에 연락하고 가족과 주변 사람을 위해 접촉일로부터 14일간 자가 격리를 하도록 했다. 문제는 격리자로 분리되어야 할 사람이 격리조치를 제대로 이행하지 않아 불안과 불신이 가중되는 상황이라는 것이다.

자가 격리와 지역사회 확산 방지 규정을 숙지하지 못했거나 고의로 어기는 '민폐' 사례들도 빈발했다. 한 감염자는 여행 취소 권고를 받고도 중국 출장을 간 뒤 현지에서 격리됐다. 대전의 자가 격리자는 울릉도 여행을 갔고, 서울 강남의 60대 여성은 전북까지 내려가 골프를 쳤다. 자가 격리 대상인 30대 남자는 출퇴근을 계속하며 많은 사람이 모여 있는 찜질방에도 갔다, 전북 순창군에서 환자와 접촉한 40대 의사는 필리핀에 다녀왔다. 또 근거 없는 유언비어를 인터넷에 퍼뜨린 사람들도 있었다.

하지만 순창군의 한 마을은 모범 사례로 꼽을 만했다. 환자 한 명이 발생한 뒤 마을이 통째로 격리됐으나 모든 주민이 외부로 나오지 못하는 고통을 묵묵히 감내하는 시민의식을 보여주었다. 그래서 이 마을은 메르스를 완벽하게 차단할 수 있었다. 자가 격리자의 돌출 행동을 막고 모니터링을 강화하는 것은 보건 당국의 역할이지만 후진적인 보건의식과 시민의식이 바로 서지 않는 한 메르스를 완벽하게 차단할 수는 없었을 것이다. 다소 불편하더라도 보건 당국의 지시를 따르고 타인에게 좋지 않은 영향을 미칠 행동은 자제했기 때문이다.

이제 당신은 보건의식과 시민의식의 중요성을 보여줄 자가 격리 상황을 죄수의 딜레마 게임을 통해 표현한 것을 볼 것이다. 그리고 자가 격리라는 상황을 죄수의 딜레마 게임을 통해 표현하는 과정에서 이타적인 보건의식과 시민의식의 중요성을 재확인할 수 있을 것이다. 메르스 사태에서 자가 격리는 매우 중요한 행위다. 만일 메르스 환자에게 접촉한 사실이 밝혀져 자가 격리를 해야 하지만 아무도 모르게 맘껏 돌아다녔다면 점점 메르스는 퍼지고, 급기야는 정부 당국도 손쓸 수 없는 사태로 이어질 것이다. 다시 말해 자가 격리 규제를 잘 따라야 하루빨리 메르스 사태를 종식할 수 있다.

〈표 7-2〉 자가 격리의 딜레마

구분		접촉자 2	
		자가 격리 규제를 따름	배신
접촉자 1	자가 격리 규제를 따름	10　10	3　15
	맘껏 돌아다님	15　3	5　5

서로 자가 격리에 협조한다면 사람들 모두 10점을 얻을 수 있다고 하자. 다른 접촉자들이 자가 격리 규제를 따르고 있는데, 자기만 맘껏 돌아다닌다면 이기적인 상황에서 상대적으로 더 큰 만족을 얻을 수 있다. 반면 자가 격리된 사람은 상대적으로 만족감이 줄어들게 된다. 즉, 순진하게 협조한 사람만 피해를 볼 것이고 맘껏 돌아다닌 사람은 그만큼 추가

적인 편리함을 누릴 수 있다. 이때 규제를 따르고 자가 격리를 한 사람이 얻는 보수를 3, 그리고 규제를 어긴 사람이 얻는 이익을 15라고 하자. 한편, 모든 사람이 규제를 따르지 않고 맘껏 돌아다닌다면 이기적인 상황을 고려할 때 자기 가족에게도 피해가 미칠 수 있고 자기를 돌봐 줄 사람도 없게 될 것이다. 사회 전체적으로 기능이 마비될 것임은 물론이다. 이것은 자가 격리에 모든 사람이 협조하는 것보다 이익이 적을 것이다. 이 최악의 상황을 모든 사람이 5의 이익을 얻는 것으로 표현하자.

〈표 7-2〉는 이러한 상황을 표현한 보수행렬이다. 다른 사람들이 어느 쪽을 선택하든 나는 규제를 따르지 않고 맘껏 돌아다니는 것이 유리하다. 다른 사람들이 자가 격리 규제를 따르자고 하는 때에도 나는 맘껏 돌아다니는 것이 유리(규제를 따르면 10, 맘껏 돌아다니면 15를 얻는다)하다. 또한, 다른 사람들이 규칙을 지키지 않고 맘껏 돌아다닌 경우에도 나는 맘껏 돌아다닌 쪽이 유리(규칙을 지키면 3, 맘껏 돌아다니면 5를 얻는다)하다. 여기서 우월전략은 규제를 어기고 맘껏 돌아다니는 것이다. 그리고 그 결과는 비극이 됨도 틀림없다.

이 딜레마 상황에서 당신은 무엇을 생각할 수 있는가? 한 사람의 이기심이 얼마나 큰 재앙을 가져올 수 있는지, 이타적 협력이 우리 사회에서 또 얼마나 중요한지 더 설명하지 않더라도 자명하지 않은가? 그렇다면 사람들이 사태의 심각성을 어떻게 인식하느냐에 따라, 또 얼마나 시민의식을 갖고 책임 있게 조직 시민 행동을 하느냐에 따라 행동의 선택을 할 수 있을 것이다. 그리고 무엇보다 이타적 협력의 자세가 있느냐에 따라 선택의 결과도 좌우될 것이다.

협력하는 것이 이득이 된다

철저하게 경쟁을 통해 진화하며 자신의 이익만 생각하는 이기주의자들로 가득 찬 세상에서 상호협력과 호의는 어떻게 생겨날까? 놀랍게도 컴퓨터 게임에서 그 해답을 찾을 수 있었다. 1984년 액설로드는 죄수의 딜레마 게임을 적용한 컴퓨터 게임을 열어 다양한 전략대결을 하였다. 그 결과 최종 우승은 가장 간단하고 협력적인 프로그램 팃포탯(Tit For Tat) 전략이었다.[107] 팃포탯 전략은 먼저 협조로 게임을 시작하고 그다음부터 게임이 반복되면 상대방의 직전 선택을 그대로 따라 하는 아주 단순한 구조다.

여기에서 상대방의 직전 선택을 그대로 따라 하는 전략이란 '눈에는 눈, 이에는 이'라는 맞대응 전략이다. 상대방이 바로 전회에 협조했으면 자신도 이번 회에는 바로 그대로 협조를 하고, 상대방이 바로 전회에 배신했으면 자신도 이번 회에는 상대방을 따라 그대로 배신을 하는 것이다. 즉, 상호성의 원칙에 기반을 두고 협력으로 게임을 시작한 후 철저하게 상대방의 행동에 그대로 대응하는 조건부 협조 전략이다. 이런 면에서 보면 팃포탯 전략은 다분히 협력을 강조하고 전략적 측면에서 접근하고 있다.[108]

다음은 팃포탯 전략에서 주의할 필요가 있는 내용이다.

첫째, 우호적으로 시작하라. 자신이 상대방을 신뢰한다면 상대방과 협력하고 싶을 것이다.

둘째, 방어하라. 상대방이 당신의 신뢰를 이용하려 한다면 그런 태도가 장기적으로는 손해임을 일깨워 주어야 한다.

셋째, 용서하라. 상대방을 복수의 대상으로 여기지 말아야 한다.

넷째, 예측성을 보여라. 상대방에게 공정한 협력의 기회를 보여 주어야 한다. 하지만 상대방이 배반할 경우, 모든 책임은 상대방에게 있다는 점을 알려 주어야 한다.

물론 사회생물학(sociobiology : 사회학적 현상을 생물학적 지식을 이용하여 탐구하는 학문)에서는 유전자가 인간의 행동을 지배한다고 보는 유전적 측면을 전제하고 있지만, 여기서는 아주 흔히 볼 수 있는 현실을 이유로 유전적 측면보다는 전략적 측면을 강조한 것이다. 당신도 생각해 보라. 현실에서 효과적인 전략들은 계속해서 선택되고 쓰이고 있지만 그렇지 않으면 바로 버려지고 도태된다는 사실을 알 수 있을 것이다.

이를 토대로 보아도 우리는 자신의 이익만 따지는 행위자들 사이에서도 협력은 자연적으로 생겨난다는 것과 장기적으로 볼 때 결국 협력하는 것이 이득이 된다는 사실을 알 수 있다.

이타적 협력 증진을 위한 조언

이 장에서는 아주 단순하지만 많은 질문이 있었다. 그도 그럴 것이 협력이 발생하는 조건은 수많은 주요 쟁점과 관련된다는 점에서다. 일상생활에서 친구에게 가끔 생일선물을 했는데도 그의 답례가 한 번도 없었다면 앞으로는 어떻게 해야 하는지, 이런 단순한 생각에서부터 부서, 조직, 산업, 국가 간의 관계에서 나타나는 경쟁, 협상, 위협 등에 이르기까지 매우 다양하고 복잡하다. 그중 가장 중요한 문제 중 하나가 딜레마일 것이다. 누군가 추구하는 수단이 다른 사람이나 조직에는 위협으로 대두하여 갈등과 경쟁이 가속화되는 현실이 문제로 나타날 수 있기 때문이다.

사실 이러한 문제는 실제 상황이 되면 많은 논쟁을 할 수밖에 없고 상대방의 손을 놓느냐 아니면 잡느냐 하는 어려운 문제에 봉착할 것이다. 왜냐하면, 현실 상황에서는 우리가 취하는 행동이나 전략들이 효과적일 때 계속 선택되고 쓰이지만, 그렇지 않으면 흔히 버려지고 도태되기 때문이다.

딜레마 상황에 놓여도 방법은 있다

게임이론을 통해 협력도 전략이 필요하다는 것을 이해하게 되었다면 우월전략이 내쉬균형(Nash equilibrium ; 게임 참여자가 상대방의 전략을 주어진 것으로 보고 자신에게 최선인 전략을 선택할 때 그 결과가 균형을 이루는 전략의 집합. 그러나 내쉬균형은 최적의 상태, 소위 파레토 최적은 아니다. 죄수의 딜레마에서 배신하지 않고 협력하는 것이 가장 나은 선택이 되는 것이 그 예다)을 이루는 전략이라고 인식하는 데 동의할 것이다. 그리고 죄수의 딜레마 게임은 단기적으로는 배반하는 게 유리하고 장기적으로는 모두 협력관계를 갖는 것이 유리하다는 것도 알았을 것이다. 좋은 성과를 내려는 상대방과 가능하다면 자신도 최고의 결과를 얻고자 하는 이해타산을 기초로 한 전략이다. 따라서 협력을 격려하고 유도하는 것이 관건이다.

그렇다면 반복적 죄수의 딜레마 상황일 때 우리는 어떻게 하면 최고의 결과를 가져올 수 있을까? 이는 갈등구조에 처해 있는 사람들이 어떻게 효과적으로 전략을 취할 것인가 하는 관건이기도 하다. 만약 당신이 이 질문내용에 봉착한다면 액설로드의 네 가지 전략이 큰 도움이 될 것이다.[109]

첫째, 비교하고 질투하지 마라.

사람들은 흔히 당장 눈앞에 보이는 것만으로 비교 기준을 정해 행동하는 경향이 있다. 그러다 보니 협력하여 좋은 성과를 거둘 수 있음에도 불구하고 항상 협력하지 못하는 결과로 후회하곤 한다. 죄수의 딜레마가 우리 일상의 갈등구조에서 유익한 게임이론으로 작용하는 것은 바로 이러한 이유다. 이처럼 비교 기준에 의존하는 경향은 때로 질투로 이어져 상대방을 배반하게 되고 결국 질투가 보복이라는 대가를 치르게 한다. 그러므로 많은 사람이 이기고 지는 것에 아주 자연스러울 정도로 익숙해져 있다고 할지라도 서로 윈-윈 할 수 있다는 사실을 직시하고 우리의 삶은 제로섬 방식이 아닌 것에 주목할 필요가 있다. 어떤 게임을 할 것인지는 우리들의 선택에 달려 있다. 한 가지 추가적인 팁은 상대방이 내 입장이 되었을 때를 생각해서 상대방의 전략을 상대로 최선의 선택을 하는 것이다.

둘째, 먼저 배반하지 마라.

이유는 지극히 단순하다. 우리가 앞서 살펴본 내용을 통해 직시할 수 있듯이 상대방이 협력적인 한 협력을 선택하는 것이 좋은 결과를 가져온다는 것이다. 여기서 분명한 사실은 상대방보다 먼저 배반을 하느냐 안하느냐의 여부다.

셋째, 그대로 갚아라.

팃포탯은 상대방의 배반에 대해 처벌과 용서의 균형을 적절하게 조절한다. 팃포탯 전략이 맨 처음 게임에서 협력하고 그다음부터는 상대방이 전 게임에서 취한 방법을 그대로 적용한다는 전략임을 잊지 마라.

넷째, 너무 영악하게 굴지 마라.

죄수의 딜레마 상황에서 보면 소위 성과 극대화를 꾀하려다 서로 손해가 커지는 결과를 볼 수 있다. 즉, 영악하게 군다고 항상 유리한 우위를 점할 수 없다. 왜냐하면, 반복되는 딜레마 상황은 협력을 격려하고 유도하는 것이 핵심이기 때문이다.

그리고 지속해서 협력을 증진하는 것에도 몰두해야 한다. 즉, 어떻게 협력을 증진할 수 있을까 하는 것이 핵심이다.

첫째, 신뢰를 쌓아라.

협력관계에서 높은 정적(positive) 상관 정도를 갖는 승-승적 사고의 본질은 신뢰다. 신뢰가 곧 전략적일 수 있다.[110] 이런 점에서 보면 전략적 신뢰는 타인의 행동에 대한 예측이다. 즉, 타인이 어떻게 행동할지에 대한 기대가 반영되어 있다. 만약 협력관계에서 신뢰가 없다면 믿음이 있을 수 없으므로 최선을 다한다고 치더라도 단지 타협만을 선택하게 될 것이다. 예컨대 당신이 누군가에게 부탁했던 일을 떠올려 보자.

"저를 도와 이 일을 좀 해주시겠어요?"

분명한 것은 당신과 그와의 관계에 신뢰가 있었다면 그는 흔쾌히 당신을 도왔을 것이라는 사실이다. 만일 당신에 대해 신뢰가 없고 반발적이었다면 여러 핑계를 대서라도 일을 돕지 않았거나 마지못해 돕겠다고 했어도 적극적으로 일하지 않았을 것이다. 이러한 점으로 미루어 보면 신뢰는 행동적 차원의 협력에 선행하는 심리적 차원의 변인으로 볼 수 있다. 그러므로 협력을 증진하고 유지하기 위해서는 신뢰구축이 먼저 필요하다.

둘째. 미래를 생각하라.

협력관계에서 상호작용의 오랜 지속은 협력을 장려할 수 있는 가장 직접적인 방법이 될 수 있다. 현재보다 미래를 생각한다면 상호협력은 안정적이기 때문이다. 만약 미래를 중요하게 생각하지 않고 상호작용마저 지속하지 않는다면 어떤 형태의 협력도 안정적일 수 없다.

셋째, 호혜적으로 하라.

호혜성은 근본적으로 거래적이다. 내일 당신이 상대방에게 대접받길 원한다면 오늘 당신도 그만큼 베풀어야 한다는 접근이다. 그러므로 일상적인 호혜성은 적어도 도덕적 관점에서 토대가 된다. 황금률(Golden Rule)이 가장 널리 인정받는 도덕 기준이 되는 것도 같은 점이다. 이러한 기준에서 보면 호혜적인 사람은 행여 죄수의 딜레마 갈등구조에 갇히더라도 훨씬 쉽게 협력을 증진할 수 있을 것이다. 역설하자면 호혜주의에 입각한 협력이 다양한 전략이 혼재된 상황에서 살아남을 수 있다는 뜻이다.

넷째, 연결자의 역할을 수행하라.

협력을 위해서는 구성원 모두가 상황에 따라 연결자의 역할을 수행해야 한다. 연결자는 조직 외부에서 터득한 정보와 기술 등을 동료들과 공유할 뿐 아니라 자신의 네트워킹을 활용하여 공통의 과제를 해결해 나가고 조직의 새로운 도전 과제를 부각할 수 있다. 이러한 연결자의 역할을 통해 조직 내부뿐 아니라 조직 외부에서 발생한 아이디어, 리소스 등이 통합된다.

다섯째, 다양한 방법으로 소통하라.

구성원 간의 협력을 증진하기 위해서는 협력을 위한 목표 공유, 구성원들의 위치와 해야 할 일 파악 등을 위한 원활한 소통이 필수적이다. 이를 위해 상대방과의 공감을 표현하거나 설득의 말투를 사용하는 커뮤니케이션 방법이 필요하며, SNS와 같은 온라인 활동, 각종 단합활동과 모임 같은 오프라인 활동에 참여하는 것 역시 협력을 위한 효과적인 소통 방법이 된다.

이타적 협력을 실천하는 다섯 가지 방법

이미 이해하고 있겠지만, 당신이 자신의 이익을 충족시키기 위해서 다른 사람들을 통제하려 하지 않기를 바라고, 오히려 주어진 업무 외에도 이익과는 상관없이 다른 구성원의 문제 해결에 관심을 두고 기꺼이 도움을 제공하길 바란다. 그렇다면 이제 무엇을 해야 하는지에 대한 대안을 고려하는 것이 필요하다. 지금까지 딜레마를 극복하는 방법, 협력을 증진하는 방법에 관해 생각해 봤는데, 이제 이 장의 주제인 '이타적 협력'을 실천하기 위해 당신이 취할 수 있는 행동이 무엇인지를 생각할 차례이다. 모두 '협력'을 다루기 때문에 비슷한 내용이지만 '이타적 협력'은 가장 높은 수준의 협력으로서 작은 이기심을 버리고, 전체를 위하는 자리이타의 마음이 될 때 가능한 것임을 명심하자.

다음의 다섯 가지 내용을 보면, 당신은 생활 속에서 이타적 협력을 어떻게 실천할 것인지에 대하여 도움을 얻을 수 있을 것이다.

첫째, 상대방을 생각한다.

진심으로 상대방을 생각하는 마음은 상대방의 입장, 처지, 상황을 생각하고 상대방에 대한 필요나 감정에 마음을 쓰며, 상대방의 행동에 대하여 심정적으로 표현하고 도울 줄 아는 마음이다.[111] 의심의 여지없이 인간은 다른 어떤 동물보다도 사회적인 존재이므로 남을 생각하는 사람들로 이루어진 사회는 행여 어떤 딜레마에 봉착하더라도 사람들의 협력을 쉽게 끌어낼 수 있다. 특히 업무상 어려움을 겪는 동료를 외면하지 않고 측은하게 여겨 도움이 될 만한 일을 찾는다. 그러면 업무상 어려움을 겪고 있는 동료에게 어떠한 것이 필요한지를 고려할 수 있다.

둘째, 자기희생적 행동을 취한다.

헌신성을 갖고 자기의 수고를 아끼지 않는 행동이다. 비록 개인적으로는 이득이 되지 않는 일이라도 희생의 행동이 뒤따를 때, 협력의 가치는 그만큼 커질 것이다.

셋째, 나에게 돌아오는 이익이 없어도 솔선수범한다.

엄격한 관리나 명확한 지시가 없더라도 남의 시선에 신경 쓰지 않고 내가 맡은 일을 성실히 수행하며 다른 사람이 꺼리는 일도 먼저 나서서 행동한다. 사심 없이 주어진 일을 성실히 수행하여 몸소 다른 사람의 본보기가 되도록 하는 것이다. 이는 남보다 앞장서서 행동하여 조직 구성원에게 공감을 얻고 자발적으로 동기를 부여하는 것이며, 이를 통해 리더와 조직 구성원이 한마음이 되어 조직의 목표 달성을 위해 나아가게 하는 것이다.

넷째, 동료가 혼자의 힘으로 해결하기 어려운 일에 직면했을 때, 소속된 공동체에서 구성원의 문제 해결에 적극적인 관심을 가진다.

구성원의 문제를 이해하려는 관심은 구성원에 대한 배려와 공유할 수 있는 영역을 넓힐 가능성을 높여 줄 수 있다. 때로, 지원 인력이 없어 성과를 내지 못하는 경우라면, 그 일을 해결하는 데 크게 도움을 줄 수 있을 것이다.

다섯째, 구성원의 필요한 부분을 돕는다.

직무상 필요한 일이 아니어도 구성원의 업무나 문제를 도와주려는 직접적이고 자발적인 조직 내 행동을 '조직시민행동'이라 일컫는다. 자기 일이 끝났더라도 동료의 일을 기꺼이 도우며 다른 사람들의 일을 함께 마무리하는 것이다. 이는 한 구성원이 다른 구성원의 업무나 문제 상황에 대해 자발적으로 돕는다든지 작업 조건을 개선하여 성과를 내기 위한 제안 등을 포함한다.

자리이타 自利利他

지금까지 이타적 협력에 관해 이야기했다. 특히 게임이론으로 사회를 바라보는 하나의 시각을 갖도록 죄수의 딜레마 갈등구조를 통해 이론적으로 재구성한 상황을 이야기했다. 모두가 협력할 때 가장 유익한 이익을 얻을 수 있지만, 각자 자신의 유리한 선택은 결과적으로 최악의 상황이 된다는 딜레마다. 하지만 현실은 항상 그렇게 행동하지 않는다는 것에도 주목해야 한다. 대다수 사람은 약속을 잘 지키고 서로의 의견에 귀를 기울인다. 비록 죄수의 딜레마 갈등구조 상황에 부닥쳐 있다고 할지라도 게임이론에서 유추하는 바대로 상대방을 배신하지 않을 것이다.

단언하건대 수시로 보거나 들려오는 이타적 행위들은 모두 딜레마에서 벗어나 있다. 우리는 종종 보도를 통해 위험을 무릅쓰고 타인을 구한 이야기를 접한다. 앞부분에서 예로 들었던 서 소령의 경우처럼 바닷가나 호수, 강 등 물가에서 물에 빠진 사람을 구하기 위해 물로 뛰어들고, 지하철이나 철도 선로에 떨어진 사람을 구하기 위해 전동차가 다가오는 순간을 아랑곳하지 않는 사람들이 있다. 비단 위험을 무릅쓴 일이 아니어도 이타적으로 행동한 일은 무수히 많다. 또한, 자발적으로 타인을 돕는 행위에 관한 관심은 조직 시민 행동으로도 이어져 발전되어 왔다. 자유재량에 의해 조직의 효과성을 기대하면서 이타주의에 따라 자발적으로 구성원을 돕는 것이다.

이러한 현실은 변화된 리더십 패러다임에서도 그대로 드러나고 있다. 계획, 조직화, 통제, 조정 등 수직적인 위계적 접근의 리더십에서 벗어나 리더와 구성원 간의 동반자적 협력이 상호의존의 가치로 잘 드러나도록 하고 있다. 따라서 리더십에 대한 관점도 리더가 구성원에게 하향적, 일방적으로 영향력을 행사하여 조직의 목표를 성취하는 과정으로 보아왔던 종래의 리더십 관점과는 근본적으로 차이가 있다.

이 장을 시작하면서 애써 이타성과 이기성을 선과 악으로 대립시켜 이타성을 무조건 바람직한 도덕적 가치로 귀결시키는 오류는 범하지 않길 바란다고 했다. 이를 다시 주지시키는 것은 자칫 특정 상황에서 보이지 않는 이중성과 배타성으로 인해 이타성의 두 얼굴을 보이지 말도록 하기 위함이다. 모든 상황은 아닐지라도 사람들은 자신과 같은 배경을 가지고 있는 사람들하고만 협력관계를 구축하려는 경향이 있고, 조직이나 집단의 경계가 분명해질수록 내부를 향한 행동, 즉 더 큰 이기적 행동으로 귀결되는 예를 우리는 흔히 접할 수 있기 때문이다.

독자들에게 중국 명나라 말기에 문인 홍자성이 저작한 동양 고전서 「채근담(菜根譚)」 전서 17장을 알리고 이 장을 마무리하려고 한다. 남을 위하는 것이 곧 나를 위하는 기초가 된다는 내용이다. 부디 이타적 협력의 본질을 통찰할 수 있기를 바란다.

處世(처세) : 세상을 살아가는 데는

讓 一步(양 일보) : 한 걸음 양보하는 것을

爲高 (위고) : 높이 여기니

退步(퇴보) : 한 걸음 물러나는 것은

卽進步的張本(즉진보적장본) : 곧 한 걸음 나아가는 근본이 된다.

待人(대인) : 사람을 대함에는

寬一 分(관일 분) : 일 분 너그럽게 하는 것이

是福(시복) : 복이 되니

利人(이인) : 남을 이롭게 하는 것이

實利己的根基(실이기적근기) : 사실은 자기를 이롭게 하는 토대가 되느니라.

굳이 한 번 더 확실히 하자면, 자리이타(自利利他), 즉 남을 이롭게 하는 것이 자기를 이롭게 하는 지혜로운 행동이 될 수 있음인데, 자리이타를 하지 않아서 더 나은 해답이 있는데도 손해를 보는 어리석음을 범하지 않기를 바랄 뿐이다.

Chapter 08

신뢰를 기반으로 임파워먼트하라

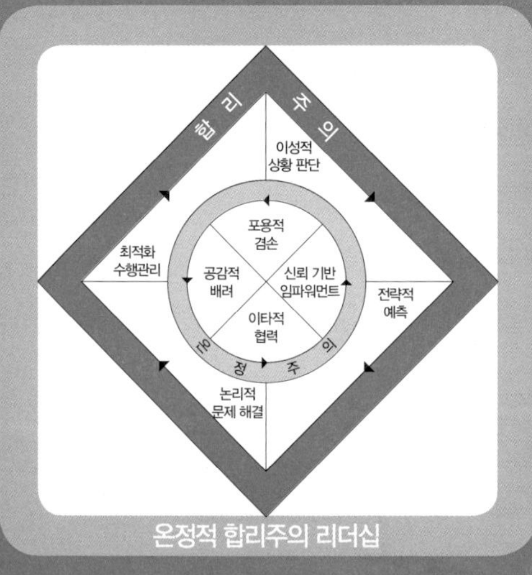

사람을 신뢰하라.
그들이 당신의 기대에 부응하지 못할지라도 믿고 지원하라.
— 프레드 데루카 Fred DeLuca

김 팀장은 적극적인 자세로 대학에서 대학생의 커리어 개발 프로그램을 기획하고 실행하는 중간관리자이다. 그는 대학 당국으로부터 역량과 그에 따른 성과를 인정받아 승진하였고, 정규 교과목도 강의할 수 있는 파격적인 대우를 받았다. 그리고 업무와 관련된 각종 훈련과 교육 기회를 전폭적으로 지원받았다. 그는 학교 당국의 이러한 지원과 지지로 자신의 업무를 충분히 감당하는 것은 물론 커리어 개발 전문 서적까지 집필하기도 하였다. 이러한 김 팀장의 전문성은 다른 구성원의 태도를 변혁시키는 자극제가 되었고, 간접적으로는 대학 홍보 효과와 전국 대학 취업률 1위라는 쾌거를 거두는 데 일조하였다.

대학 당국의 적극적인 사회적 지지와 신뢰가 수반된 임파워먼트(empowerment)는 김 팀장이 무한한 잠재력을 발산하고 학교에 대한 애정과 충성심을 끌어낼 수 있는 동기를 충분히 부여하였다. 이처럼 신뢰에 기반을 둔 임파워먼트는 개인의 성장은 물론 조직의 성과 증진과 지속적인 발전에 기여할 수 있는 주요 요인이다. 신뢰는 인간 중심적인 온정적 가치관의 중요한 부분으로, 온정적인 조직은 모든 구성원이 임파워먼트의 가치를 충분히 발휘하게끔 해야 한다.[112]

'신뢰 기반 임파워먼트(empowerment based on trust)'란 구성원과 진정성 있는 신뢰를 바탕으로 스스로 역량을 향상할 수 있도록 다양한 경험과 기회를 제공함과 동시에 이에 걸맞은 권한을 부여하면서 구성원에게 성취감을 가질 수 있도록 지원하는 역량이다. 본 장에서는 온정적 합리주의 리더십을 구성하고 있는 합리주의 패러다임과 온정주의 패러다임 중 온정주의 패러다임의 한 요소인 신뢰 기반 임파워먼트에 대하여 살펴볼 것이다. 먼저 신뢰 기반 임파워먼트의 핵심 키워드인 임파워먼트를 살펴보자.

임파워먼트는 '1+1=2'라는 산식을 초월한다

두 개의 사과를 가지고 있는 리더가 구성원에게 한 개의 사과를 주면 리더에게는 한 개의 사과만 남는다. 이와 같은 제로섬(zero-sum) 관점의 단순한 임파워먼트는 리더가 구성원에게 한정된 권한을 위임하고 배분하는 논리에 불과하다. 그러나 진정한 임파워먼트는 포지티브섬(positive-sum) 관점으로서 조직의 효과성과 시너지를 위하여 리더가 구성원에게 권한을 위임하는 것이다. 한 개의 사과를 가진 농부는 한 개의 사과에서 나온 씨알로 수백 개의 사과를 수확할 수 있다. 이처럼 포지티브섬 관점의 임파워먼트는 조직 구성원과 서로 믿고, 포용적인 겸손과 공감적인 배려를 바탕으로 이타적으로 협력하여 조직의 파이(pie)를 키워 공동의 목표를 동시에 달성할 수 있다.

우리나라 국민의 권리와 국가 이념을 담은 헌법에는 '대한민국의 주권은 국민에게 있고 모든 권력은 국민에게서 나온다.'라고 명시되어 있다. 이 조항을 자세히 들여다보면 알 수 있듯이 국민으로부터 발현된 국가의 권리는 포지티브섬 관점이다. 국민이 나라의 주인이라는 사실을 자각하고 스스로 임파워링하여 민주시민으로서의 책무를 다함으로써 개인은 물론 국가가 번영할 수 있다는 뜻이 함축되어 있음을 알 수 있다.

이처럼 리더가 구성원에게 임파워먼트하는 것은 개인뿐만 아니라 조직의 성장에 긍정적인 영향을 미치며, 궁극적으로 개인과 조직의 비전과 미션을 달성하는 데 초석이 된다.

임파워먼트는 조직 차원과 개인 차원이 있다

일정한 목표를 성취하기 위한 거의 모든 기업, 대학, 군대, 국가, 그리고 국제기구 등은 유사한 형태의 조직도를 분명히 가지고 있다. 심지어 일반 가정집에서도 조부모, 부모, 그리고 자식 순으로 위계질서를 나타내는 가계도가 있어 명확한 위아래와 서열이 존재한다. 이러한 조직도의 기능은 확실한 지휘 체계를 통해 조직 구성원을 일사불란하게 통솔하여 그 조직의 미션과 비전을 효과적으로 달성하기 위함이다.

1,000여 명의 직원을 거느리고 해외의 10여 개국에 용역과 재화를 수출하고 연 매출액이 1,000억 원인 대기업의 CEO를 가정해보자. 과연 한 사람의 CEO가 효율적으로 제품을 제작하여 마케팅하고 수주한 후 판매하는 등의 일련의 매출행위 업무를 혼자 감당할 수 있을까? 이에 대한 해답은 특별한 이변이 없는 한 불가능하다고 본다. 바로 여기에 임파워먼트가 필요한 이유가 있다. 즉, CEO는 부사장, 부사장은 경영지원본부장과 전략사업본부장에게, 그리고 경영지원본부장과 전략사업본부장은 각 하부 팀장들에게 임파워먼트하면서 적절한 책임과 권한을 부여하여 조직의 목표와 기업의 가치를 달성하려고 할 것이다.

임파워먼트는 정치학, 사회학, 심리학 등등의 사회과학 분야에서 처음 연구되었으며, 최근에는 경영학 분야에서 가장 활발히 논의되고 있다. 임파워먼트라는 용어는 언제 누구에 의해서 가장 먼저 사용되고 연구되었는지는 불분명하며 독립적인 개념도 아니다. 이 용어는 기존의 경영학에서 주로 사용되는 직무만족, 직무몰입, 그리고 조직개발 등과 연관되는 개념으로 많이 사용한다. 임파워먼트(empowerment)는 em(주다)과 power(권한, 권력)라는 말이 결합한 합성어로서 보통 권한위임, 권한위양 또는 권력부여를 의미하고 있다.

[그림 8-1] 임파워먼트의 구성

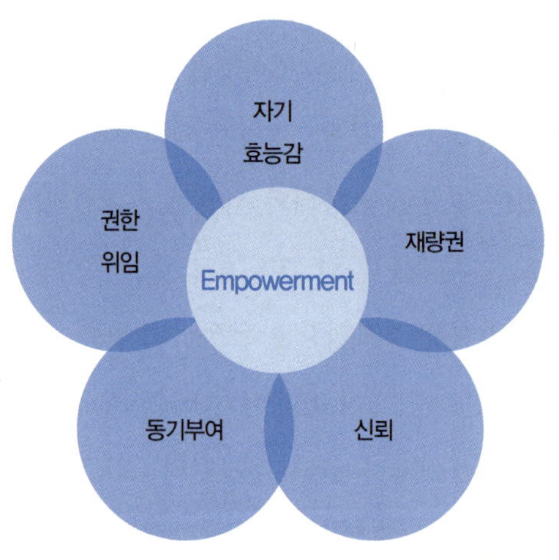

이러한 임파워먼트의 의미는 권력 분산을 통해 조직의 리더가 구성원에게 권한과 지휘권을 이양하여 행위, 재량권을 행사할 수 있도록 하는 것이다.[113] 즉, 구성원을 조직 기능의 중심으로 보고 그에게 권한을 부여하여 조직의 목표를 달성하는 데 가장 적합한 행동을 취하게 하는 것이다. 이러한 보통 사람들이 알고 있는 임파워먼트는 통상 조직(관계) 차원

과 개인(동기) 차원으로 나누어 볼 수 있다. 이 장의 온정주의 패러다임에서는 두 차원의 임파워먼트를 상호 유기적이고 긴밀한 관계의 틀 속에서 조망해 보도록 하겠다.

임파워먼트는 개인과 조직 차원이 유기적이다

미국의 사우스웨스트^{Southwest}사는 저비용 항공사로서 아메리칸 항공, 델타 항공 다음으로 세계 3위로 도약한 항공사이다. 사우스웨스트사의 창업자이며 CEO인 허브 켈리허^{Herb Kelleher}는 혁신적인 경영 스타일로 이 항공사의 성공을 이끈 주역으로 유명하다. 그는 천재적인 전략가임과 동시에 직원들에게 유머감각을 가지고 자율적으로 일을 즐기도록 이끄는 동기부여의 귀재로 평가된다.[114]

조직의 높은 성과를 달성하기 위해서는 구성원이 능력, 자신감, 자기 효능감, 통제감, 자기 결정력, 그리고 자아 존중감 등의 요소들을 갖출 수 있도록 동기를 부여해야 한다. 이 같은 여러 개인적인 차원의 임파워먼트 요소 중에서 개인에게 능력을 갖추도록 해주는 것이 최우선시 되어야 한다. 따라서 조직은 구성원에게 교육 훈련 프로그램이나 역량 개발 프로그램 등을 활용하여 조직의 성과를 달성할 수 있는 지식과 기술을 습득할 기회를 제공해야 한다.[115]

개인적으로 임파워 된 사람은 자신의 결정에 따른 행동에 대한 결과에 책임감을 갖고 지속적인 피드백을 통해 직무과정을 관찰하면서 개선하려고 노력한다. 그리고 조직으로부터 필요한 인적, 물적 지지를 능동적으로 구하려 하고 조직의 동료에게 봉사 정신을 발휘하는 행동 등을 하므로 조직의 성과를 높이는 데 직접적인 영향을 미치는 것을 주위에서 흔히 볼 수 있다.

한편, 조직적인 차원의 임파워먼트 과정은 개인과 조직에 대한 참여와 신뢰를 높이는 질문, 경청과 격려를 통해 상호 자유롭게 커뮤니케이션할 수 있는 문화 환경에서 시작된다. 이러한 환경과 분위기 속에서 개인은 진정한 자아를 표현하고, 피드백을 수용하고 포용하는 기회를 가짐으로써 임파워먼트 된다. 이러한 과정을 거쳐 임파워먼트 된 각 개인은 기꺼이 조직에 헌신하고 몰입함으로써 기술, 전문지식, 자기관리 능력의 질적인 향상과 팀워크를 유도하여 결국 조직의 발전을 꾀할 수 있는 조직적인 차원의 임파워먼트를 활성화하게 된다.[116] 이는 개인이 신뢰할 수 있는 능력과 헌신을 보이고 검증될 때 조직으로부터의 임파워먼트가 활발하게 진행된다는 것이다.

당신이 리더라면 역량과 충성도가 부족하고 업무에 필요한 정보를 습득하지 못하여 일을 깔끔히 처리하지 못하는 조직 구성원에게 임파워먼트를 하겠는가? 일본에 TV를 수출하는 해외영업팀을 생각해 보자. 그 영업팀장은 일본어는커녕 영어로도 의사소통이 안 되며, 어떠한 일본인이 TV를 구매하는지에 대한 고객정보도 전혀 없다. 이때 상관인 전략사업본부장이 영업팀장에게 임파워먼트하는 것은 많은 무리가 따른다. 리더가 구성원에게 항상 임파워먼트를 하는 것은 아니다. 그렇다고 해서 CEO는 최근 트렌드인 임파워먼트를 무시하고 마냥 전통적인 방법인 상명하복의 지휘체계로 조직관리를 하는 것도 못할 노릇일 것이다.

최근의 임파워먼트 동향은 조직적인 차원도 중요하지만, 개인적인 차원에 더 관심을 두고 있는 편이다. 왜냐하면, 아무리 조직적인 차원의 임파워먼트를 강조한다 하더라도 개인이 동기부여 되지 않는 상태에서는 조직적인 차원의 임파워먼트로 전이할 수 없기 때문이다. 그러므로 온정주의 패러다임의 임파워먼트는 두 가지 차원을 구분한 일차원적인 개념으로 접근하는 것이 아니라, 두 차원을 연속적인 과정으로 접근하여 유기적이고 통합적인 관점에서 실행해야 한다.

다음은 지금까지 살펴본 온정주의 패러다임 내에서 작동될 임파워먼트의 축과 기반이 될 신뢰에 대하여 살펴보기로 하자.

인간관계의 근간은 신뢰다

아침에 일어나 식사를 하고 대중교통이나 자가용을 이용해 출근한 후 직장동료 및 상사와 함께 근무시간을 보낸다. 근무를 마치고 퇴근을 하면서 동료와 회식자리를 가지며 친목을 도모하고 귀가한다. 지극히 평범한 우리나라 직장인의 일과다. 이 일과를 자세히 들여다보면 모든 활동의 저변에 신뢰가 깔렸음을 발견할 수 있다. 버스로 출근할 때 우리는 버스가 정해진 목적지까지 안전하게 데려다줄 것이라는 신뢰가 있어서 버스를 이용한다. 승용차를 운전할 때도 지나가는 차들이 교통 법규를 준수해서 안전 운행을 할 것이라는 신뢰가 있으므로 운전할 엄두를 낸다. 식당에서 음식을 먹을 때도 독이나 세균을 넣지 않고 정갈하게 조리할 것이라는 신뢰가 있으므로 안심하고 그 음식을 먹을 수 있다. 그뿐인가. 다른 사람이 나를 해치지 않을 것이라는 신뢰가 없다면 길거리를 걸어다닐 수조차 없을 것이다. 안전을 비롯하여 준법, 충성심, 우정 등의 관계를 맺어주는 것들에 대한 신뢰가 없으면 일상생활을 영위하기가 어렵다. 또한, 우리는 태어나서 죽을 때까지 생애발달적인 측면에서 살펴보더라도 신뢰가 전제된 가운데 생활을 한다. 가정, 학교, 직장, 동아리, 사회봉사 활동, 그리고 정치 등등의 모든 것이 그 예이다.

신뢰는 눈으로 볼 수는 없지만, 항상 우리 저변에 깔려 있다. 이렇듯 신뢰는 사회생활을 유지하기 위해서 없어서는 안 될 중요한 요소이다. 당신은 가정, 회사, 그리고 국가에 애착을 두고 만족하며 충성심이 있는가? 이 질문에 긍정적인 답변을 한다면 자신이 속한 구성원과 조직에 대하여 신뢰가 형성되어 있는 것이며, 만약 그렇지 않다면 불신의 풍조가 싹이 틀지도 모를 일이니 주위를 한번 돌아보고 점검할 필요가 있다.

다음은 공자孔子와 그의 제자 자공子貢이 나눈 대화이다.

자공 : "스승님. 나라를 다스릴 때 무엇이 가장 중요합니까?"
공자 : "경제, 병력, 그리고 신뢰이다."
자공 : "스승님. 그러면 그 세 가지 중에서 무엇부터 버려야 합니까?"
공자 : "제일 먼저 군사를 버리고 그다음으로 경제를 버려야 한다. 그
　　　리고 가장 마지막에 신뢰를 버려야 한다. 신뢰가 없다면 지탱할
　　　수조차도 없을 것이다."

이 내용은 논어에 나오는 것으로서 공자가 조직의 성장과 영속성을 위해서는 신뢰가 가장 중요하다고 역설한 내용이다. 신뢰가 없으면 인간관계가 설 수 없으며, 인간관계를 바탕으로 하는 조직도 성립될 수 없다. 조직의 리더와 구성원이 상호 진심으로 신뢰하고 서로의 발전을 위해 노력하는 조직은 시너지를 창출하여 당당히 경쟁우위에 다가설 수 있다. 앞에서 살펴보았듯이 신뢰는 우리 일상생활의 저변에 깔렸지만, 이 장에

서는 주로 조직생활에서의 대인관계와 관련된 신뢰에 대하여 다루고자
한다.

신뢰는 삶 속에 녹아 있다

연인 관계에서도 신뢰할 수 없는 상대방에게는 진정으로 마음을 열고
사랑하지 않는다. 신뢰는 예로부터 가까운 관계부터 더 나아가 가정, 직
장 등의 모든 인간관계를 맺으며 살아갈 때 지켜야 할 중요한 덕목 중의
하나로 중시됐다. 신뢰가 전제되지 않은 인간관계는 삽시간에 흔적도 없
이 사라지는 모래성과 같다. 심지어 사회정의에 역류하는 마피아 범죄
조직도 신뢰를 중요시하고 거래를 하고 있지 않은가?

신뢰는 타인을 설득하는 데 가장 중요한 요소다. 고대 그리스 철학자
아리스토텔레스Aristoteles의 설득의 3요소인 에토스(ethos : 인격적 측면),
파토스(pathos : 정서적 측면), 그리고 로고스(logos :논리적 측면)를 보면,
인격적인 측면인 에토스가 60%를 차지할 정도로 가장 믿을만한 설득 수
단이다. 에토스의 뼈대가 바로 신뢰, 호감, 전문성, 열정으로 구성되어 있
다. 타인을 설득할 때 논리적인 언변이 좋은 것보다는 사람 자체에 대한
신뢰성이 중요하다는 뜻이다.[117] 또한, 신뢰는 개인의 행복에도 큰 영향을
끼친다. 수많은 사회학자, 경제학자와 철학자가 전 세계를 대상으로 행복
의 원인이 무엇인지 규명하려고 노력한 결과, 개인 간의 신뢰가 행복 방
정식의 핵심 요소라고 한다.[118]

우리의 삶에서 없어서는 안 될 이러한 신뢰에 대한 개념을 국어사전
에서는 '믿고 의지함'이라고 정의하고 있다. 이러한 정의는 단순한 것 같
지만, 학문과 학자, 장소 등 적용되는 범주에 따라 다양한 의미로 해석되
고 있다. 이 장의 주제인 온정주의 패러다임의 한 요소인 신뢰 기반 임파

위먼트에 대한 이해를 돕기 위하여 일반적인 신뢰의 개념을 먼저 살펴본 후 조직 차원의 신뢰에 대한 개념을 한번 짚고 넘어 가보자.

신뢰에 대한 일반적이고 포괄적인 의미는 '문서, 말, 그리고 약속 등과 같이 개인이나 집단으로부터 형성되는 하나의 기대감'이다. 신뢰는 상대방이 보여주는 믿음과 위험 정도를 포함한 어떠한 약속에 대해서 갖는 확신이다. 또한, 상호 장기적인 관계에서 상대방 혹은 기업 간의 관계를 결정하는 중요한 행동요인이다. 그리고 신뢰는 다른 사람의 의도와 행동으로부터 미래의 긍정적인 보상을 기대하면서 현재 자신이 기꺼이 타인을 믿어주고 위험을 감수하겠다는 의미가 함축된 심리적 상태이다.[119] 이처럼 대체로 신뢰를 구성하는 요소에는 인간관계에서 상대방에 대한 기대감, 확신, 호의적 태도와 인식, 위험감수, 그리고 긍정적 감정 상태 등의 여러 가지 정서적 측면의 감정과 관련되어 있음을 알 수 있다.

이러한 일반적인 신뢰의 개념을 바탕으로 조직 차원의 신뢰에 대한 개념을 보도록 하자. 조직적인 차원의 신뢰는 일반적인 신뢰와 달리 조직과 개인들 간의 신뢰를 의미하며 통상적으로 수직적인 신뢰를 의미한다. 조직 신뢰는 조직 구성원이 불확실하거나 위기 상황에 봉착했을 때 조직의 언행이 일치되고 일관성이 있으며, 조직이 도움될 것이라는 믿음의 감정 상태이다.[120] 조직 신뢰는 대인 간의 신뢰에 기초한 구성원의 조직과 리더에 대한 신뢰임을 알 수 있다. 신뢰는 조직 내에서 인간 중심 경영의 기본이며 리더와 구성원, 동료 간 관계의 질을 결정한다. 조직 구성원 관계의 질은 조직의 성패를 결정하는 중요한 변수로 밝혀짐에 따라 조직 구성원 관계의 질을 결정짓는 신뢰가 더욱 강조되는 실정이다.[121]

기업의 중간 관리자가 자신의 기업에 대한 신뢰, 즉 기업 발전과 동시에 개인 발전이 될 것이라는 희망에 대한 신뢰가 없다면 애사심과 충성도를 가지고 무한한 잠재력을 발휘하겠는가? 그리고 기업도 그의 역량을 신뢰하지 않는다면 전폭적인 지지와 지원을 하겠는가? 조직 발전의 기저에는 수직, 수평 간 그리고 조직 구성원 간의 신뢰가 깔려 있는 것이다.

신뢰는 지속 성장의 자양분이다

신뢰를 생명체에 필요한 영양소로 비유하자면 단백질, 지방과 같은 필수 요소는 아니지만, 비타민과 미네랄과 같이 없어서는 안 될 영양소라 할 수 있다. 왜냐하면, 신뢰가 결핍되어도 생활은 할 수 있으나 더욱 이상적인 생활은 장담할 수 없기 때문이다. 조직에서 신뢰가 필요한 이유를 살펴보자.

"대학 발전은 여러 사람의 관심이 하나로 모일 때 가능하며 서로 갈등하고 대립하면 잘되지 않는다. 믿음과 신뢰가 없으면 대학의 함대가 뜨지 않고 나아가지 못하며, 갈등과 대립 속에서는 공동체가 항해하기 어렵다. 서로 화합하고 평화가 있어야 그 안에 믿음과 신뢰가 생기고 큰 함대를 바다에 띄워 갈 수 있다. 대학 행정도 신뢰가 깔려 있지 않으면 어렵다."[122]

갓 취임한 대학 총장에게 한 '대학 발전을 어떻게 시킬 것인가?'라는 질문에 대한 그의 짧은 답변에서 '신뢰'라는 단어가 여러 차례 등장한다.

한편, 서울의 S 사립대학의 교육 목표 중에는 '학생, 교수, 직원, 동문 모두가 지적, 도덕적, 영적 쇄신을 통하여 상호 신뢰와 일치를 이룬다'라는 글귀가 있으며, D 대학의 건학 이념에는 '지혜와 자비를 충만케 하여 서로 신뢰하고 공경하는 이상 세계의 구현'이라는 문구가 있다. 이처럼 미래의 국가 지도자를 배출하는 고등 교육기관인 대학은 신뢰를 중요시하는 곳이 많음을 알 수 있다.

"여러 사람을 잠시 속일 수는 있고, 또 일부 사람을 항상 속일 수도 있지만, 많은 사람을 영원히 속일 수는 없다."

미국 16대 대통령 에이브러햄 링컨Abraham Lincoln의 말이다. 그는 수많은 모략꾼이 득실대는 정치판에서도 정직이 가장 강한 무기라는 것을 행동으로 가르쳐 주었다. 독일의 정치 지도자 비스마르크Otto von Bismarck는 "나는 카드에서도 속이지 않으며, 정치에서도 속이지 않는다. 나는 말에 대한 신뢰를 얻는 것이 외교관의 첫째 의무이며, 최상의 관심사라고 여긴다. 그렇지 않으면 스스로 자신의 가장 중요한 행동 수단을 박탈당한다."라고 말하며 술수의 정치를 거부하고 가슴을 여는 정직의 정치를 실천해 사람들은 그를 신뢰했다.[123] 당신은 우리나라의 각종 여론조사 기관에서 매년 대통령에 대한 신뢰도를 발표하는 것을 한 번쯤 봤을 것이다. 신뢰는 국가 경영을 하는 정치에는 더더욱 중요하며, 리더가 리더십을 발휘할 수 있는 근원이자 주요 원동력이다.

공익의 성격을 띠는 대학과 국가 정치뿐만 아니라 기업의 경우를 보자. 2015년도 신뢰를 인재상의 근저로 삼는 우리나라 주요 기업을 살펴보면 〈표 8-1〉과 같다. 인재상으로 신뢰를 중요시하는 기업은 주로 금융권에 많으며, 우리나라 매출액 상위 100대 기업 중에는 65개 사에[124] 달할 정도로 기업 경영에서 신뢰를 중요시하고 있음을 알 수 있다. 미국의 포춘Fortune지가 매년 '훌륭한 일터(GWP : Great WorkPlace)' 100대 기업을 발표하고 있는데, 이 기업 선정 기준 세 가지 중 첫 번째 기준이 상사와 구성원 간의 신뢰이다. 이만큼 신뢰는 훌륭한 조직과 같이 호흡하고 정비례하는 요소임을 알 수 있다.

<표 8-1> 임파워먼트의 구성

기업명		인재상	
우리은행	정직	신뢰	
현대증권	인정과 존중을 바탕으로 한	신뢰	
대신증권	고객으로부터	신뢰	받는 인재 양성
한미약품	성실과 책임감으로	신뢰	받는 사람
현대중공업	정직을 실천하는	신뢰	받는 인재
POSCO		신뢰	와 소통을 기반으로 한…
LG CNS		신뢰	구축과 인재 양성
삼양그룹		신뢰	를 바탕으로 도전하는 인재
하나대투증권		신뢰	구축

이처럼 대학, 국가 정치, 그리고 기업 등의 실례를 살펴보면, 신뢰는 모든 조직이 소중히 여기고 있으며 구성원이 갖추어야 할 필수불가결한 요소라는 것을 확인할 수 있다. 조직은 상호 신뢰가 전제되지 않는다면 형성 자체가 되지 않을 것이며, 설령 신뢰가 없는 조직이 성립되더라도 불신과 리더십 부재로 곧 붕괴할 것이다.

리더의 최고 덕목은 신뢰이다

신뢰는 리더십 효과성을 나타내는 심리적 기제로서 어떠한 리더도 신뢰 없이는 효과적인 리더십을 발휘할 수 없다. 조직을 이끌어 갈 훌륭한 리더가 되기 위해서는 리더의 첫 번째 덕목인 신뢰를 조직 구성원으로부터 착실히 구축해야 한다. 온정적 리더들이 조직 구성원으로부터 신뢰를 얻으려면 구성원에게 역량과 순수성을 보여주고 호의로 대해 주어야 한다.

조직 구성원은 리더의 역량을 가장 우선순위의 덕목으로 꼽을 것이다. 목표를 달성하기 위한 조직은 역량 없는 리더를 결코 인정하고 신뢰하기 어렵기 때문이다. 리더에 대한 신뢰는 리더가 일을 잘 알고 있다는 구성원들의 확신에서 나온다. 이는 리더가 구성원이 해야 할 기술적인 직무를 잘 아는 것이 아니라, 리더로서 조직의 미션과 비전을 달성할 수 있는 전략과 방법을 체화하고 있다는 것을 의미한다.

다음으로 리더는 조직 구성원에게 순수성을 보여주어야 한다. 순수성은 다른 성분에 의해 전혀 오염되지 않은 순수한 성질을 뜻한다. 리더는 구성원들에게 이기적인 행동을 자제하고 이타적인 협력관계를 유지하며 무엇보다도 조직의 이익을 위해 최선을 다하며 사심 없는 모습을 보여줘야 한다. 리더의 순수성은 과거의 행동을 통해서 짐작할 수 있으며 미래의 순수한 행동을 예측할 수 있다. 만약 리더가 일말의 사심 섞인 경영이나 행정을 한다면, 구성원은 리더를 불신하고 조직의 정책에 비관적이며 냉소적인 태도를 나타냄으로써 조직의 성과 창출과 목표 달성에 부정적인 결과를 가져올 것이다.

또한, 신뢰할 수 있는 리더는 조직 구성원과 좋은 관계를 유지함으로써 자신이 구성원에게 호의를 가지고 있다는 것을 보여줘야 한다. 호의는 긍정적인 내부적 동기의 결과이며, 상호이익과 상대방의 안녕을 위해 자발적으로 도우려는 행위이다. 그리고 호의란 편애나 차별로 승자와 패자를 만들지 않는 것이다. 조직 구성원은 누구나 자신이 존중받고 있다고 느끼고 싶은 욕구가 있다. 리더가 조직 구성원에게 공감적인 배려와 포용적이고 겸손한 태도로 환대한다면 그들의 신뢰를 얻는 데 충분하다. 이런 면에서 CR 리더십의 온정주의 요소들(포용적 겸손, 공감적 배려, 이타적 협력)은 결국 신뢰를 얻는 것으로 귀결됨을 알 수 있다. 반면, 리더가 권위적이고 지시적이며 불공정하고 불공평하게 조직 구성원을 홀대한다면 신뢰를 쌓을 수 없다.

서울에서 교육 사업을 하는 한 기업이 있다. 이 조직 구성원은 20여 명 내외이며 설립한 지 5년이 채 안 된 작은 기업이다. 변변치 못한 성과로 넉넉하지 않은 매출에도 불구하고 이 조직 구성원의 이직률은 거의 0%에 가깝다. 현재 우리나라의 기업을 분석해보면, 입사 5년이 지나면 거의 50%에 육박할 정도의 이직률을 나타내는 통계에 비추어 봤을 때, 가히 경이로운 수준이다. 이러한 결과의 요인은 여러 가지가 있겠지만, 그 기업의 리더는 구성원을 대할 때 합리주의를 바탕으로 상황에 따라 온정을 베풀고, 가식과 꾸밈이 없는 순수성과 호의로 대했다는 것이다. 리더의 순수성과 호의는 상호 신뢰를 돈독히 하고 조직을 결속시키는 응집력을 키워 영속될 수 있는 강력한 힘을 발휘한다.

소기업 리더가 순수성과 호의로만 구성원을 대했다면 조직 구성원이 리더를 전적으로 신뢰하지는 않았을 것이다. 왜냐하면, 예측할 수 없고 불확실한 사양 산업에 속하는 교육 사업 시장을 헤쳐 나갈 역량 없는 리더는 믿을 수 없기 때문이다. 그 리더는 조직의 목표와 비전을 달성하기 위한 확고한 신념을 현실로 실현하기 위한 역량을 조직 구성원에게 보여 주었고, 언행에서도 일관성이 있었던 것이다.

개인과 개인, 개인과 조직 그리고 리더와 구성원과의 관계에서 신뢰가 중요하다는 것을 지금까지 이야기했다. 그러나 신뢰는 돈으로 거래할 문제가 아니며 벽돌로 며칠 만에 집을 짓듯이 삽시간에 구축되는 것도 아니다. 설사 돈으로 수일 만에 신뢰를 형성했더라도 그 신뢰는 가식의 탈을 쓴 위장 신뢰로 곧 탄로 날 것이다. 신뢰는 상대방과 상호작용의 결과로서 철저한 황금률이 적용된다. 상대방에게 신뢰를 받고 싶으면 자신이 먼저 신뢰받을 언행을 해야 한다. 그리고 자신이 신뢰하는 만큼 상대방도 신뢰한다.

위에서 보았듯이 상대방으로부터 신뢰를 구축하는 몇 가지 방법을 이 야기했다. 비단 리더뿐만 아니라 평범한 사람들도 예외 없이 이 몇 가지 방법을 실행하기 위해서는 평생을 고민하고 노력해야 한다. 온정주의 패 러다임의 리더는 평생 신뢰를 가슴에 품고 언행에 신경 써야 한다. 언행 과 일치하지 않고 신뢰를 저버리면 더 이상 리더가 아니며, 원칙과 일관 성이 없는 언행을 일삼는 단순한 우두머리에 지나지 않을 것이다.

조직을 위한 신뢰 기반 임파워먼트를 하라

우리나라에서 가장 존경받는 역대 인물 중의 한 사람은 서울 광화문 광장의 동상을 보면 알 수 있듯이 항상 책을 옆에 끼고 있는 세종대왕이다. 세종은 인재를 발탁하면서 신분과 출신에 얽매이지 않고, 오로지 능력과 재주에 기준을 두고 등용하고 그에 대해 합당한 대우를 해 주었다. 세종의 인재 등용에서는 왕족이라고 해서 특혜도 없었을 뿐더러 부친이 훌륭하다고 해도 특혜를 극히 제한했다. 천민 출신이지만 재주가 민첩하고 뛰어난 과학적 재능을 보인 장영실을 과학 기술 발전에 매진하도록 지원을 아끼지 않았다. 또한, 세종은 훌륭한 인재를 적재적소에 활용했다. 문장과 글에 탁월한 학자는 집현전에 배속시키고, 나라 경영과 숫자에 밝은 자는 관계된 부처의 일을 맡겼으며, 창의력과 전략을 잘 짜는 인재는 그들의 능력을 최대한 발휘하기 위한 부처에 근무토록 하는 체계를 만드는 데 모든 힘을 기울였다.[125]

이러한 세종의 인사관리 정책은 전형적인 신뢰 기반 임파워먼트를 실천했다고 볼 수 있으며 현대의 리더에게 시사하는 바가 크다. 세종과 같은 신뢰 기반 임파워먼트 역량을 지닌 사람들의 구체적인 행동 특징은 실질적인 업무 수행자에게 자율적으로 할 수 있는 일에 대한 적절한 자율권과 권한 및 책임을 명확히 부여하고, 스스로 업무를 완수하도록 지원한다. 그리고 구성원이 맡은 일을 마무리할 수 있도록 자율성을 부여하고, 특성과 능력을 잘 파악하여 스스로 성과를 낼 수 있도록 격려한다. 또한, 구성원에게 새로운 업무를 경험할 기회를 적극적으로 제공하고, 스스로 역량을 발휘하고 성취감을 느끼도록 지원한다는 점이다.

신뢰에 기반 둔 임파워먼트를 실행하라

세계적인 리더십의 권위자이자 조직 경영 컨설턴트였던 스티븐 코비는, 원칙 중심의 리더는 자연법칙의 기초 위에서 씨앗과 토양을 가지고 농장에서 일하는 성품 있는 인물이라고 역설했다.[126] 원칙 중심의 리더는 개인의 삶은 물론 대인관계, 자기와 관계된 모든 약속과 계약, 자기가 관리하는 조직의 모든 과정, 그리고 그 조직 사명서의 중심에 원칙을 위치시킨다. 원칙은 많은 경우의 수에 두루 사용할 수 있는 기본적인 규칙이나 법칙이다.

그는 원칙 중심 리더십의 차원과 기본 원칙을 이야기하면서 개인 차원과 대인관계 차원에서 가장 중요한 기본원칙이 신뢰라고 강조했다. 이 신뢰의 기저에는 언행일치가 중요시된다. 더 나아가 관리 차원에서 임파워먼트를 언급하면서 신뢰가 매우 높은 구성원은 관리할 필요가 없다고 했다. 왜냐하면, 신뢰를 기반으로 임파워 된 구성원은 셀프리더십을 발휘하면서 자율적으로 훌륭하게 직무 수행을 하기 때문이다. 즉, 관리 차원의 임파워먼트는 대인관계와 개인 차원의 신뢰가 기반 되어야 한다는 말이다. 스티븐 코비의 이러한 주장은 온정주의 패러다임 내의 신뢰 기반 임파워먼트의 맥락과 정확히 통한다.

자신과 타인의 상호관계에서 신뢰를 원칙으로 임파워하는 신뢰 기반 임파워먼트의 실행과정은 다음과 같다. 이 과정의 단계는 온정주의 패러다임 내의 구성 요소인 포용적 겸손, 공감적 배려 및 이타적 협력과 긴밀한 역학관계가 있으며, 합리주의 패러다임의 각 구성요인이 십분

적용되며 일정한 절차를 밟는다. 즉, 신뢰 기반 임파워먼트의 효과적인 실행은 온정주의와 합리주의 패러다임이 융합하여 선순환하는 데에서 기인한다.

우선, 첫째 단계는 자신에 대한 신뢰가 선행되어야 한다. 조직관리 차원에서 타인을 임파워하기로 할 자신의 판단에 대한 확신이 있어야 한다. 확신이 없는 임파워먼트는 오용 또는 남용될 여지가 크다. 이 단계는 자신의 언행에 대하여 성찰하고 타인의 비판적인 피드백도 겸허하게 수용하는 온정주의 패러다임 요인인 포용적 겸손이 필요하다. 동시에 이성적 사고를 바탕으로 중요한 의사결정을 내리는 합리주의 패러다임 내의 이성적 상황 판단의 요소를 갖추어야 한다.

둘째 단계는 타인에 대한 신뢰가 수반되어야 한다. 타인을 신뢰하기 위한 척도와 기준은 타인의 과거 언행을 반추하고 통찰하여 미래의 언행을 예측한 후 신뢰 여부를 결정하는 것이다. 리더는 신뢰할 수 없는 구성원을 무작정 신뢰하여 임파워할 수는 없는 노릇이다. 이 단계는 상대방의 심리상태에 관심을 가지고 파악하며 역지사지하는 온정주의 패러다임 내의 공감적 배려와 연관이 있으며, 불확실한 미래의 변화를 치밀하게 예측하는 합리주의 패러다임의 전략적 예측이 필요하다.

셋째 단계는 리더와 구성원 간에 서로 믿고 협조해야 한다. 리더는 구성원을 신뢰하고 있으나, 구성원은 리더를 불신하는 상황에서 임파워한다는 것은 형식에 불과하며 효과적인 결과를 기대하기 어렵다. 따라서 리더는 구성원 간의 상호 불신의 문제를 불식시키고 해결해야 한다. 이 단계는 구성원이 원하는 부분을 도와주며 기꺼이 솔선수범하는 온정주의 패러다임 내의 이타적 협력이 절대 필요하다. 또한, 상호 간의 불신을 해소하기 위하여 다양한 관점과 방법으로 분석하여 원인과 핵심을 냉철하게 판단하고, 문제를 해결하는 합리주의 패러다임 내의 논리적 문제 해결이 요구된다.

마지막 단계는 지금까지 차례대로 세 단계를 밟은 후 신뢰에 기반을 둔 임파워먼트를 구성원에게 시의 적절하게 실행하는 것이다. 신뢰에 기반을 둔 임파워먼트는 조직의 성과 창출을 전제로 하며 효과적인 조직 관리에 긍정적인 결과를 초래한다. 그러나 구성원에 대한 너무 지나친 임파워먼트는 부족한 것보다 못할 수 있다. 화초에 지나친 양의 자양분과 물을 주면 튼튼하게 성장하기는커녕 뿌리가 썩어 화초 본연의 역할을 기대할 수 없다. 즉, 화초도 죽고 주인도 화초로부터 얻는 이익을 누릴 수가 없는 패-패(lose-lose)의 결과를 초래하게 된다.

인간도 과욕, 과식, 과음 등을 하면 증상이 생기듯이 임파워먼트도 지나치면 효과적인 결과를 기대하기 힘들다. 리더도 구성원에게 신뢰에 기반을 둔 임파워먼트를 실행할 때에도 수많은 경험과 학습으로 체득된 감으로 적절하고 적당하게 실행해야 한다. 또한 임파워먼트를 하되 보이지 않게 지켜보고 필요할 때 적절히 개입해서 성공적인 수행으로 이끌어야지, 무관심하게 내버려 두어 실패하도록 두는 것은 임파워먼트의 본뜻이 아니다. 이 단계에서는 다양한 인적, 물적 자원을 최적의 상태를 유지하여 효율성을 극대화하고, 이는 성과의 질을 높이는 합리주의 패러다임의 한 요소인 최적화 수행관리와 일맥상통한다.

다음은 지금까지 살펴본 신뢰와 임파워먼트의 내용을 참고하여 어떻게 자신이 신뢰할 수 있는 후계자를 만들 수 있는지 알아보자.

후계자 육성을 위한 신뢰 기반 임파워먼트를 하라

550년을 이어 온 중국 춘추전국시대를 단 10년 만에 천하를 통일한 진시황도 불과 15년 만에 멸망하여 그의 업적은 물거품이 되었으니 이 얼마나 허망한 일인가. 이러한 결과는 자신의 파워와 리더십을 이어받을 신뢰할 수 있는 후계자를 양성하지 못한 것에서 그 원인을 찾을 수 있다. 이러한 사례는 국가는 물론 기업, 대학은 말할 것도 없이 주위의 크고 작은 그룹이나 모임에서도 한 번쯤은 겪었을 것이다. 반면, 후계자 양성을 철저히 한 리더로 얼른 떠오르는 인물은 칭기즈칸이다. 칭기즈칸은 1995년 미국의 워싱턴포스트지에 지난 천 년 동안 인류에 가장 큰 영향력을 미친 인물로 선정된 바가 있다. 그는 10만 군대로 100여 배를 웃도는 1~2억 명의 유라시아를 불과 30년 만에 정복한 영화의 주인공 같은 믿기지 않는 위인이다. 그의 이런 탁월한 업적을 낳게 한 이유로 여러 가지 요인이 있겠지만, 유능한 부하를 기용하여 훌륭한 리더로 키워냈다는 점이 꼽힌다.

최적의 후계자를 육성하지 못한 리더는 조직의 번영을 담보할 수 없는 실패한 리더에 불과하다. 제아무리 조직을 번창시켜 놓았어도 후계자 양성에 실패했다면 그 조직의 지속적인 번영은 차치하더라도 유지조차 보장할 수 없기 때문이다. 이 시점에서 당신은 조직의 이념과 맞는 리더 자신의 영혼을 전수할 후계자를 어떻게 양성할 것인가에 관심이 쏠릴 것이다. 리더가 후계자를 키우는 방법은 국가, 문화, 전통, 인종 등에 따라, 또한 각양각색의 조직마다 다르고 무수한 방법이 있다.

지금부터는 앞서 기술한 신뢰와 임파워먼트의 내용을 종합하여 온정주의 패러다임 테두리 안에서 작동하는 신뢰 기반 임파워먼트로 후계자를 육성하는 방법에 관하여 이야기하고자 한다. 리더는 구성원의 행동, 능력, 동기, 흥미, 가치관, 성격, 환경 그리고 역량을 파악하고 적극적인 사회적 지지로 조직의 높은 성과를 창출할 수 있는 구성원을 후계자로 고려해야 한다. 또한 리더는 구성원의 자질과 능력 등을 잘 파악하여 역량을 발휘할 수 있도록 적재적소에 등용해야 한다. 만약 구성원에게 부적합한 임무를 부여했을 때에는 기대 이하의 역량을 발휘할 확률이 높기 때문이다. 구성원의 역량 수준을 파악하기 위해서는 자질과 능력 등을 분석해야 하며, 특히 성과를 창출하는 요체인 동기 수준을 자세히 파악해 볼 필요가 있다. 성과를 나타내기 위한 행동에 동기가 없다면 행동으로 이어지지 않기 때문이다.

구성원의 특성이 조직과 리더의 비전에 부합하지 않거나, 역량이 부족하다면 리더가 구성원을 신뢰하는 데 위험과 제한이 많이 따른다. 우리나라 대기업이나 공기업 대부분이 인·적성 검사를 하는 이유가 구성원의 자질과 역량 등을 후계자 양성의 입문이라고 볼 수 있는 입사 과정에서 고려하기 위한 것이다. 즉, 자질과 역량이 부족한 구성원은 리더의 진정한 신뢰를 받기에는 무리이다. 한편, 리더는 구성원의 자질과 역량이 조직과 리더의 기대에 부응할 때 조직의 성과 창출에 지대한 역할을 할 수 있도록 적극적인 사회적 지지를 해야 한다. 사회적 지지는 인적, 물적, 주위 환경으로부터 제공되는 모든 자원으로서 조직생활을 하는 구성원에게 용기, 사기와 동기를 주는 원천으로 조직의 원대한 목표를 달성하는 데 큰 힘이 된다. 이처럼 임파워먼트로 신뢰할 수 있는 후계자를 육성하기 위한 첫 번째 전제조건은 리더가 구성원의 자질과 역량을 파악하고 충분한 사회적 지지를 했을 때 조직의 높은 성과를 창출할 수 있는 인물인가를 확인해야 한다.

리더는 구성원에게 적절한 자율권과 더불어 명확한 권한 및 책임을 부여하고, 스스로 소임을 완수하는 구성원을 후계자로 고려해야 한다. 전근대적인 인적자원관리 방식인 감시, 감독과 통제로 구성원을 관리하는 방법으로는 조직의 목표와 성과를 달성하는 데 한계가 따른다. 리더는 구성원에게 조직의 사명과 주인 정신을 심어주고 셀프리더십을 발휘하여 자기 주도적으로 업무를 처리할 수 있도록 적절한 자율권을 부여하여야 한다. 그리고 효과적인 역량 발휘를 위한 권한 및 책임의 범위를 구체적이고 명확하게 부여해야 한다. 직위(position)가 너무 추상적이거나 포괄적이면 구성원이 역량을 발휘하는 데 한계를 느끼거나 혼선이 빚어지기 때문이다. 공식적인 모든 조직이 권한과 책임에 따른 직무를 수행해야 하는 과장, 부장, 사장 등의 위계로 운영되고 있는 이유가 바로 여기에 있다. 이처럼 리더가 신뢰할 수 있는 후계자를 육성하기 위한 두 번째 전제조건은 리더가 구성원에게 적절한 자율권과 명확한 권한과 책임을 부여한 후 스스로 업무를 완수하여 조직에 긍정적인 성과를 창출할 수 있는 존재인가를 확인해야 한다.

리더는 구성원에게 새로운 업무를 경험할 기회를 적극적으로 제공해야 한다. 오늘날과 같이 급변하는 세상에 새로운 아이디어나 패러다임을 창출하는 창의·창조력과 어떠한 역경 상황에서도 유연하고 탄력적으로 대처할 수 있는 위기관리능력은 그 조직의 흥망을 결정짓는 중요한 요인이다. 무한 경쟁시대의 오늘은 다양하고 주기가 짧은 소비자의 요구에 부응하기 위하여 항상 재화와 서비스의 기능과 스펙(specifications)이 진화되어야 하기 때문이다. 이러한 진화에 필요한 핵심 능력이 바로 구성원의 창의·창조력이다. 또한, 급변하는 세상은 정해진 틀 속에서 규칙적인 주기로 상황이 발생하지 않고 다사다난한 사건 사고가 허다하게 발생한다. 긴박한 상황을 슬기롭게 대처하기 위한 관련된 많은 경험이 그 실마리를 푸는 해결책이다. 위기관리능력은 바로 이러한 많은 경험에서 자연스럽게 체화할 수 있다.

대통령 선거 시 유권자들이 후보자의 인물이나 배경보다 경험의 발자취인 경력 사항을 유심히 관찰하는 이유도 그 직책에 걸맞은 업무 수행 시 위기관리능력의 유무를 판단하기 위함이다. 물론 군대에서 장군 승진이나 주요 대기업의 중역 승진 시에도 같은 이치이다. '경험보다 좋

은 스승은 없다.'라는 말도 있지 않은가. 이처럼 신뢰가 기반 된 임파워
먼트로 후계자를 육성하기 위한 전제조건은 리더가 구성원에게 다양하
고 새로운 업무를 경험할 기회를 적극적으로 제공한 후, 구성원이 조직
의 모든 운영 시스템을 섭렵하여 본연의 임무와 역할을 잘 수행할 수 있
는 인물인가를 확인하는 것이다.

온정적 합리주의 리더는 조직의 번영과 안녕을 위해 이와 같은 방법
을 고려하여 자신의 후계자를 육성하는 데 심혈을 기울여야 한다.

온정적 합리주의와 상호작용은 필수다

서울에서 교육 사업을 하는 소기업 사장이 신입 영업사원과 함께 갑
자기 지방의 한 중견기업으로 출장을 가게 되었다. 규모가 꽤 큰 중견기
업의 인사팀장이 소기업의 사장을 신뢰하고 전체 직원을 대상으로 하는
리더십 교육 프로그램 개발에 대한 수주 제안을 했기 때문이다. 출장을
같이 가게 된 신입 영업사원은 느닷없는 수주 제안에 브리핑 준비를 제
대로 하지 못한 상태였다. 설상가상으로 그는 운전 경험이 그다지 많지
않아 사장을 모시고 운전하는 것도 부담스러워 많이 위축되었다. 왜냐하
면, 운전 능력과 프레젠테이션 능력은 B2B(Business to Business) 영업사
원이 갖추어야 할 필수 역량이기 때문이다.

그러나 소기업 사장은 운전에 능하고 수주에 대한 PT 능력이 뛰어난
유휴 인력이 있었음에도 신입 영업사원을 신뢰하고 그 중책의 임무를 일
임하였다. 왜냐하면, 소기업 사장은 신입 직원의 흥미, 능력, 가치관 그리
고 역량 등을 수개월의 수습 기간과 개인 신상명세에 나타난 업무 관련
경험을 파악하고 인정했기 때문이다. 결국, 신입 영업사원은 운전과 브
리핑에 특별한 문제없이 임무를 훌륭하게 완수하여 흔쾌히 수주까지 하

는 성과를 거두었다. 신입사원은 자신의 직무와 관련된 새로운 경험의 결과로 그 이후로도 자신의 업무에 자기효능감이 높았으며, 셀프리더십을 발휘하면서 소임을 다하며 성과를 내고 성취감을 만끽하였다. 소기업 사장은 소신을 다해 업무를 수행하는 신입직원의 성장을 위해 적절한 자율권, 권한과 책임을 부여하는 임파워먼트와 사회적 지지를 했다.

이처럼 온정주의 패러다임의 신뢰 기반 임파워먼트는 대인관계와 조직관리 차원에서 구성원과 진정성 있는 신뢰를 기반으로 스스로 역량을 향상할 수 있도록 다양한 경험과 기회를 제공함과 동시에 이에 걸맞은 권한을 부여하면서 구성원이 성취감을 가질 수 있도록 임파워하는 것이다. 신뢰 기반 임파워먼트는 온정주의 패러다임의 포용적 겸손, 공감적 배려, 이타적 협력과 순환함과 동시에 상호작용하며 서로 영향을 미치고 보완하면서 온정주의 패러다임을 한층 더 성숙하고 완성도를 높이는 요인이다. 그리고 신뢰 기반 임파워먼트의 실행과정에서 합리주의 패러다임의 구성요인들이 모두 녹아 있고 맞물려 돌아가는 것을 확인했다.

신뢰가 전제되지 않은 임파워먼트는 사막에서 자라고 있는 선인장을 토양이 다른 진흙에 옮겨 심고 성장하기를 바라는 것과 같다. 선인장 줄기는 뿌리의 산물이며 꽃은 선인장 줄기의 결정체이듯, 신뢰는 신뢰성의 산물이며 임파워먼트는 신뢰의 열매이다.

PART 03

본성적 합리주의 리더십으로 나아가라

이타적 협력본성적 합리주의 리더십이란?

chapter 09

본정적 합리주의
리더십이란?

PART 03은 최은수 교수의 공저
〈한국 대학의 "따뜻한 변화"와 리더십을 말한다〉
pp11~29의 내용을 수정·보완한 것이다.

　　이 책의 저변에 전반적으로 흐르는 이론적 사고의 패러다임은 온정적 합리주의 리더십이다. 온정적 합리주의 리더십이란 온정주의가 일부 가미된 합리주의 리더십을 뜻한다. 이러한 온정적 합리주의 리더십의 개념을 파악하기 위해서는 우선 합리주의 패러다임과 온정주의 패러다임을 이해하는 것이 필요하다.[127]

합리주의 패러다임은 무엇인가?

합리주의의 기본적 가정은 인간 행동이 기본적으로 이성(reason)의 활동으로 이루어진다는 것이다. 철학적인 측면에서 인간의 이성은 상황을 판단하는 데 있어서 독단을 물리칠 수 있는 도구이며, 나아가 합리적인 의사결정에 도달하게 해 주는 수단이다. 그리고 합리주의에 근거한 미래 계획에 대한 한 가지 관점은 예측과 통제 원리에 의해서 만들어진다는 점이다. 합리주의적 관점 중 또 하나는 문제 해결에 대한 답이 있다면 논리적으로 답을 찾는 것이 우리의 일이라는 것이다. 그렇다면 합리주의가 추구하는 가치관은 무엇일까?

첫째는 이성적 상황 판단이다.

합리주의 리더는 불확실하고 정보가 불충분한 상황에서도 신중하게 상황을 판단한다. 또한, 예기치 않은 위기 상황에서도 당황하지 않고 신속하게 대응해 나가며, 해야 할 일들을 결정하고 실행에 옮기는 데 주저하지 않는다.

둘째는 전략적 예측이다.

합리주의적 전략 수립은 조직의 목표, 즉 비전 설정에서부터 시작된다. 비전 설정은 조직의 사명과 밀접한 관계성을 가진다. 합리주의 리더의 다음 과제는 사명에서 전략적 목표를 끌어낸 다음 조직의 맥락적 환경에 관심을 가지는 것이다. 그런 다음 분석을 통해서 실행 가능한 목표가 만들어진다.[128] 따라서 합리주의 리더는 미래를 내다보면서 여러 가지 계획을 평가하는 데 기준이 될 수 있는 미래의 모습을 예측한다. 합리주의 리더의 최종 결과물은 미래 세상의 모습 중 한 가지를 묘사하면서 자신이 최선을 다해서 추정한 미래의 조직 환경을 구체적으로 열거하는 것이다. 이렇게 하기 위해서는 합리주의 리더는 우선 내·외부 환경 변화에 대하여 치밀하게 예측하여 대응한다. 그리고 현재의 인적 및 물적 자원 등을 충분히 고려하여 그 범위 내에서 달성 가능한 목표를 결정한다. 이때 예기치 못한 일이 발생할 가능성을 항상 염두에 두어야 하며, 단기적인 성과뿐만 아니라 장기적 안목을 가지고 미래에 미칠 영향을 함께 고려하면서 행동한다.

셋째는 논리적인 문제 해결이다.

합리주의 리더는 현상의 복잡한 문제를 인식할 때에 동시 다발적으로 그 문제점과 원인을 정확하게 분석하고, 핵심적인 정보를 얻으며, 이에 대한 문제 해결의 실마리를 찾고자 한다. 결국, 합리주의 리더는 그것을 바탕으로 구체적인 해결 방안을 제시한다. 합리주의 관점 중 또 하나는 우리 주변에서 일어나는 문제를 해결할 때에는 반드시 여러 대안이 있으며, 우리가 할 일은 그 대안 중에서 최적 안을 논리적으로 찾을 수 있다는 믿음에서 출발해야 한다는 것이다. 이때 합리주의 리더의 전략적 관점은 그 최적 안에 가능한 한 가까이 접근해 가는 것이다. 즉, 일반적으로 검토해야 할 대안들이 몇 가지가 있다면 합리주의 리더는 그중에서 가장 효과적인 대안을 선택한다.

마지막으로 합리주의적 가치는 최적화 수행관리에 둔다.

합리주의 리더는 업무의 효율성을 극대화하기 위해 연관성이 있는 일들을 분리 또는 통합하고, 이를 바탕으로 구성원의 특성을 고려하여 최대한 역량을 발휘할 수 있는 업무를 할당하고 객관적으로 평가하고 보상한다. 물적 자원도 업무 상황에 맞게 적절하게 분배하여 업무 효율성을 높인다.

위에서 보는 것처럼, 합리주의 패러다임에 입각한 리더십은 효율성을 비롯한 여러 준거 가치를 합리적으로 추구할 수 있는 기본적인 틀을 제공한다. 하지만 합리주의 패러다임은 다음과 같은 이유로 그 한계성이 있다.

첫째, 인간의 선택은 항상 완전하거나 합리적으로만 이루어지는 것이 아니므로 합리성의 완벽성에서 한계성을 보여준다. 그것은 사람의 인식 정도, 계산 능력, 지식 소유, 기술 연마, 그리고 일관된 가치 보유 등에 있어서 매우 제한적이기 때문이다.[129]

둘째, 개인적 합리성보다는 집단적 합리성에서 내재적 가치 추구가 어려워진다. 따라서 이익 갈등을 순수한 합리성만으로는 해결하기 어렵다.[130]

셋째, 조직 행동이나 조치는 항상 완벽한 것은 아니다. 따라서 개인이 어느 정도 자신의 합리성에 대한 제한점을 극복한다고 할지라도 그 개인이 조직에서 일할 때는 조직 일부가 되기 때문에 완벽한 합리성을 발휘하기가 어려워진다.[131]

넷째, 합리성은 보통 절차나 관례, 혹은 주변 환경과 상황에 따라 변하

게 된다.[132]

다섯째, 합리성을 완벽하게 추구하기에는 자원이 항상 부족하기 마련이다. 즉, 합리성을 추구할 때에는 이에 필요한 시간, 돈과 에너지가 필수적이다. 만약 합리성을 추구하는 과정에서 비용이 이익보다 클 때는 비합리성이 작용할 수밖에 없다.

여섯째, 조직의 의사결정 시에 이성의 활동을 바탕으로 한 합리주의적 패러다임의 적용이 지나칠 때에는 현장에서 조직 구성원의 심리적 및 사회적 요인이 무시될 가능성이 크다. 이렇게 되면 조직은 구성원의 적절한 동기유발이나 충성심을 기대할 수가 없을 것이다. 결국, 조직의 분위기는 메마르게 되고, 비인간적인 문화가 형성되어 오히려 의도하지 않았던 비합리적인 요인들과 환경 형성이 지배적일 수도 있다

위와 같은 합리주의 패러다임의 한계점을 보완하고, 예측과 통제가 어려운 21세기 조직 운영의 난맥상을 극복하기 위한 패러다임이 바로 온정주의이다.

온정주의 패러다임은 무엇인가?

온정(compassion)이란 단어는 라틴어 'com-' (함께)이라는 접두어와 'passire' (고통)이라는 동사에서 시작된 것으로서 이 단어의 문자적 의미는 '누구와 고통을 나눈다.' 혹은 '누구와 고통을 함께한다.'라는 것이다. 온정주의란 머리보다는 가슴으로 사람들에게 영향력을 행사하는 과정이다. 구성원에게 좀 더 배려하고 동정심을 갖는 리더가 되려는 움직임은 우리에게 다음과 같은 질문을 하게 한다. 온정주의에 맞는 가치는 어떤 것일까? 온정적 리더의 특성은 무엇인가? 온정적 가치관을 실행하기 위해서 리더는 어떤 행동양식을 보이는 것일까?

아마도 온정주의의 가장 중요한 가치 중의 첫째는 포용적 겸손일 것이다. 포용적 겸손이란 다른 사람들에 비해서 태생적 혹은 운명적으로 우월하지 않다고 믿는 마음가짐을 바탕으로 사고방식이나 행동 양식이 자신과 맞지 않는 사람까지도 긍정적으로 받아들이는 것이다. 포용적 겸손이라는 가치는 타인에 대한 존중과 아울러 자기 자신을 낮추는 자세와 맥락을 같이 한다. 우리가 리더의 위치에 있더라도 모든 사람을 존중하고 그들이 인간으로서 가진 고유한 존엄성을 지켜주어야 한다.[133] 실제로 온정적 리더는 자신의 결정과 행동 방식이 항상 옳다고 생각하지 않는다. 따라서 타인의 어떠한 비판적인 피드백도 겸허하면서도 긍정적으로 받아들이며, 동시에 다양한 사람들의 생각과 행동을 이해하고 수용하고자 한다. 나아가 항상 자신을 돌아보고 자기 성찰의 시간을 갖고자 노력한다.

둘째는 타인에 대한 공감적 배려이다. 원래 온정이란 한마디로 타인이나 자신의 정서를 이해하고 감정을 같이하는 것이다. 온정이란 말이 감정이입이라는 단어와 유사하게 사용되기도 하지만, 온정이라는 것은 한 개인이 다른 사람들과의 감정이입을 느끼도록 유도하기도 한다.[134] 동시에 온정은 다른 사람들의 고통을 완화 내지는 감소시킴으로써 고통을 겪고 있는 사람들에게 특별한 배려를 하기 위한 욕구로도 사용된다. 실제로 온정주의 리더는 상대방의 표정이나 감정 상태를 충분히 파악하면서 대화를 나누고, 자신의 말과 행동이 남에게 어떤 영향을 주는지를 심사숙고한다. 이때 자신의 입장만을 내세우기보다는 상대방의 입장을 배려하여 행동한다.

셋째는 이타적인 협력이다. 온정주의 리더는 공동체에서 자신에게 주어진 업무 외에도 상대방을 위해 자기희생적인 행동을 취하고, 자신에게 이득이 되지 않은 일이라도 기꺼이 솔선수범하여 구성원의 필요한 부분에 도움을 제공한다. 아울러 견해의 다양성을 인정하는 협력적 커뮤니티를 형성한다.

넷째는 신뢰에 기반을 둔 임파워먼트이다. 신뢰한다는 것은 증거가 불충분하더라도 리더의 행동을 수용하는 것이다.[135] 실제로 온정주의 리더는 구성원의 특성과 능력을 제대로 파악하여 실질적인 업무 수행자에게 명확한 자율성과 권한, 그리고 책임을 부여하고, 구성원 스스로 역량을 발휘하고 업무를 완수함으로써 성취감을 느끼도록 격려와 지원을 아끼지 않는다.

이상에서 논의한 바와 같이, 온정주의 패러다임은 다분히 인간 중심적이다. 이러한 인간 중심 접근은 인간이라는 존재가 더는 기계 부품이 아니며, 인간을 열심히 일하게 하는 것은 경제적 보상이 아니라 사회 심리적 보상이라는 가정을 바탕으로 하고 있다. 하지만 이러한 온정주의 가치가 조직을 이끌어 가는 데 있어서 지나치게 되면 주관주의가 팽배해지면서 객관주의가 상실되고, 기존 질서와 규범이 무너지면서 오히려 온정주의가 추구하고자 하였던 준거 가치인 평등성이나 공정성이 훼손될 가능성이 농후해진다.

온정적 합리주의란 무엇인가?

합리주의와 온정주의의 장점과 한계점을 함께 고려할 때에 결국은 조직의 성과가 충분히 실현되기 위해서는 합리주의와 온정주의, 양 패러다임이 통합의 절차를 밟아서 일명 '온정적 합리주의'의 리더십이 발휘되어야 함이 자명해진다. 말 그대로 온정적 합리주의는 온정주의와 합리주의를 통합한 신조어이다. 이러한 양 패러다임의 통합 시도는 온정주의와 합리주의 각각의 장점들을 강화하면서 동시에 각각의 한계점을 보완하고자 하는 노력의 일환이다. 하지만 이 두 가지 리더십 패러다임의 상대적 비중은 조직 리더십의 관점에서는 동등하지 않다. 오히려 합리적 리더십 패러다임이 주를 이루고, 온정적 리더십 패러다임은 부분을 차지한다.

온정적 합리주의 리더는 인간만을 배려하는 사람 중심의 온정성에 치우치지도 않고, 그렇다고 과제와 조직 중심의 합리성에만 매몰되지 않으면서 상황에 적합한 행동과 말을 함으로써 모두가 만족하는 성과를 만들어내는 사람이다. 상황에 적합한 조치란 장·단기적 관점에서 성과를 창출하기 위한 것이며 궁극적으로 관계된 사람 모두를 위한 것이다. 이러한 조치에 대한 의사결정의 기준은 바로 온정성과 합리성이다. 이 의사결정 기준에서 두 가지 모두 중요하지만, 상대적으로 중요도를 고려하지 않을 수 없다. 그렇다면 먼저 고려해야 할 것은 무엇일까? 그것은 합리성이다. 이유는 인간도 자연의 일부이며 자연과학의 원칙에 반하여 생존할 수가 없기 때문이다. 따라서 온정적 합리적 리더십은 합리를 기반으로 하는 리더십이다. 자연과학의 과학적이며 인과적 원리 원칙의 합리성을 따르면서 만물의 영장이며 자연의 일부가 되는 인간을 배려한 리더십을 발휘하는 것이다.

하지만 인간 본인이 이성적이기도 하지만 감정적이며, 한시적 존재이기 때문에 상황에 적합한 리더십을 발휘한다는 것은 그리 쉬운 일이 아니다. 상황이라는 것은 수시로 변화하며 유동적이기 때문이다. 당연히 변화하는 상황에서 합리성과 온정성의 최적 균형을 찾기란 쉽지 않다. 그렇다고 해서 불가능한 것도 아니다. 그렇게 하기 위해서는 끊임없는 자기성찰의 노력을 하면 된다. 역사적으로 많은 리더가 작은 실수와 실패에도 불구하고 온정과 합리의 균형을 취함으로써 나름의 성과를 창출한 기록이 이를 증명하고 있다. 리더가 합리주의를 추구하되 때에 따라 온정적이 된다는 것은 매우 인간적이어서 자연스러우며 온정과 합리성을 모두 지닌 것이므로 구조적으로 거의 완벽한 리더십으로 보인다. 온정적 합리주의는 합리주의가 우선이고 온정적 용어는 수식어에 불과해 보이지만 이는 비타민과 미네랄이 우리 몸에 미량만 필요하더라도 필수 불가결한 것과 마찬가지로 온정적 리더십에서 온정이 없는 합리주의는 생각할 수 없다.

　　요약하면 온정적 합리주의로 리더십 개념의 외연이 확대된 것은 조직의 리더가 리더십을 발휘해야 하는 영역이 매우 다양하고 복잡하며, 조직성과를 위한 다양한 준거 가치에 따라 다면적이고도 복합적인 리더십 발휘가 요구되기 때문이다. 즉, 조직에서 온정적 합리주의 리더는 조직경영에 필수적인 효율성 및 효과성을 증대함과 동시에 그들의 추종자들에게 윤리적 책임을 다함으로써 조직을 이끌어 가는 준거 가치를 실현해야만 하는 것이다. 쉐인^{Schein}은 조직의 문화는 리더에 의하여 만들어진다고 주장한다.[136] 결국, 리더의 주요한 역할은 문화를 창조하고 조직에 내재한 문화를 변화시켜 성숙한 조직을 만드는 것이다.[137] 즉, 온정적 합리주의 리더는 조직이 합리주의를 바탕으로 하여 온정주의 가치관이 정착될 수 있도록 훌륭하게 새로운 문화를 창조하고 확산해야 한다.

온정적 합리주의 리더십이란 무엇인가?

합리주의를 바탕으로 하면서도 상황에 따라 온정주의를 적용하는 온정적 합리주의 리더십은 인간 세상의 자연성(naturality)에 기반을 두고 있다고 할 수 있다. 자연성에 기반을 두고 있다는 말은 본래부터 자명하게 갖추고 있는 인간 삶의 원리에 부합된다는 의미다. 성서의 창세기에 나타난 인간사회의 창조원리는 이러한 자연성을 대표하는 것 중의 하나이다. 창조원리에 나타나는 '태초에 빛이 있으라'라는 명제는 이 세상이 이성적 합리주의로부터 시작되고 기초가 되었음을 명시해주는 일종의 선언이다. 그러나 신(神)은 인간을 비롯한 피조물의 세계가 완성될 즈음에는 자신의 기쁨과 만족, 인간에 대한 애정을 표시하는데, 이는 바로 감성적 온정주의의 적용을 뜻한다.

이러한 온정적 합리주의의 특성 중 하나인 자연성은 유교의 성리학 원리에서도 발견된다. 유학에 의하면, 우주적 원리는 이기론(理氣論)으로,

인간의 원리는 성정론(性情論)으로 설명한다. 이기론이 이기이원론(理氣二元論), 이기일원론(理氣一元論) 등으로 논의되었지만, 이 두 가지 이론도 이(理)가 기(氣)를 다스리면서 인간 세상의 방향과 원리를 제시하여 간다는 것이 공통된 입장이다. 따라서 성리학의 관점에서 보면 온정적 합리주의는 이(理)에 기반을 둔 것이라 할 수 있으며, 결국 인간 세상의 기본적 원리를 따라가는 자연성에 기초한 것이라고 할 수 있다.

인간에 대한 관점에서 온정적 합리주의 리더십은 일단 리더십에 대한 홀리스틱(holistic)한 접근으로 볼 수 있다. 홀리스틱한 접근이란 인간을 전인(全人)으로 보고 접근하는 것이다. 전인이란 인간을 신체, 마음, 영 또는 이성, 감성, 영성이 통합된 인격체로 보는 것으로서 홀리스틱 접근은 인간의 일부만을 강조하는 부분적 접근과는 다르다. 온정적 합리주의 리더십은 인간의 이성뿐만 아니라 감성과 영성의 영역까지 포함하고 있다. 언뜻 보면, 아픔을 같이 나누는 것을 공감능력 또는 타인 이해능력의 일부로서 대니얼 골만Daniel Goleman이 말하는 감성지능의 영역으로 보기 쉽겠지만,[138] 온정적 합리주의 리더십에서의 온정주의에는 포용적 겸손, 공감적 배려, 신뢰 기반 임파워먼트뿐만 아니라 이타적 협력이 포함되어 있다. 이러한 능력들은 기본적으로 개체의 자아를 초월할 때 가능한 것으로 영성의 영역에 속한다.

온정적 합리주의 리더는 경제학자 알프레드 마샬Alfred Marshall이 1885년 영국 케임브리지 대학 경제학부 교수 취임 연설에서 제시한 '차가운 머리와 따뜻한 가슴(cool head and warm heart)'을 지닌 인재상과도 일맥상통한다. 경제는 치밀한 논리와 엄밀한 계산이 필요하지만 궁극적으로 세상이 더 조화롭고 행복한 것이 되기 위해서는 차가운 이성과 더불어 뜨거운 가슴을 지닌 경제 운용이 필요하다는 요지이다. 마샬의 시대는 자유로운 기업의 성장으로 국부가 증대되고 영국 자본주의 황금기로 국민의 생활수준이 월등히 좋아진 시대였다. 마샬은 당시의 자본주의는 최적의 경제 제도라는 확신을 하고 있었다. 그러나 그는 경제적 풍요 속에서도 그늘진 사회의 비참한 노동자들의 삶을 보면서 부자들은 공공복리에 헌신하고 나아가 가난한 사람들에게 베풀어야 함을 인식하게 되었다. 마샬의 경제학 이론을 모두가 이해하고 동의하는 것은 어렵지만, 그가 주장한 '찬 이성, 뜨거운 가슴'은 이윤의 극대화를 추구하는 경제학의 보편적 가치가 뜨거운 가슴을 가진 경제학으로 보완되어야 한다는 것에는 이의가 있을 수 없으며, 그것은 온정을 가진 합리주의 리더십과 같은 맥락으로 볼 수 있다.

합리주의와 온정주의가 추구하는 가치관에 입각한 온정적 합리주의 리더십은 〈표 9-1〉에 제시된 바와 같은 8가지 구성요인들로 정리된다.

<표 9-1> 온정적 합리주의 리더십의 구성요인

차원	하위영역	정의
합리주의 패러다임	이성적 상황 판단	이성적 사고를 바탕으로 중요한 의사결정을 내려야 할 때 가장 효율적인 방향과 대안을 신속하게 판단하고 결정하여 대응함
	전략적 예측	장기적 관점으로 문제를 바라보고, 이를 바탕으로 불확실한 미래의 변화를 치밀하게 예측하며, 선택과 집중을 통해 실현 가능한 전략적 목표를 계획함
	논리적 문제 해결	주어진 상황이나 업무 관련 이슈를 다양한 관점 및 방법으로 분석하여 문제의 발생 원인과 핵심을 냉철하게 판단하고, 문제 해결을 위해 논리적 맥락을 파악하여 해결방안을 제시함
	최적화 수행관리	다양한 인적·물적 자원을 최적의 상태를 유지 또는 관리·수행을 통하여 효율성을 극대화하여 성과의 질을 높임
온정주의 패러다임	포용적 겸손	자기의 생각과 행동에 대해 성찰적인 관점을 지니고, 다른 사람들의 비판적인 피드백에 관해서도 겸허한 자세를 가지며, 상대방의 다양한 의견을 경청하고 긍정적으로 수용함
	공감적 배려	상대방의 감정과 심리상태에 많은 관심을 가지고 세밀히 파악하려고 하며, 상대방의 입장에서 생각하고, 처한 상황에 따라 배려함
	이타적 협력	상대방을 위해 자기희생적 행동을 취하고 자신에게 이득이 되지 않은 일이라도 기꺼이 솔선수범을 보임
	신뢰 기반 임파워먼트	구성원과 진정성 있는 신뢰를 바탕으로 다양한 경험과 기회를 제공함과 동시에 이에 걸맞은 권한을 부여하면서 구성원에게 성취감을 가질 수 있도록 지원함

온정적 합리주의 리더십을 효과적으로 발휘하기 위해서는 우선 합리주의가 일반적으로 적용되면서 상황에 따라 온정주의가 보완되어야 한다. 따라서 온정주의는 합리주의의 일부로서 자리를 잡아야 한다. 합리주의 패러다임에서는 먼저 상황을 파악하고(이성적 상황 판단), 전략적 관점에서 다양한 가능성을 고려하여 과제를 도출(전략적 예측)하여 창의적

이며 논리적으로 해결한다(논리적 문제 해결). 문제 해결을 통한 성과 창출을 위해 리더는 수행과제를 적재적소에 분담하여 조직화하고 업무 수행을 효율적으로 관리하고 통제한다(최적화 통제관리).

그런데 성과 창출과 목표 달성을 위하여 가장 중요한 자원은 바로 사람이다. 따라서 리더는 끝까지 겸손한 자세로 변화를 수용하고 유연해야 하며(포용적 겸손), 흥미, 가치관, 성장 배경, 생활환경이 서로 다른 구성원 개개인을 존중 배려하고(공감적 배려), 업무를 수행하는 과정에서 구성원의 참여와 협력을 촉진하고, 본인이 먼저 솔선하는 모습(이타적 협력)을 보이고, 구성원에 대한 신뢰를 기반으로 구성원의 역량이 개발되도록(신뢰 기반 임파워먼트) 노력하여야 한다.

이러한 구성요인 간의 관계를 도식화하면 [그림 9-1]과 같다.

[그림 9-1] 온정적 합리주의 리더십의 구성요인 도형

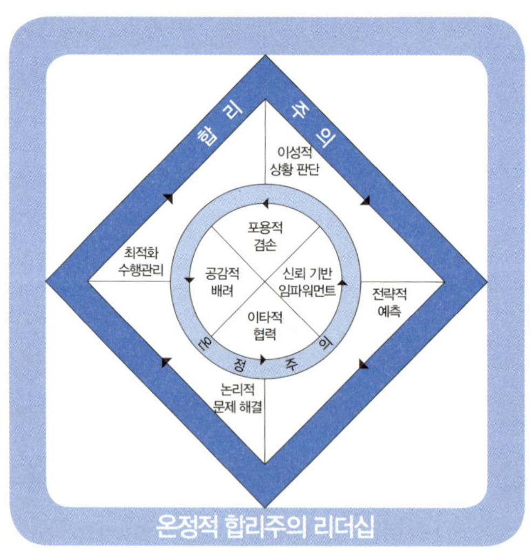

여기에서 한 가지 강조될 것은, [그림 9-1]에서 나타난 것처럼, 합리

주의 및 온정주의 패러다임의 구성요인들은 각각 단선적(linear) 성격이 아닌 순환적(cyclic) 발전 단계를 거친다는 점이다. 즉, 합리주의 패러다임에서는 이성적 상황 판단에서 시작하여 전략적 예측, 논리적 문제 해결을 거쳐 최적화 수행관리로 단순히 끝나는 것이 아니라 최적화 수행관리에서 또다시 새로운 이성적 상황 판단으로 발전해 나간다. 온정주의 패러다임에서도 마찬가지다. 포용적 겸손에서 시작하여 공감적 배려, 이타적 협력을 거쳐 마지막 단계인 신뢰 기반 임파워먼트에 이르게 되는데, 이러한 과정은 단순히 한 번만 거치는 것이 아니고 오히려 포용적 겸손으로 다시 넘어가면서 순환적인 발전 단계를 지속해서 거치게 되는 것이다. 독자들의 깊이 있는 이해를 돕기 위해서 위 도형을 좀 더 구체적으로 설명하면 다음과 같다.

우선 온정주의는 리더십의 소프트 측면(soft side)이어서 부드럽고 다정한 분위기의 원으로 나타나며, 4개의 요인으로 구성되어 있다. 컬러는 감성과 사랑, 그리고 따뜻한 이미지인 빨간색이다. 반면에 합리주의는 리더십의 하드 측면(hard side)이어서 날카롭고 틀에 갇힌 이미지의 정사각형으로 나타내며, 온정주의와 마찬가지로 4개의 요인으로 구성되어 있다. 컬러는 차가움과 이성의 이미지인 파란색이다.

그리고 온정적 합리주의 리더십은 합리주의를 바탕으로 한 온정주의를 추구하는 리더십으로서 원과 정사각형이 융합된 모서리가 둥근 정사각형으로 상징화하였다. 즉, 온정주의와 합리주의가 합쳐진 8개의 구성요인으로 구성되어 있으며, 컬러는 빨강과 파랑의 조합인 보라색이다. 보라색의 의미는 품위, 신비, 직관, 통찰, 관용과 긍정으로 상징화되고, 보라색은 전통적으로 리더의 색깔이다.

온정적 합리주의 리더십의 구성요인 도형은 우주 자연의 원리를 따르고 있는 바, 도형의 화살표는 한 방향으로만 이동을 뜻하는 선형적인 개

넘이 아니라 순환적인 개념이며, 합리주의가 외부에서 순환하는 반면에 온정주의는 내부에서 순환하여 공전과 자전을 동시에 하는 우주 자연의 원리에 기반을 두고 있다. 또한, 이 도형은 완벽성의 원리를 띠고 있어서 온정주의와 합리주의의 '十'와 '×' 표는 사각형의 토대 위에 세운 피라미드를 위에서 본 모습을 형상화하였다. 즉, 가장 견고한 피라미드의 완벽성을 나타내는 것이다.

온정적 합리주의 리더십의 구성요인 도형에서의 회전 방향은 도형 전체에 의미를 더해준다. 동양 사상의 관점에서 복희(伏羲)의 선천팔괘도(先天八卦圖)에 입각하여 보면 선천(先天)의 세계도 음양(陰陽)의 속성이 있는데, 양은 좌회전을 하고 음은 우회전을 한다. 「역위(易緯)」에서 '하늘은 왼쪽으로 돌고 땅은 오른쪽으로 돈다.'고 하였다. 「복희팔괘방위도(伏羲八卦方位圖)」(복희선천팔괘도의 다른 이름)의 건(乾), 태(兌), 리(離), 진(震) 네 괘(卦)의 배열이 그림의 왼쪽으로 돌아가면서 배열되기 때문에 "하늘에 순응하여 왼쪽으로 돌아간다."고 했다. 또 복희선천팔괘도의 손(巽), 감(坎), 간(艮), 곤(坤) 네 괘의 배열이 그림의 오른쪽으로 돌아가면서 배열되기 때문에 '하늘을 거스려 오른쪽으로 돌아가는 것'이라고 했다. 음양으로 구분해 볼 때, 하늘은 양 땅은 음, 정신은 양 물질은 음이다. 4단(四端)과 7정(七情)의 경우 4단은 양, 7정은 음이다.

하지만 합리주의는 물질세계에서의 냉정한 일 처리와 관계되므로 음의 세계인 물질세계에 적용되는 것이고, 온정주의는 인의예지(仁義禮智) 4단으로서 사랑과 살리는 방향으로 작용하는 정신세계를 뜻하므로 양의 세계라 할 수 있다. 따라서 온정주의 원은 좌회전이고, 물질세계에서의 합리주의는 우회전을 한다고 보면 합당할 것이다.

온정주의가 사랑, 영성, 살림을 상징하는 좌회전을 하는 반면, 합리주의가 분석, 추리, 판단을 상징하는 우회전을 함으로써 전체 피라미드 모양도 안정화된다. 그래서 온정적 합리주의 전체 틀은 사실상 화살표가 없어도 되는 것이다. 어느 방향으로 쏠려서 돌지 않는다. 결국, 온정적 합리주의를 통해 개발된 리더십은 안정감이 있다는 것을 상징한다. 우회전만 하거나 좌회전만 하는 등 한 방향으로만 돌면 어딘가로 쏠려서 피라미드가 불안정하게 된다. 지구가 시계 반대 방향으로 돌기 때문에 지구 위에 사는 인간은 시계 방향으로 살아가는 것이다. 그렇게 해서 안정이 되는 것과 같은 이치다. 근원인 태극(太極)은 음과 양이 서로 다른 방향으로 회전하기 때문에 무한한 에너지와 역동성을 가지고 만물을 창조해 내고 시공을 초월해서 꽉 차 있지만 있는지도 없는지도 모르게 텅 빈 것처럼 조용한 것과 마찬가지다. 가장 안정된 것이다.

참고문헌

PART 01

1) Kompridis, N. (2000) 『So we need something else for reason to mean』 International Journal of Philosophical Studies, 8(3) (pp. 271~295)

2) Lynch, M. P. (2013) 『이성예찬』(원제 In praise of reason : 최훈 역) 진성북스

3) 강신주 (2013) 『강신주의 감정수업 : 스피노자와 함께 배우는 인간의 48가지 얼굴』민음사

4) Whitehead, A. N. (1998) 『이성의 기능』(원제 The function of reason, 김용옥 역) 통나무

5) 김귀옥 (2011) 『법정에 선 아이에게도 배운다』 (월간) 아버지, 2011년 5월호 (http://www.father.or.kr/board/read.action?id=zine&sm=060300&no=3354에서 인용)

6) Masden, S. R., John, C., Miller, D. & Warren, E. (2004) 『The relationship between an individual's margin in life and readiness for change』 Proceedings of the Academy of Human Resource Development USA (pp. 759~766)

6) McClusky, H. Y. (1963) 『The course of the adult life span. In W. C. Hallenbeck (Ed.)』 Psychology of adults, Adult Education Association of the USA

6) McClusky, H. Y. (1970) 『A dynamic approach to participation in community development』 Journal of Community Development Society, 1 (pp. 25~32)

7) 최윤식 (2014) 『미래학자의 통찰법』김영사

8) Lazarus, R. S., & Lazarus, B. N. (1997) 『감정과 이성』(원제 Passion and reason : Making sense of our emotions, 정영목 역) 문예출판사

9) 18) 22) 23) Pandya, M. & Shell, R. (2012) 『세상을 변화시킨 리더들의 힘 : 우리 시대 최고의 비즈니스 리더 그들이 걸어온 리더의 길』(원제 Nightly business report presents lasting leadership, 신문영 역) 럭스미디어

10) 이순신 (2010) 『(교감완역) 난중일기, 노승석 역』민음사

11) Covey, S. R. (1994) 『성공하는 사람들의 7가지 습관』(원제 7 Habits of highly effective people, 박재호, 김경섭, 김원석 역』김영사

12) Porter, M. E. (2008) 『The five competitive forces that shape strategy』 Harvard Business Review, January 2008 (pp. 86~104)

13) Day, G. S. & Moorman, C. (2013) 『아웃사이드 인 전략』(원제 Strategy from the

Outside-in, 김현정 역) 와이즈베리

14)　Saaty, T. L. (1990)『How to make a decision : The analytic hierarchy process』 Euripean Journal of Operational Research, 48 (pp. 9~26)

15) 19)　Welch, J. & Byrne, J. A. (2001)『잭 웰치 : 끝없는 도전과 용기』(원제 Jack : straight from the gut, 이동현 역) 청림출판

16), 21)　정창석 (2015)『GE 잭 웰치의 사상과 경영혁신의 말들』정창석 블로그(http://blog.naver.com/jcs1002/90032261409에서 인용)

17)　House, R. J. (1996)『Path-goal theoty of leadership : Lessons, legacy, and a reformulated theory』Leadership Quarterly, 7(3) (pp. 323~352)

20)　중앙일보 (2015. 11. 13)『세월호 선장 무기징역 확정됐지만 사고원인은 아직도 의문』(http://news.joins.com/article/19059930에서 인용)

24) 27) 28) 30)　Bradford, R. W. & Duncan, J. P. (2007)『전략기회노트』(원제 Simplified strategic planning, 김소연 역) 비즈니스북스

25) 26)　清水克彦 (2008)『전략의 원점』(원제 What is strategy and what is not, 양영철 역) 삼영미디어

29) 40) 43) 45) 46)　Montgomery, C. A. (2013).『당신은 전략가입니까』(원제 The Strategist, 이현주 역) 리더스북

31)　Kahneman, D., Gilbert, D. et al. (2015)『생각의 해부』(원제 Thing, 강주헌 역) 와이즈베리

32)　Michael, H. A., Ireland, R. D. & Hoskisson, R. E. (2012)『Strategic Management : Concepts and Cases(11th ed.)』Cengage Learning

33)　Ireland, R. D. & Hitt, M. A. (1999)『Achieving and maintaining strategic competitiveness in the 21st century : The role of strategic leadership』Academy of Management Executive, 13(1) (pp. 69~74)

34)　Kerlinger, F. N. (1973)『Foudations of behavioral research』Holt, Reinhart and Winston

35)　이광형 (2013)『미래예측법』YTN 사이언스 포럼 2회(2013. 6. 28) 녹화영상

36)　국제미래학회 (2014)『전략적 미래예측 방법론 bible : 미래를 보는 힘 34가지 미래 예측 방법론 완벽 해설서』(원제 The strategic methodology for futures studies) 두남

37)　유정식 (2014)『전략가의 시나리오』알에이치코리아

38)　이광형 (2015)『미래 경영』생능

39) 42) 49)　Rumelt, R. P. (2011)『전략의 적은 전략이다』(원제 Good strategy bad strategy, 김태훈 역) 생각연구소

41)　Scharmer, O. & Kaufer, K. (2014).『본질에서 답을 찾아라』(원제 Leading from the emerging future, 엄성수 역) 티핑포인트

44)　Merriam, S. B. & Bierema, L. L. (2016)『성인학습이론과 실천』(원제 Adult

Learning : Linking Theory and Practice, 최은수, 신승원, 강찬석 역) 아카데미프레스

47) 이승주 (2007)『전략적 리더십』㈜시그마인사이드컴

48) Bossidy, L. & Charan, R. (2005)『실행에 집중하라』(원제 Execution, 김광수 역』㈜ 북이십일

50) 윤정구 (2012)『진정성이란 무엇인가』한언

51) 이영주 (2015)『빅 데이터 시대, 미래 전략의 새로운 접근법』한국정보화진흥원, IT & Future Strategy 보고서 14(2015. 12. 16) (pp. 1~33)

52) 56) 61) Cropley, A. J. (2004)『창의성 계발과 교육』(원제 Creativity in education and learning, 이경화, 최병연, 박숙희 공역』학지사

53) 高杉尙孝 (2009)『맥킨지 문제해결의 이론』일빛

54) 55) Purtill, R. L. (1994)『논리적 사고』(원제 Logical thinking, 한상기 역) 서광사

57) 今井繁之 (1993)『문제해결의 기술』한밭

58) Ruby, L. (1994)『논리적으로 사고하는 기술』(원제 The art of making sense, 서정선 역) 서광사

59) 박정웅 (2015)『이봐, 해봤어?』프리이코노미북스

60) Puccio, G. J., Mance, M., Murdock, M. C. (2014)『창의적 리더십』(원제 Creative leadership : Skills that drive change(2nd ed.), 이경화, 최윤주 역』학지사

62) 한순미 외 (2005)『창의성』학지사

63) 최윤식 (2014)『미래학자의 통찰법』김영사

64) 최은수, 권기술, 진규동, 손판규, 김민서, 신승원, 김진혁, 박재진, 이미섭, 강찬석, 강영환, 이희, 박시남 (2013)『뉴 리더십 와이드』학지사

65) 윤석철 (2011)『삶의 정도』위즈덤하우스

66) Yukl, G. (2002)『Leadership in Organizations (4th ed.)』Englewood Cliffs, Prentice Hall

67) Hrebiniak, L. G. (2006)『실행이 최고의 전략이다』(원제 Making strategy work : Leading effective execution and change, 이진원 역』럭스미디어

68) Binder, C. (1998)『The six boxes : A descendent of Gilbert's Behavior Engineering Model』Performance Improvement, 37 (pp. 48~52)

69) Hamel, G. (2009)『경영의 미래』(원제 The future of management, 권영설, 신해철, 김종식 역) 세종서적

70) Northhouse, P. G. (2011)『리더십 이론과 실제』(원제 Leadership : theory and practice(5th ed.), 김남현 역』경문사

이민규 (2011)『실행이 답이다』더난출판사

71) 이민규 (2005)『끌리는 사람은 1%가 다르다』더난출판사

72) Werber, B. (2011)『베르나르 베르베르의 상상력 사전』(원제 Nouvelle encyclopedie du savoir relatif et absolu, 이세욱, 임호경 역) 열린책들

73) Hawkins, D. (2011)『의식 혁명 : 힘과 위력, 인간 행동의 숨은 결정자』(원제 Power vs Force, The hidden determinants of human behavior, 백영미 역) 판미동

74) 김은미 (2001)『겸손 언행의 문화심리학적 분석 : 기능적 이기성을 중심으로』중앙대학교 박사학위 논문

75) 김은미, 김기범 (2004)『사회적 맥락에 따른 겸손언행 의미분석』한국심리학회지, 18(3) (pp. 47~60)

76) Botton, A. D. (2011)『불안』(원제 Status anxiety, 정영목 역) 은행나무

77) Tolle, E. (2013)『삶으로 다시 떠오르기』(원제 A new earth, 류시화 역) 연금술사

78) 정주영 (2015)『퇴계의 경(敬)사상에 근거한 교사상 탐색』고려대학교 석사학위 논문

79) Kotter, J. (2015)『운명』(원제 Matsushita leadership, 이주만 역) 다산북스

80) 시오노 나나미 (1995)『로마인 이야기 1 : 로마는 하루 아침에 이루어지지 않았다』(원제 ローマ人の物語Ⅰ : ローマは一日にしてならず, 김석희 역) 한길사

81) 최기억 (2004)『CEO 세종대왕 인간경영 리더십』이지북

82) Ludwig, E. (2007)『링컨의 생애』(원제 Abraham Lincoln, 이용미 역) 해누리

83) 박찬국 (2014)『초인수업 : 나를 넘어 나를 만나다』21세기북스

84) 두산백과

85) Johansson, F. (2015)『메디치 효과 : 당신의 머리를 창의적 발상이 넘치는 활기찬 공간으로 만드는 법』(원제 The Medici effect : What elephants and epidemics can teach us about innovation, 김종식 역) 세종서적

86) Lansing, A. (2001)『섀클턴의 위대한 항해』(원제 Endurance - Shackleton's Incredible Voyage(2nd ed.), 유혜경 역) 뜨인돌출판사

87) Pollay, D. (2011)『3초간 : 눈 깜짝할 사이에 분노와 짜증을 잠재우는 감정조절의 원리』(원제 The law of the garbage truck : How to stop people from dumping on you, 신예경 역) 알키

88) Rifkin, J. (2010)『공감의 시대』(원제 The Empathic Civilization : The Race to Global Consciousness in a World in Crisis, 이경남 역) 민음사

89) Noddings, N. (2002)『배려교육론』(원제 The Challenge to Care in Schools, 추병완, 황인표, 황인표 역) 다른우리

90) Gilligan, C. (1982)『In a different voice : Psychological theory and women's development. Cambridge』Harvard University Press

91) 栗良平 (2015)『우동 한 그릇』(원제 一杯のかけそば, 최영혁 역) 청조사

92) Goleman, D. (2008)『EQ 감성지능』(원제 Emotional intelligence, 한창호 역) 웅진지식하우스

93) Bavister, S. & Vikers, A. (2010)『성공과 행복의 과학』(원제 NLP(Osnovy NLP : Uspekh v professional'noi, obschestvennoi i lichnoi zhizni, 김환영 역) 더나인
Covey, S. (1994)『성공하는 사람들의 7가지 습관』(원제 Seven habits of highly effective people, 김경섭 역) 김영사

94) 95) Tomasello, M. (2011)『이기적 원숭이와 이타적 인간 : 인간은 왜 협력하는가』(원제 Why we cooperate, 허준석 역) 이음

96) Tomasello, M., Kruger, A. & Ratner, H. (1993)『Cultural learning』Behavioral and Brain Sciences, 16(3) (pp. 495~511)

97) 98) 최정규 (2006)『'이타적 인간' 사라질까』고대신문

99) 稻盛和夫 (2015)『일본 경영의 신, "이윤만·다간 위기 다가온다."』중앙일보

100) Welch, J. Welch, S. (2015)『잭 웰치의 마지막 강의』(원제 The Real-Life MBA, 강주헌 역) 알프레드

101) Hansen, M. T. (2014)『협업』(원제 Collaboration, 이장원, 안정호, 김대환 역) 교보문고

102) 강성철 외 (2006)『지방정부간 갈등과 협력』한국행정DB센터

103) Jones, G. W. (1974)『Intergovernmental Relations in Britain』The ANNALS of the American Academy of Political and Social Science, 416(1) (pp. 181~193)

104) 107) 109) Axelrod, R. (2012)『협력의 진화』(원제 The evolution of cooperation, 이경식 역) 도서출판 마루벌

105) Klein, S. (2011)『이타주의자가 지배한다』(원제 Der Sinn Des Gebens : Warum Selbstlosigkeit in der Evolution siegt und wir mit Egoismus nicht weiter kommen, 장혜경 역) (주)웅진씽크빅

106) 최정규 (2011)『이타적 인간의 출현』뿌리와이파리

108) Hendrich, F. (2006)『신뢰의 리더십』(원제 Horse sense, 이재영 역) 이지북

110) Uslaner, Eric M. (2013)『신뢰의 힘 - 신뢰의 도덕적 토대』(원제 The moral foundations of trust, 박수철 역) 오늘의 책

111) 민정숙 (2014)『청소년 활동 역량 증진을 위한 배려 프로그램 효과성 연구』명지대 학교 대학원 박사학위논문

112) 최은수 (2011)『성인교육 리더십의 새로운 패러다임으로서의 '온정적 합리주의'에 대한 개념화』Andragogy Today, 14(3) (pp. 61~85)

113) Eccles, T. (1993)『The deceptive allure of empowerment』Long Range Planning, 26 (pp. 13~21)

114) Nahavandi, A. (2000)『리더십 : 과학인가? 예술인가?』(원제 The art and science of leadership, 백기복, 박홍식, 신제구 역) 선학사

115) Daft, R. L. (2016)『조직이론과 설계』(원제 Organization theory and design, 김

광점, 김명형, 김영배, 박노윤, 배보경, 설현도, 송상호, 이원규, 이호선, 이홍, 전상길, 최종인, 최후남, 허문구 공역) 한경사

116) Vogt, J. F. & Murrell, K. L. (1990)『Empowerment in organization : How to spark exceptional performance』Pffeiffer and Company

117) 이종원 (2015)『청년 대학생 취업(cheer-up)』서강대학교 출판부

118) Rydahl, M. (2015)『덴마크 사람들처럼』(원제 Heureux comme un danois, 강현주 역) 이퍼블릭

119) Rousseau, D. M., Sitkin, S. B., Burt, R. S. & Camerer, C. (1998)『Not so different after all : A cross-discipline view of trust』Academy of Management Review, 23 (pp. 393~404)

120) Matthai, J. M. (1989)『Employ perceptions of trust, satisfaction, and commitment as predictors of turnover intentionsin mental health setting(Unpublished doctoral dissertation)』Peabody College of Vanderbilt University

121) Reynolds, L. (1997)『The trust effect: Creating the high trust, high performance organization』Nicholas Brealey Publishing

122) 교수신문 홈페이지 (2012) http://www.kyosu.net에서 인용

123) 김호진 (2006)『한국의 대통령과 리더십』청림출판

124) 대한상공회의소 (2013)『100대 기업이 원하는 인재상 보고서』조사보고서

125) 최기억 (2004)『CEO 세종대왕 인간경영 리더십』이지북

126) Covey, S. R. (2003)『원칙 중심의 리더십』(원제 Principle- centered leadership, 김경섭 , 박창규 역) 김영사

PART 03

127) 최은수 (2011)『성인교육 리더십의 새로운 패러다임으로서의 '온정적 합리주의'에 대한 개념화』Andragogy Today, 14(3) (pp. 61~85)
최은수 (2014)『평생교육에서의 온정적 합리주의 리더십의 측정도구 개발 연구』Andragogy Today, 17(4) (pp. 205~229)
최은수 (2016)『한국대학의 "따뜻한 변화"와 리더십을 말하다: 소통과 공감, 그리고 온정적 합리주의』공동체

128) Heijden, K. (2001)『Scenarios : The art of strategic conversation』John Wiley & Sons

129) 132) Hogwood, B. W. & Gunn, L. A. (1984)『Policy analysis for the real world』Oxford University Press

130) 131) Niebuhr, R. (1988)『도덕적 인간과 비도덕적 사회』(원제 Moral man and

immoral society, 이병섭 역) 현대사상사

133) 135) Raelin, J. A. (2003) 『Creating leaderful organizations : How to bring out leadership in everyone』 (pp. 206-240) Berrett-Koeler Publishers

134) Zwillick, D. (2004) 『Solipsism, compassionism and freedom』 International Journal of Humanities and Peace, 20(1) (pp. 51~55)

136) Schein, E. H. (1991) 『Organizational culture and leadership : A dynamic view』 Jossey-Bass

137) Rose, A. R. (1992) 『Visions of leadership : Understanding the research literature. In P. J. Edelson (Ed.), Rethinking leadership in adult and continuing education』 (pp. 83~93) Jossey-Bass

138) Goleman, D. (2006) 『Emotional intelligence』 Bantam Books

지은이 소개

최은수

숭실대학교 영문과를 졸업하고, California State University, Fresno에서 언어학과 국제정치학, Indiana University에서 사회언어학을 전공하였으며, University of Southern California에서 박사학위(Ph. D. in Education)를 받았다. 숭실대학교 평생교육학과 교수, (사)CR리더십연구원 이사장, (주)CR파트너즈 사외이사, 교육부 교육정책자문위원으로 활동하고 있다.

강찬석

서울대학교 대학원에서 경제학(석사학위)을 전공하였으며, 숭실대학교 대학원에서 평생교육학 박사학위(Ph. D. in Lifelong Education)를 받았다. 보편적 영성에 기초한 영성리더십 전문가로서 연구 및 교육활동을 하고 있으며, 숭실대학교 초빙교수, (주)CR파트너즈 이사 및 전문교수, 한국성인교육학회 이사로 활동하고 있다.

진규동

연세대학교 행정대학원에서 사회복지학을 전공(석사학위)하였으며, 숭실대학교 대학원에서 평생교육학 박사학위(Ph. D. in Lifelong Education)를 받았다. 액션러닝과 조직학습 전문가로서 전남 강진군 다산기념관에서 다산교육전문관으로 활동을 하고 있으며, 액션러닝협회 고문, (주)CR파트너즈 이사로 활동하고 있다.

한우섭

성균관대학교 교육대학원에서 평생교육을 전공하였으며, 숭실대학교 대학원에서 평생교육학 박사학위(Ph. D. in Lifelong Education)를 받았다. 명지대학교 겸임교수와 순천향대학교 교수로 재직하였다. 한국평생교육·HRD연구소 연구교수, (주)CR파트너즈 이사 및 전문교수, 한국성인교육학회 이사로 활동하고 있다.

권기술

한양대학교 경영대학원에서 MBA 과정 인사조직을 전공하였으며, 숭실대학교 대학원에서 평생교육학 박사학위(Ph. D. in Life Long Education)를 받았다. 퍼실리테이팅 리더십 전문가로서 한국능률협회(KMA)에서 11년간 상임교수로 재직하였다. 프라임 갈등-협상 문제 연구소 소장, BCM 컨설팅 법인 이사, (주)CR파트너즈 회장 및 전문교수, KMA 겸임교수로 활동하고 있다.

신승원

Ohio State University 대학원에서 영어교육(석사학위)을 전공하였으며, 숭실대학교 대학원에서 평생교육학 박사학위(Ph. D. in Lifelong Education)를 받았다. 교수 리더십 전문가로서 연구 및 교수활동을 하고 있으며, 숭실대학교 평생교육학과 겸임교수, (주)CR파트너즈 대표이사 및 전문교수, 한국성인교육학회 이사로 활동하고 있다.

박재진

연세대학교에서 HRD(석사학위)를 전공하였으며, 숭실대학교 대학원에서 평생교육학 박사학위(Ph. D. in Lifelong Education)를 받았고, 국제공인 NLP University Trainer & Consultant 자격을 취득하였다. NLP 및 코칭 리더십 전문가로 활동하고 있으며, (주)한독 역량개발팀장, (주)CR파트너즈 이사 및 전문교수, 한국NLP 상담 학회 이사로 활동하고 있다.

김민서

중앙대학교에서 사회교육학(석사학위)을 전공하였고, 숭실대학교 대학원에서 평생교육학 박사학위(Ph. D. in Lifelong Education)를 받았으며, 서울대학교에서 해양정책 최고과정을 수료하였다. 조직과 팀리더십 전문가로서 숭실대학교에서 초빙교수로 재직하였으며, 한국해양소년단 서울연맹 사무처장, ㈜CR파트너즈 이사 및 전문교수, 한국청소년상담복지개발원 이사로 활동하고 있다.

이종원

서강대학교 교육대학원 체육교육학(석사학위), 언론대학원 미디어교육(석사학위)을 전공하였으며, 숭실대학교 대학원에서 평생교육학을 전공하고 교육학 박사학위(Ph. D. in Education)를 받았다. 셀프 리더십과 취업·진로 지도 전문가로서 활동하고 있으며, 서강대학교 노동조합 위원장, 고용노동부 직업능력심사평가위원으로 활동하고 있다.